生ビールの向こう
思い出がよみがえる

藤田 恭子
FUJITA Kyoko

文芸社

初めに

人は別れと出会いくり返し生きる……（『ちいさな水たまり』より）
人との出会いは　不思議なもの
俺が　ボロボロになっていた時の出会いだったが
おかしな奴だった　おまえ　としか言いようのないおかしな奴
俺が　読んで　と言った本　ほとんど全部読んでくれた
山田久延彦の古事記　カタカムナ　ホツマツタヱ　津軽三郡誌　……
いつからか　ガキ友になっていた

生ビール飲みながら
「本読んだよ　あれ読んで古事記を読んでほしいと思った　古事記読んで……」

「熱田津に　船乗りせんと……」

「決まった時間に……」

「四限目社会　三年五組集合……」

生ビール前に　俺の第一声　ガキ友　いつも　ハァ?　ポカン　だったな

ガキ友だもんな　話に準備なんかない
顔を見ると　ふわっと言葉がわいてくる
それが　ガキ友　ガキ友に勝るものはない

最期まで付き合ってくれた　ありがとう
泣くな　別れはある　俺がうーんと年上なんだから先にくたばる
書け　書きなさい　なんでもいいから書きながら　前を向いて歩け
俺行くところはある　文字の中　文字の中から見ているからな
俺一茶だからな　あなたの書いた一茶　俺だからな

こちらこそ　ありがとう　いっぱいいっぱい　お喋りしたね
一体　何考えてんの　と思ったこともままあったけれど
いろいろもらった　あげられるものこれしかないって言いながら
CD　『夢みる星屑』
『西脇久夫　小学生のための世界の名曲』（西脇久夫編曲集）
少々古ぼけているけどね
『TEPCO・一万人コンサート』横井忠則のデザインしたテレホンカード

私のために　ＣＤ　作ってくれた
『西脇久夫作品集　作曲・編曲・歌唱西脇久夫』と自筆の歌詞カード
そして　以前に　いいもの貰ったよ　『オラトリオ　ヤマトタケル』のＬＤ
そしてそして「ガキ友に勝るものはない」ということば
そしてそしてそして
「いろんなもの見せてあげる　いろんなところ案内するね」の約束通り
いろんなところ行って　いろんなもの見せてもらった
毎回の〆は　生ビール　美味いビール楽しいお喋りいっぱい　忘れない

目次

初めに …… 1
第一章　斜め読み　俺（西脇久夫）の思い出 …… 8
（一）幼いころ～中学生 …… 8
（二）塩釜高校時代（昭和二十六年四月入学　昭和二十九年三月卒業） …… 15
（三）大学時代 …… 19
（四）早稲田大学グリークラブから　ボニージャックス …… 23
（五）ボニージャックスとなって …… 25
第二章　出会い …… 29
（一）私とボニージャックスの出会い …… 29
（二）俺のガキ友との出会い …… 40
（三）お喋り前哨戦 …… 42
第三章　生ビールとお喋りと …… 48
（一）お喋りの始まり　平成二十四年十一月 …… 48
（二）平成二十四年クリスマスディナーショー　ロイヤルパークホテル …… 51

（三）平成二十五年　裕年　64
（四）平成二十六年　諒年　67
（五）平成二十七年　穣年　101
（六）平成二十八年　到年　143
（七）平成二十九年　晃年　205
（八）平成三十年　還年　284
（九）平成三十一年一月から四月　令和元年五月から十二月　眞年　361
（十）令和二年　瑛年　431
（十一）令和三年　芳年　542

最終章　西脇久夫の世界　～生ビールの向こう　思い出がよみがえる～　626
（一）西脇久夫の世界　ヤマトタトケル　626
（二）俺の人生最期　冬一番　638
（三）生ビールの向こう　思い出がよみがえる　640

終わりに……654
あとがき……658
参考資料……662

生ビールの向こう　思い出がよみがえる

第一章　斜め読み　俺（西脇久夫）の思い出

（一）幼いころ～中学生

生まれも育ちも　宮城県塩竈市港大通り一丁目
父は　三百人くらいの港湾労働者の差配をする　やくざの親分のような人
大勢の手下（てか）がいた　羽振りは良かった
会津出身とか　会津に何となく愛着あるのは父のせいか
父母が身近にいた会津での夏休みのせいか
母は　父の再婚相手　東京の女学校出ていた　宮城県松島町生まれ
父の手下と三人の女中を　一手にきちっとまとめていた　忙しい
いつも　凛としていて　着物しゃきっと着て　決して姿勢を崩さない
もちろん美人（うーんと後　ガキ友に母二十歳のころの写真見せたら　俺の若いころに似ている
ると　そうか）

やくざの一家のようだが　音楽にあふれた環境あり
父は琵琶を弾き語り（俺も小さいころ　父から習った）
母と姉は琴　母は山田流　姉は生田流
昭和十一年一月二十九日　音楽環境下のやくざのような世界で俺は生まれた

家にはRCAビクターの電蓄（電気式蓄音器）があった（持っている家は市内に三軒しかない時代）
仙台のレコード屋さんが家までレコードの束を担いで売りに来る　父は「持って帰るの大変だろう　全部置いていけ」と全部買っちゃう
ベートーベン　シューベルト　チャイコフスキー等々から　落語　芝居　講談　浪曲　琵琶流行歌まであった
小学生のころはもっぱら流行歌のレコードを聴いていた　藤山一郎に夢中？
唱歌の『美しき天然』壮大で美しい詩・曲　大好きだった
クラシックは中学生になってから聴くようになったな
物心ついたとき　俺はおばあちゃん子だった　優しい多嘉子姉さんも時々そばにいた　多嘉

子姉さんに抱っこされて寝入ったことも　母は少し遠い人

小学校行く前　ひらがな全部読めた　祖母に教わったから　でも学校はカタカナから　一つも読めず……

小学一年二年　最悪かな　何も覚えていない　薫さん以外

ただ学校へ行けず　薫さんが迎えに来てくれた「久夫ちゃん学校行こう」って　俺の淡い初恋の人だ　薫さんは俺がいじめられていると「久坊（ひさぼう）に何するの！」と追っぱらってくれたなぁ

三年までは　女子と男子　同じクラスにいて　薫さんといつも同じだった

四年から　クラスは男女別になったかな

小学五年生くらい　両松葉ついている　友達ができ　一緒に通った

彼　俺といると「松葉杖一本でいい」と　言ってくれた　俺小さいけれど　骨だけは　がっちりしていたかな

俺はいらない子だったのかな　時折感じていた　なぜか？　でも時折いらない子なんだって……兄（先妻の子）がいるし　男の子はもういらない？　母は時折泣いていた「誠二　誠ちゃん」てそっと泣いていた　俺が生まれる前に　死んじゃった四歳ぐらいで死んじゃった兄をそっと偲んでいた

俺　怖がりのくせに　冒険心が旺盛だったか　渡し舟みたいな船に乗ってみたくて乗ってみた

くて　どこへ行くのか　乗っちゃった　そして気持ちよく眠ってしまった　周りがさわがしくって目覚めた　どこの子だ　西脇さんちのお坊ちゃまだ　女中が迎えに来た　母ではなかった　やはり寂しい

もう一つ　小学一年生のころかな　夏休み　一か月　瑞巌寺に預けられた　何をしたか覚えてないけれど　捨てられたと思った

時折　ガキ友に俺はいらない子だったんだ　というと　哀しそうな顔して「そんなこと考える親いないよ　子供が勝手に　親にその気ないのに　いらない子と思うことある　自分だけ見てほしい子供心かな　親にとっては青天の霹靂（へきれき）の言葉かもね」なんて言われた

そうだね　中学受験の時　大病した　この時母は常についていてくれた

その時　母はそっと歌っていた

笹の葉っぱの笹舟は　どこまで流れていくのでしょう

笹の葉っぱの笹舟は　一人で流れていきました

誠二兄さんの好きだった歌　誠二兄さんに　俺を助けてと祈ってくれたんだ

小さいころから　手下（てか）って言葉好き　手下って　俺には身内　手の下で守らなければならない大切な人　身内感大きい　父と母を見ていたからかな　小学校のころは「由」という字

も　なぜか大好き
そして　また
なぜか「五」が好き　ゲンゴロウが大好きで
放し飼いで飼っていた雄鶏はゴンタ　雑種だけど大きな犬はゴロウ
小学四年の時　田植えがあった　いやいや田んぼに入ったら　目の前にゲンゴロウ　苗の束持ったまま　もうゲンゴロウを追いかけるのに夢中になった
ゲンゴロウって　今の子供たちの好きなカブトムシ　と同じ立場の虫だ
感慨深いのは　田植え時は戦中　刈り取りは戦後
後ガキ友が「四年三組集合」なんて詩にしてくれた
ゲンゴロウの詩も書いてくれた

戦争が終わった時　障子の目張りが取れ　うちの中が明るくなったな
カムカム　エンボリバディ　なんて歌っていた
七歳上の姉の聖書研究会に　毎週連れていかれた　欠伸(あくび)すること多かったけれど　聖書というものを知った　神社への興味　聖書　瑞巌寺での仏教と
俺は小学生にして　この宗教の経典に書いてあるものを　ぼんやり理解した
皆同じこと書いている　普通の人間は虫けら同然　選ばれた者のみの世界　変なのと考えてい

た　小さいながらおませか

中学になり　この姉東京の大学生になり　歌舞伎を観に連れていってくれた　午前の部は楽しくなかったが　午後の部は「助六」とか　面白いものがいっぱいあって夢中になった

そして　もう一つ　お囃子に感動　決して主役にならない　支倉常長がオペラの主役にならないのと同じだ　大人になり三味線に手を出したが　難しかった　この姉　河竹黙阿弥の研究していた

仙台の中学受験の日　テスト中　意識を失って倒れた（ガキ友に何回話したことか）ルンバという検査で　液が濁っていてペニシリンが効き　一か月入院し　無事退院でも　あと二か月は　外出禁止　九十日　病院への出入りがあり　厳密には八十日間家の中本しかない　親父が読みもしないのに飾ってあった本を　片っ端から読んだ　特に吉川英治に夢中　三国志　新書太閤記　神変麝香猫（じゃこう）…

（江戸から東京へ　という本　吉川英治と記憶していたが　ガキ友に違うと言われた　キツネにつままれた感じ）　それを見ていた母が史記も読めと言った　難しいと答えたら　仮名うってあるし解説もある　と　結局　史記読んじゃった

二か月遅れで　公立の中学に入学　薫さんに世話になったなぁ
でも　生意気な中学生だった
国語の時間「待ちぼうけ」の話があった時「でも先生　韓非子は殺されるんだよ」なんて言ったり
吉川英治の三国志を　学校新聞に連載し　蜀の桟道は諸葛孔明が作ったんだと言ったり　一番の奴に「すげぇな」と言われ　うれしかったな

うちにあるレコード聴きまくっている時　チャイコフスキーの悲愴を聴き（中二だった）寒いぼがでた　そして叔母にヴァイオリニスト　クライスラーより　ジンバリストが好きと言って「変な子ねぇ」と言われた

中三の時　すごい先生に巡り合った　社会科の志賀先生　ガキ友が『三年五組集合』の詩にしてくれた
コルネットでガキ友と飲んだ時　何か突然俺の口から出た言葉「四限目社会　三年五組弁当とシャベルもって集合」なんて言うから　ガキ友びっくりしていた　気が狂ったわけじゃないよ

中学三年の夏　塩釜高校の教室で受験のための講習会が開かれた
学区制が厳しく仙台の一高や二高は受験できず　否応なしの塩釜高校受験
一中・二中・三中からの希望者が参加　俺も参加者の一人　初めて塩高へ
校舎のあまりの汚さと　無精ひげを伸ばしたオッサンのような高校生を見て
高校とはまあ世にも恐ろしい所だと震え上がった
成績は中学卒業試験で名前が載った　五番　この時はじめて薫さんに勝った
でも　仙台の私立高校（？）不合格　何とも言えない気分になっていた時
ふと　空を見て宇宙を感じ「落ちて悲しむなんてちっぽけだ」とは思ったが
行くところは塩釜高校しかない　大した希望もなく入学……

（二）塩釜高校時代（昭和二十六年四月入学　昭和二十九年三月卒業）

高等学校とは　世にも恐ろしい所　恐る恐るの入学だった
塩釜高校は〝融（とおる）ケ岡〟と呼ばれる桜の名所にある　通学路は　さわやか
塩釜女子高とは途中まで通学路が一緒というのも嬉しい限り　薫さんに会える　でも我が塩
高の校舎に入るやいなやうんざりしてしまう　教室の床は　いまにも抜けそうだし　完全に踏
み抜かれた渡り廊下　おまけにオヤジみたいな上級生の号令の下　毎日のように校歌と応援歌

有志会歌の強制指導
これはとんでもない所に来たものだ……と憂鬱になっていたが
三か月ぐらい過ぎると不思議　すっかり馴れて　何も感じなくなってしまう

クラブ活動も盛んでいろいろなクラブが勧誘に来る
真っ先に入ったのは男声合唱団「塩釜高校グリークラブ」
期待して入部したが　部員は新入部員の俺を含めても十三名　何と情けない人数だ　でもまあないよりはマシ　指導者が良い　女子高の音楽の先生が　そのまま我々の先生　塩高唯一の女性教師（鈴木智子先生）
鈴木先生には　卒業後もボニー結成後もずっといつも激励してもらっていた
ピアノの上手い上級生　低音の上級生　とまあいろいろ特徴のある先輩達に囲まれ　ボロピアノと共に楽しいクラブ活動が始まった
（小学六年声変わりが始まっても　無理して高い声出して……　中二　バスに回された）
そして　演劇部
演劇部にスカウトされた　木島君の強引な誘いで　俺と岩井君　須田君　根岸君が　何が何だかわからないうちに文化祭で上演する「ドモ又の死」のキャストに選ばれてしまった　この一作だけという約束で引き受けたものの　やってみれば面白い　全員すっかりのめり込む

「芝居とナントカは三日やったらやめられない」ということがよくわかった
山岳部にも籍を置いた　どんな訓練をするのかも知らず　部会で酒の味を覚え　山の歌を歌い
その気になっていた
二年の夏　ズッシリ重い米を担ぎ　奥日光から尾瀬へぬけ燧ヶ岳へ登頂　途中　頭の上で鳴る
カミナリを身近で聴きながらドシャ降りの雨の中で野営　ボロボロになって帰ってきたことも
あったな
ほかにも　スケート　スキー　俺一応　この時代なら　インストラクターになれるくらいの技
術あったから　自惚れか
成績は　ガキ友との会話で

先生方にも恵まれた　　思い出深い先生がいっぱい
中でも　金井先生　実にユニークな先生
「世の中は、あせらず、あわてず、何事も良い加減がよろしい」という嘉言俺に残してくだ
さった　早すぎるご逝去だったが
数学の北村先生の授業は困苦の極み　中学の数学とは比較にならないくらい難しい　いささか
参った俺は　岩井君と連れだって　仙台にお住まいの先生宅に「特別講習」を受けに通った
先生もこれを快く請けて下さり　半年ぐらい続いた　　お陰で　得意となるところまではいか

なかったが頭の回転も良くなった……？
受講料はいまだにお支払いしていない　すみません

入学の時感じたこととはうって変わり　高校生活というのは実に楽しい世界だった　級友にも恵まれていた　ただ残念なのは　その素晴らしい級友の何人かが　六十歳を前に他界したこと
何も知らないお坊ちゃま？　育ちの俺にいろいろなことを教えてくれた杉山昭君　よく数学の面倒を見てくれた高橋敏雄君　いつもにこやかに語りかけてくれた菅原清君　重厚な中に優しさがにじみ出ていた片桐健二君　ずっと私の母の病気の面倒を見てくれていた後藤清人君
「コンシュウ、コンシュウ」　みんなに愛され　凛々しい眉の小林根秀君　酒の飲み方を教えてくれた渡辺慶二君　柔和な生野博君
淋しい限り　でもいつまでも級友であることに変わりはない　みんなが集うたびに彼らの話に花が咲き　いつまでも我々の心の中から消えることはないだろうから
ここしか行くところなく　「仕方ない」感じで始まった　高校生活だったが　先生が良くて友達に恵まれてつくづく塩高でよかったと思った
学校は建物じゃない　中身だ　人間と同じだ
昭和二十九年　三月　高校時代が終わる

（三）大学時代

早稲田大学　合格　同志社大学も受験予定だったけれどやめた
昭和二十九年四月　早稲田大学入学のため　勇躍上京
仙台から上野まで準急に乗って十時間　上野に到着
それぞれの大学に入学する高校時代の仲間とともにやってきた東京
早稲田大学入学は　塩釜高校からは俺だけ
東京は　文京区西片一丁目　多嘉子姉の家に居候
入学式　オリエンテーションが終わり　構内に出ると
盛んな各クラブの勧誘が待っている
俺は決まっている　そうグリークラブ入部
商学部　クラス分けなども終わり……

この日から　いろんなことが始まった
まず　東京探訪　特に新宿探訪
新宿は　新宿駅の東口　西口　ゴールデン街と歩き回る
ゴールデン街には寝起きしたことも

俺にとって　新宿はゴールデン街を抜きにしては考えらないところに

バーも探訪　トリスバー　ニッカバー　サントリーバー等々屋台の飲み屋等々も　バー通いが高じて　バーテンダーの免状取った　キャベツの千切りは　上手いとは言えなかったが　相応のバーテンダーになれたと思っている

このころは　ストレート40円　ハイボール50円　ラーメンが1杯35円　もり・かけそばが30円

ところがコーヒー1杯50円と驚きの高さ

アサヒスーパードライは　グリークラブの行きつけだ

後々ガキ友とよく行って　いろんな話したな　こころおきなく話せる場所

俺の思い出話ばかりだったかな　ごめんな　でも聞いてくれてありがとう

コロナ騒動で行けなくなったが

花園神社の酉の市も大好き

あの喧騒を見せたくてガキ友連れていった　かなり酔っていたが　この時俺嬉しくて　楽しくて　通る人に握手求めて歩いた　特にアベックに「うわっ美人だ　うわっ美男だ」と言いながら　ガキ友いやな顔せず　笑って　アベックの相手に話しかけてくれる　みんな握手に笑って応じてくれた

名曲喫茶も多かったな　コーヒー飲みながら　音楽を聴く
ベートーヴェン・モーツァルト・ブラームスの交響曲や協奏曲　ショパン・リストのピアノ曲が　リクエスト多く
店内は　足音を忍ばせて歩かなければいけないような雰囲気も

小遣い稼ぎと東京を知るのにうってつけ　配送のアルバイトもした　自転車にリヤカーくっつけて　浅草　深川中心に　山の手は坂が多いので　避けた
おかげで　旧町名覚えた　橋の名前　通りの名　川の名　堀の名
この俺が駆け巡った町名を知ってほしくてガキ友に教えた　喜んで聞いて　憶えてくれるから
また話ができる
東京を知るために　都電すべてを乗り回った
現在　まだ残る都電荒川線　早稲田から庚申塚まで　ガキ友と乗った
巷探訪でも　ちょっと大きな声で言えないことも……　吉原通い
悪友と初めて行って　一人の女郎に惚れこんで　一週間で一か月分の仕送り全部使い　彼女と結婚したいと塩竈まで連れて行った　親父の静かな一言「七歳年上の女と結婚したら　年取っ

た時どうなるか　よく考えろ」
金の切れ目が縁の切れ目になったかな　　おかげで　ものすごいアルバイトを余儀なくされた
日曜ごとに千円の日当　マンホールの掃除　くさいくさいってもんじゃない　姉にはうちへ入れてもらえず銭湯では仕舞風呂まで　待たされて　でもくさみは取れず　誰も寄り付かなくなった　米軍基地で死体の包帯巻きのバイトはあまりのくささに一日でやめた

こうやって巷　探訪しているうちに　**歌声喫茶ともしび**に巡り合う
ここでは　童謡から歌曲　抒情歌　外国の民謡　中でも楽団カチューシャや楽団白樺の訳詩したソ連・ロシア民謡が圧巻　「ともしび」「トロイカ」「バイカル湖のほとり」「モスクワ郊外の夕べ」「道」「郵便馬車の馭者だった頃」「カリンカ」「行商人」「すずらん」等々きりがないまた　日本でできた「原爆を許すまじ」「死んだ女の子」「しあわせのうた」「沖縄を返せ」等々も歌っていた　あぁそうか　ここはカルチャー教室だ！　田舎者のノンポリには　現実にみられるカルチャー教室だった
思想は横に置いて　歌を曲を　たくさんいただきました
この歌声喫茶が妙に気に入ってずいぶん通った　現在のカラオケと違い　みんなで声を合わせ心を合わせ　歌い楽しんだ　輪唱もよくやった　ロシアの歌は数多く憶えたが中には北欧の珍しい歌にもここで出会った　ノルウェーの「雪と子供」とかフィンランドの「いちご」イタ

リーパルチザンの「さらば恋人よ」とか
吉原通いとは大違い　多くの曲　みんなで歌う楽しさ等々
得たものは大きすぎるくらい大きい

☆彡　休憩
このともしびで知ったソ連・ロシア民謡は
卒業後　結成したボニージャックスの大切なレパートリーの一つになった
演奏公演五か国を回ったが　旧ソ連地域に　一番多く四回行っている
一般のヒトが知らないようなサポロージェとかケメロボとかにもファンができた

(四) 早稲田大学グリークラブから　ボニージャックス

早稲田大学入学とともに浮き浮きと入部した　グリークラブ
一年のころはバス　みんな下手だなあ　なんて言って先輩に殴られたことも
二年になり　誰かが言った　西脇はテナーだ　そしてテナーに
この時大町と鹿島が入部してきた　鹿島は病気で休んでいたようだが詳細は？
それから一年の時からの友人のバス

真面目にコーラスと取り組んでいたこの四人　四年になると　それぞれ　パートリーダーとしてグリーを牽引し　団員から信頼を得るようになる

昭和三十年代のことだから団員たちは歌うことしか楽しみがなかった

さてこのリーダー達　グリーの活動とは別に四人だけのグループを作り　アメリカのコーラスグループのコピーをして楽しんでいた　グリーの演奏会でもお楽しみ番組として演奏会の一部を担うようになる

グリークラブは毎年夏になると休みを利用して全国に演奏旅行に出かける　これがまた楽しみで北海道から九州まで演奏をしながら旅をする　この旅行で一躍脚光を浴びたのがリーダー達で結成したクァルテットだった　大合唱では味わえないような軽い歌が客に受けたようだ

卒業真近になりこのまま解散するのは惜しい　ということでと　ラジオ東京の「青春ジャズ大学」という番組に応募（比較的賞金の高いラジオ番組のコンテストに出場しようという主旨で）　結果は楽々優勝　早速賞金は山わけ

就職先も決まっていたし　実際はこれで終わるはずだった

が　後日番組担当者から連絡があり　今　慶応出身のダークダックスが盛んにプロとして活躍している　早稲田からもコーラスグループを出し早慶戦をさせたいと打診があり　グリークラブの連中に相談すると圧倒的多数で賛成　やれっと　やるっきゃない　グリーの常任指揮者でもあり作曲者の磯部俶先生にボニージャックスという名をつけてもらい　プロになるための

優しく厳しい指導を受け　何とかプロの道に飛び込んだ
まさにコーラスグループの早慶戦の開幕

☆彡　休憩
ただし　先のバス担当は　芸能界は拒否　さっさと就職した　バス探し必要に　一年先輩の玉田さんにお願いし　入っていただく　バンカラ早稲田の代表のような恰好だったので　つい「ルックスがね」なんて言ったが　プロになるので　身ぎれいに　なんだ　見られるじゃないか　見られる男になった
ガキ友「ジャケット見る限り　四人とも似たりよったり　偉そうに言うな
ボニージャックスはルックスで売れるとは思えない　コーラス　その美しい　正確なハーモニーで売れる」と

(五) ボニージャックスとなって

ボニージャックスとして　レコードに残した曲の数は数千曲
俺の訳詩　編曲　作曲もあるよ　俺童謡も二百曲ほど作曲したが　ＣＤになったものだけ残っている　演歌っぽい曲　抒情歌っぽい曲　いっぱい作ったけれど　誰か歌ってほしいな

でも譜面が行方不明とか？？　園歌　〇〇稲門会の歌　校歌も　いろいろ作曲……歌ってほしいなぁ

（ガキ友が俺のこと書いた詩のうち『マイナス六度』『麦わら帽子』にも曲つけたが　譜面ガキ友には渡さず　曲は消えた）

ボニーの活動の一つ　障害者施設訪問時　入所子供たちの　素直な詩に惚れこんで　松葉杖ついて一緒に通った友に思いを寄せて曲を付けた

どれもこれも　とてもいい詩　やりがいのある曲作りだった

他の作曲者たちにも手伝ってもらった　これをもとに『**車椅子のおしゃべり**』というCDが生まれ　鹿島が『**空とぶうさぎ――車椅子のおしゃべり**』（草思社）という本を　刊行した

載せられなかった詩にもいいものいっぱい　全部発表したいが　そうもいかない

小さなころのヤマトタケルへのあこがれを『オラトリオ　ヤマトタケル』として上演　そして十年続いた公演　ができたことは　一生のうちで　一番大きなことだったかな（詳細　最終章に）

☆彡　休憩

これやれたからいつ死んでもいい　ガキ友に何度も話した　でも「心は迷う　中途半端な

生き方だった　いっぱいにしたものがない　作曲したり　編曲したり　歌だけでもないし古事記みたいなものにも手を出して……」ガキ友にぼやいた　ガキ友いわく「人には言えるんだけど　と言いながら　いっぱいにした　これでいいなんて人いるのかな　人生そんなもの　死ぬまで終わりはない」そこから「人生哲学だね」なんて話に入ってしまう　人生は点か　線か「ガキ友は　点というが　俺は線　楽しんで喋ったな」「音楽もつきつめれば哲学だ」

綾の会の主宰も
何年ごろかな　童謡協会に入会した時　驚いた
会員の皆が素晴らしい作品を作っている　多くの童謡詩集などを出している方も
このような作品群を広く世の中の人達に知ってもらいたいな　これが俺の仕事の一つかな　どうすべきか「綾の会」を発足させよう　発足
「綾の会」夢つむぎコンサートも　平成十五年の十二月で十六回目　昔の童謡が現在でも人の心の中に生きつづけていることを思うとき　当時のプロデューサーの方々の並々ならない努力を思い知らされる　プロデューサーとして「綾の会」もそのような発表の場にしたいという思いが　十年以上続けられた由縁かな　「綾の会」のコンサートの際は　ＮＨＫの方に聴いていただける機会を作ったり　レコード会社のディレクターの方々にアプローチしたり

「綾の会」の作品の中から　「みんなのうた」に五曲　ＮＨＫの「新ラジオ歌謡」に七曲　「ラジオ深夜便」に一曲取り上げていただき放送された
作品はプロデューサーとの出会いがいかに大切かということを痛感
ヤマトタケル　綾の会ｅｔｃ　**プロデューサーとは　面白い仕事だ**　また何かやりたいな　と考えているが
時代は変遷していく歌も変わる　金の問題　ｅｔｃ　問題山積み　大地震が追い打ち
こんな時　おかしな奴　ガキ友に出会った

第二章　出会い

（一）私とボニージャックスの出会い（語り　私）

昭和三十七年　ボニージャックスの名前と歌声を　知った私　高校生
『隠密剣士』　歌詞カード作って　歌　ボニージャックスなんて書いていた
でも　大学受験から　私の人生が始まって　名前と歌声を知っている程度に
数十年後　私も五十代　母の病床で妹が流していたＣＤ　あれボニージャックスの声だ　……
様々な歌集ＣＤを買い　ボニージャックス抜き出して　歌詞カード作る　歌詞カード作りは
新しい発見があり　とても楽しかった
そして　訳詩：西脇久夫　編曲：西脇久夫　なんて書いていたが　どなたが西脇さん？？？
いつしか　生で聴きたいと思うようになり　思えば見つかる　ディナーショー
平成十六年　十二月二十一日　クリスマスディナーショー

ディナーショーなんて　一度も行ったことない　緊張しながら　出席
京王プラザホテル　エミネンス
まずびっくり　えっ　等身大の人間だ！　当たり前なのだが
四人の方の声と顔　一致した瞬間
西脇さん真下の席　西脇さんの靴ピカピカが目立つ
ショー後　玉田さんと鹿島さんに写真お願いしたら　一緒に撮ろうと気さく
吉田さんはあさっての方向見てる感じ　西脇さんは　お帰りのお客さんの中を歩き回りニコニコ笑顔でご挨拶　この笑顔は本当に嬉しそうな笑顔
写真お願いし撮ったが　西脇さんの眼中に私はいない　やはり眼はあさって見ている感じ
でもルンルン気分
だったが　会場はなれたらとても寂しくなった〝終わってしまった　消えちゃった〟
翌年（平成十七年）　私新風舎から詩集出すのに　詩五十篇必要と言われ「仲間がいなくなって大変ですね　大町さんのこと書いていいですか　ついでにファンです　コンサート予定教えてください」なんて手紙をボニージャックスの代表だと思い西脇さん宛てに書いた
びっくり　スケジュールの返事が来た！　大町さんに関してはノーコメント
大阪での　ＤＤＢ　もちろん聴きに行った　　有名人だからコマーシャルになると周りから言われ　そのまま出した

クリスマスディナーショー　出席　ショー後の写真も　後の寂しさも同じ

翌々年（平成十八年）　大町さんのこと書いた本出版　ボニージャックスの面々に贈呈？

西脇さんからハガキがきた

　暖かい日と寒い日が交互にやってくる忙しい気候のこの頃です。詩集をお送り下さりありがとうございました。大町に対する想いを書いて頂きありがとうございました。彼も残念な思いだったと思います。新人の入ったCDが出ましたのでお知らせします

ボニージャックス　西脇久夫

そのCDは『**西脇久夫作品集　あなたの笑顔　～とおいわらべうた～**』

三枚購入したかな

鹿島さんからは礼状とサイン入りの『空とぶうさぎ――車椅子のおしゃべり』（草思社）の本送られてきた

十二月二十五日

京王プラザ　エミネンス　クリスマスディナーショー　三回目出席

この年は　なぜか鹿島さんよそよそしかった　あれって感じ

平成十九年に入る

ボニージャックス西脇久夫と書いたお知らせもらうようにはなった　五月DDB　大阪へいった
その後かな『あなたの笑顔』の譜面欲しいとビクターに手紙書いたところ　かなり経って
から　ビクターから返事あり「作曲家に直接依頼してください」　迷いながら　西脇さんに手
紙書きポストに投函した　次の日だと思う
六月十三日付　西脇さんから　絵葉書が届いた　譜面お送りします　もうしばらくお待ちくだ
さい（お江戸なつかしい路地　佃の鯉のぼりの絵はがき）

五月にお便りを頂いてからずいぶん時が過ぎました　遅くなってごめんなさい。譜面をさ
がしておりましたがボニージャックスが唄っている譜面をお送りいたします　悪しからず
来週にはお送り出来ると思いますのでもうしばらくお待ちくださ い

ボニージャックス　西脇久夫

やがて　しっかり自筆の譜面が届いた　感謝　嬉しかったが　難しい！

十二月初め　ディナーショーのお知らせ西脇さんの自筆で貰ったが　ホテルに申し込んだ後
だったので　すみませんと返事書く　ボニーから買った方が安かったが　残念　もう少し早
く知らせてよと思ったものだ
二十五日（火）の　京王プラザ　エミネンス　クリスマスディナーショー
終わった後　大町さんの歌声を花に喩えたので　三人の方の声も　花に喩えた詩を　鹿島さん

にお渡しした
鹿島さん紫桔梗　西脇さんひめゆり　玉田さん雪柳
鹿島さんにこの時「あなた大町なんでしょ」なんて言われたから「えっ　すみません　私
ボニージャックスのファンなんです　大町さんではありません」と答えた
私の詩読んで　大町ファンと思ったみたい　私の詩もまんざらじゃないな　創作だもん　むし
ろどちらかというと　鹿島ファンだったのだが

平成二十年
一月　鹿島さんより年賀状　届く　どっきり　ヤッター！「今年も素敵な詩を！」　以後年賀
状届く　クスッと笑える言葉とか　可愛い言葉とか
西脇さんより　ボニージャックスの年賀はがき届く
ええっ　これも　　ヤッター!!
　寒中御見舞い申し上げます　正月から十六日まで太平洋に居りました　もちろん仕事です
お手紙ありがとうございました「ひめゆりの花」光栄です　コンサートのス
ケジュール出ましたらお送りいたします
　寒さに気を付けて
　　　　　　　　　　　　　　ボニージャックス　西脇久夫

『大きなあたたかな手』『ふうわりふわりぼたんゆき』　文芸社より加筆再出版　『白い葉うらがそよぐとき』文芸社より出版

一応　ボニージャックス全員に　本送る（四冊消費できるって感じ）

この時かな

月日不詳　CD何かありませんか　と手紙書いたはず（西脇さん宛てに）

西脇さんより『**磯部俶の世界**』のCD紹介

（紹介状は　印刷されたものだが　その後ろに自筆で）

「藤田　恭子様　　ボニージャックス　西脇久夫

こんなCDを作りました　我々の師匠のCDです」とあり　　三枚購入

また同じころ　**歌謡百年のCD**（**二十枚組**）の紹介もあり　二組購入

（これ西脇さんからお知らせもらったが　残っていない）

この年のDDBは　七月　愛知芸術劇場

十二月二十五日は　クリスマスディナーショー　京王プラザホテル

楽しく写真撮った　少し西脇さんと話もした　内容は覚えていない

翌朝　二十六日「ホテルの広告　ロビーの飾り」　ボニージャックスが消え　クリスマスが消え　お正月に　寂しかったですねぇ　消えちゃった　消されちゃった　寂しいですね　儚いですね　本当にすごく寂しかった

平成二十一年　瑶年（西脇さんからの年賀状）
一月　年賀状来た　西脇さんから　びっくり　瑶年（筆書きで）
二枚も来た　絶品！　達筆すぎて読めず　読み取るのに時間かかった
読んでくださったのは　二人の書道の先生（お二人は面識なし）
でも　感想は　同じ「素晴らしい字　すごい！　もう　お上手です」
宛名も筆書き　すごい　上手い　絶品!!
何故か　この年賀状を見て「負けた」と思った　この人にはかなわない
この年から　亡くなる年まで毎年届いた年賀状　大切に持っているよ
毎年何枚　筆で宛名書きしたのでしょうか

☆俺から一言
この年から年賀状書いた　他のファンにするように　それだけ　顔は知らない　手紙は出している人　来る手紙は俺の興味をそそる書き方だけれど
でもガキ友この年賀状見てなぜか「負けた」と感じたとか　イヒヒだね☆

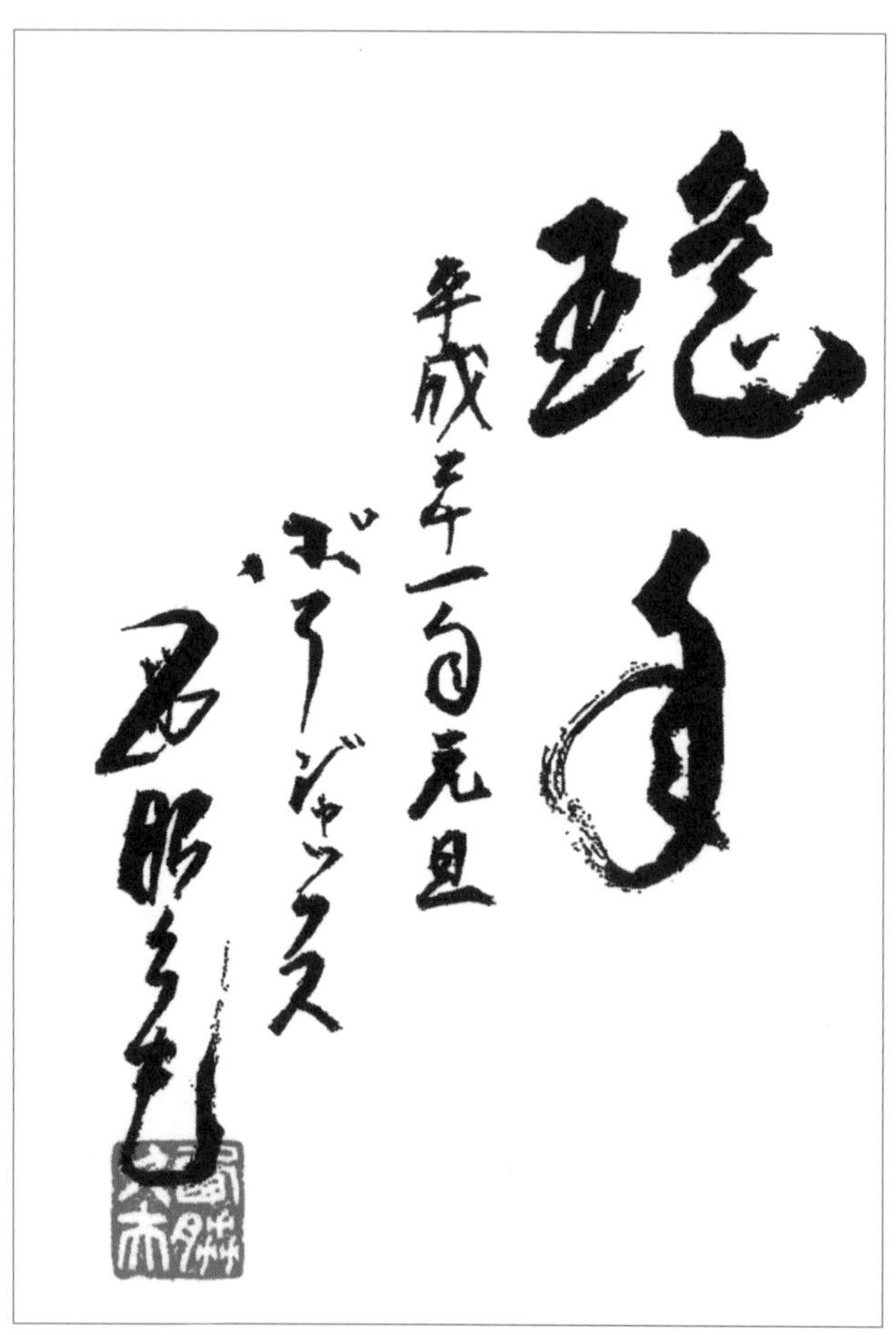
平成二年一月元旦

十月『ある少年の詩』（さわきょうこ著）を　ボニージャックスに送った
十二月十七日　京王プラザホテル　クリスマスディナーショー
ディナーショーの後　西脇さんお帰りのお客さんの中　歩きながら「さわきょうこさん　いますか『ある少年の詩』書いた　さわきょうこさん」と探してくれた　少し話したが内容は？
（西脇さんこのことは覚えていなかった　私には『見果てぬ夢』を書いた年に　探したと）

平成二十二年　演年（西脇さんの年賀状）
二月二十日の　ボニージャックス　チャリティコンサート
ダイヤモンドパイロットクラブ共催　から始まった
霞が関ビル1階　プラザホール
西脇さん　あっちへ行ったりこっちへ来たり　守衛さんに声かけしたり　歩きまわっている
時々　私の近くを歩いて行かれたが　特に話しかけもなし
だって　まだ顔知らないものね　変わった手紙書く人の顔を
開場すると　会場のぞいたり　引っ込んだり　数回　忙しい
突然　四月二十五日付けのはがきが来た
　あっという間に葉桜になってしまいました
　ＮＨＫラジオ深夜便のうたが　今月から六月まで毎日ボニーの歌が流れています

そのＣＤ発売記念のライブをやります　急な話で無理とは思いますが　一応お知らせまで
ボニージャックス　西脇久夫

ライブの日付は四月三十日（金）
BONNY JACKS　LIVE CONCERT
ＮＨＫラジオ深夜便のうた「そして葉桜のとき」ＣＤ発売記念（4／21発売）
池之端ライブスペース Qui
三日もない　でも急遽行きました　ＣＤにサインもしてもらいました
休憩時間　鹿島さんとはお話した　西脇さんはタバコ吸いにどこかへ　でもその前後も知らん顔　それでおしまい
五月十九日付　西脇さんより　一筆箋でおしらせ手紙あり（あさがお模様）
先日のライブにおいで下さりありがとうございました　またまたライブをやります　でも無理はなさらないで　単なるご案内と思って下さい　今回はジャズをやります
封筒裏書は　ボニージャックス西脇久夫
六月十四日　Bonny Jacks「Back to the Origin Vol.5」　STB139
出席一回目　特に　ハプニングはなし　帰りはごった返していた
筆まめな西脇さん　名簿に名前載せると　顔を知らなくても　名前でお知らせ書いている　だからどんどんお知らせは来る　こちらもきちんと出席する

毎年恒例になるが　この年から友人のお兄さんが経営するナシ園の梨を送る

八月二十七日付　礼状来る

残暑の厳しい毎日でございます　お変りなくお過ごしのことと存じます　此度は秋の味覚をお送りいただきありがとうございました。社員全員でいただきました　いよいよ秋のコンサートです

ボニージャックス　西脇久夫

九月八日付　手紙

東京も猛暑が続いております

私も何だか熱中症の様に体の力がぬけています

九月二十五日にさいたま芸術劇場でコンサートをやります。そして今年のクリスマスディナーショーは十二月十四日にしました　会場は同じ京王プラザホテルです

梨は本当に美味でした　ありがとうございました　チラシ二枚送りますが似ているので間違わないで下さい　秋は元気で頑張ります

平成二十二年九月八日

ボニージャックス　西脇久夫

藤田恭子様

九月二十五日　ボニージャックス　コンサートinさいたま2010
　彩の国　さいたま芸術劇場
埼玉のコンサートは必ず兄妹三人で出席
十二月十四日　京王プラザホテル　クリスマスディナーショー
写真撮ったり　いつもと変わりなし
西脇さんまだまだ　私の顔知らない

(二)　俺のガキ友との出会い（語り　俺）

俺には　手紙から始まった出会い　顔は知らない
最初の写真撮った時など　全く記憶にない

ガキ友からは平成一七年から　手紙が来るようになった　俺をボニージャックスの代表と考え俺宛てに書いたよう（平成二十三年くらいまでは　それだけの理由だったよう）だが
大町の詩も　創作そのものだった　大町の声知らなかったよう「私の書くものまんざらでもないね　大町さんのファンだったわけではないよ　声誰だか分からなかった　どのパートがど

の顔か？？」と言われてしまった　だまされた　俺も鹿島も
しかし彼女の手紙は　何か変わっていた　何がと聞かれるとはっきり言えないが　必ず追伸が
ある　追伸の追伸　追伸の追伸の追伸……とか　追伸1　追伸2……追伸4とか　追伸なんて
女あまり使わない　ガキ友にも言った　すると「書きやすいから　手紙によく使うと」返事
平成二十六年　夏　ガキ友に追伸のはがき　次の日　追伸の追伸というはがき書いた　ガキ友
笑っていた　嫌味か真似かと　まあ真似だね　いや両方だ　楽しいね
しかし　他のファンからの手紙とは違っていた　どこが？
この変わった手紙をくれたひとが後々　俺の大切なガキ友になるとは　いやなんとなく俺は気
になっていったかな　次は何を　どう書いてくるか　なんとなく来る手紙を待っていたかも
ビクターに書いた譜面欲しいの手紙は　ビクターから俺に来たが　俺に宛てたものじゃないが
変わっていたなぁ　書いた本人は全く自覚ないようだが　しかし俺もこのころはしっかり顔と
名前が一致していたわけではない　鹿島は　珍しくさっさと覚えたよう
本も送ってくれたみたいだが　覚えていない
『ある少年の詩』を書いた時　彼女は　京王ホテルでショー後　俺が彼女を探し　話したそう
だが記憶にはない
平成十九年　クリスマスディナーショーの後　鹿島が　俺たちのこと書いた詩を　彼女から預
かってきた　一人一人分　俺はひめゆりとか

平成二十年　正月年賀挨拶兼礼状書いた　鹿島は年賀状出したよう
平成二十一年から　年賀状正式に書くように
この年の字　上手すぎて？　読み取るのに時間かかったとか　読めた！　なんて　手紙くれた
平成二十二年まで　顔はまだ知らない

(三) お喋り前哨戦（語り　俺）

【平成二十三年　昴年】
三月　東北地方　大地震　塩竈市も津波に襲われた
これは　個人的にも　ボニージャックスにとっても　大きな災難になる
実家は　津波をかぶり　後援してくれていた　東京電力がポシャッた
仕事の減少　多額の借金もあり　資金繰り　……　より厳しい世になった
そんな時
五月　**『見果てぬ夢』**（藤田恭子著）出版　が送られてきた
これ　読んだ時は　びっくらこいた　こいつ男だ　名前は女だけど　身内をこんなに客観的に
書けるのは　男だ　女には書けない
くり返し　読める本だった　芊平の悩みは大好きな項だ

人の生き方　芋平の悩み　などみんなにどこか通じる　ガキ友芋平に似ている　さすが孫だな
んて考えたりして
ガキ友に褒めたつもりで「女には書けない」と言ったんだけど　ガキ友は複雑な心境だとさ

六月二十日（月）　Bonny Jacks「Back to the Origin Vol.6」STB139
終了後「藤田恭子さんいますか」「見果てぬ夢書いた藤田恭子さんいますか」と探した
「はーい　私です」手を挙げ答えてくれたかな
ごった返す人の中で　変わった手紙くれた人の顔　知った瞬間

梨の礼状　顔を思い出しながら書いた
八月二十七日付け
　雷が鳴り大雨となりました　お元気でお過しのことと存じます。此度は美味しい梨をいた
だきありがとうございまいした　社員全員で賞味させて頂きました　９／18に大町正人の
お別れ会を催すことになりました
　　　　　　　　　　　　　　　　　　　　　　　ボニージャックス　西脇久夫

九月十八日　大町正人送る会
５時30分　東京九段ホテルグランドパレス２Fダイヤモンドルーム

ガキ友　受付し会釈してくれたが　知らん顔装った
宴もたけなわのころ　みんなの中を歩きまわり　ガキ友に声をかけた「来てくれてありがとう
写真撮ろうよ」　隣の人（出席者の一人だが知らない人）に「撮って」と頼んで　写真撮った
ツーショットの写真撮った…二枚
後日「あの時の写真　頂戴」と言ってもらった
★私から一言「ヤッター　ツーショットの写真頂戴だって！」★

クリスマスディナーショー　いつですかと手紙あり
恒例のクリスマスディナーショー　京王プラザホテル側が　一人3万円と値上げしてきたので
やめた　夫婦二人6万円は高すぎる　と考えたから中止
十一月十一日付け　返事出した

藤田恭子様
お元気でご活躍のご様子何よりです
ご連絡けっして忘れたわけではございません
さいたまとスィートベージルが近すぎるのでどちらかと思いましたが　藤田さんからのお
手紙で両方送ることにいたします　宜しくお願いいたします

西　脇

十二月十日　ボニージャックス　コンサート　inさいたま2011
懐かしき舶来小唄　彩の国さいたま芸術劇場　があり
クリスマスディナーショーは　この年二回
十二日　STB139（六本木）　二十四日　サザンクロスリゾート（伊東）

伊東へも　兄妹三人で来てくれた　　終了後　鹿島と俺　部屋へ行こうとエレベーター前に立っていた時
止まったエレベーターから　ガキ友たちが降りてきた　コーヒー飲みに来たと　話しいろいろしたが　新年会ないか聞かれ　「うーん」「新年会　一月十一日かな　狭いところだけど　よかったらどうぞ」と

★私から一言「西脇さん積極的にお話し下さるから　かなりお喋りしたが　何を話したかな？　ピアノのことも話した？　西脇さんピアノ弾く仕草している　鹿島さんそばにいたが　鹿島さんともお話ししたかったが　お話する間なし」（後で写真見たら　私のセーターの色西脇さんのネクタイの色に合っている）★

彼女は　まだまだボニージャックスのファンのみという感じ　いや俺より鹿島に向いているよ

うだが……　（私から一言：あたり！）

【平成二十四年　泰年】
一月の新年会出席してくれたが　大変な場所に来てしまったって感じたかな
★私から一言　本当に　大変な場所だった　ゴーリキーのどん底に出てくる居酒屋のようなところ　でも西脇さんニコニコ笑顔で「ありがとう　食べるものなくてごめんね　またピザ来るから食べて」なんて（ぎりぎりに行ったので　座るところもない感じ　食べるもの残っていなかった）★

この年　ボニージャックスのテーマの一つとして　みんなと歌う
どこかで開催できないか考えていたが

七月から歌のひろば　開催
毎週火曜日　シャーウッド（住友三角ビル51階）
（毎週木曜日は　アルテリーベ　ここはあまり人が集まらず　途中で中止）
七月半ば　ひろばの日　51階で　彼女が階段上ってきたのに出会う
エレベーターまちがえて乗ったため　途中階で降りるはめになったそう　俺は　窓から外眺め

たり　ぶらぶらしていた「もしかして　西脇さん？」と声かけられた　「(ひろばの) 会場へ案内するよ　鹿島達来ているよ」と案内　俺またぶらぶら

☆彡　休憩

いつだったか　その五十一階で　ビルのミニチュア模型見ながら「このビルできた時娘連れてきた　娘七歳くらいだったかな」「娘には遊ぶ約束してもなかなか実行できず可哀そうだったたな　仕事がはいったからな」等々娘の話をした　彼女はしっかり聞いてくれた　自分の娘の話と合わせて　娘の子供の気持ち話してくれた　できない約束はしてはダメ　自分が一番なんだから　子供は裏切られたと思う　小学低学年はまだまだ親の仕事の大切さ理解できないから

どうせ　そのうち「父ちゃん元気で留守がいい」時代が来るんだから　笑っていた

(★私：だって　スケジュール背負って歩く男だったのだから　仕事の話し合いなど　相手の都合で変更があったりしたんでしょうね　子供に理解は無理★)

第三章　生ビールとお喋りと

(一) お喋りの始まり　平成二十四年十一月（語り　俺）

平成二十四年　八月下旬　梨が自宅と事務所に送られ
　暑い日ももう少し　秋風が待たれます
いつもいつもボニージャックスのコンサートに来て
　いただき感謝！……　なんて礼状書いていた

九月二十二日は与野コン　無事終え　十一月十一日　**取手市民会館でＤＤＢ**
ＤＤＢ後「ファンの方からボニーさんへと」と係の人が本を持ってきた
その本が『**ちいさなちいさな水たまり**』
まあ　持って帰って　十三日読みはじめ　これもビックラこいた　俺と同じような発想をし
てやがる　なんだこれは　すぐ返事を書いた　あらためてこの人と直接話がしたいと思った
『**見果てぬ夢**』書いた人だが

俺はこのころ資金繰りｅｔｃ　最悪だったが　何か元気が出た
『オラトリオ　ヤマトタケル』のプロデュースしたときのこと　鮮やかによみがえったな（最終章に）

　ちいさなちいさな水たまり　今日読みました　宇宙の創生から地球そうしてホモサピエンスまで何と壮大なスケールでしょう。一三七億年の歩みを考えてみたら我々の営みなどは？　と思います。でもこんな世界でもい、ものですね　音楽はいつ頃からあったのでしょう

ボニージャックス　西脇久夫

シャーウッドのひろば終わり　ママに彼女と「一緒に飲んで話がしたい」旨伝えた「一緒に飲みたい」
生ビールとお喋りの火蓋が切って落とされた瞬間　俺の第一声
「**本　読みましたよ　この人に古事記を読んでもらいたいと思った**」
彼女は　ハァ？　ポカンとしていた　ビックラこいたと言いたかっただろうな
「**古事記読んで**」「え　どんな」ときた
「うーんそうだな『ヤマダクエヒコの古事記』後の方は数式なんだ　是非読んでみて　山崎豊子もいいかな」「最初の神の名は　天之御中主神（あめのみなかぬしのかみ）　高御産巣日神（たかみむすひのかみ）　神産巣日神（かみむすひのかみ）」

彼女はキョトンだった

★私から一言　実際私　この人何言いたいの？　古事記なんて名前しか知らない　決して試験に出ない題材だから　だって試験作れる先生いないでしょ　と思っていたから　もちろん中に述べられている物語は小さいころ絵本で読んだけれど

古事記読む意味と『ちいさなちいさな水たまり』との関係は　わからなかった　読めばわかるか　程度の軽い気持ちになっていた　だって教授にこんな文献読みなさいと言われたら興味あろうがなかろうが読み解くのも仕事の一つだから★

それから　歴史の話　したかな　胆沢城の話なんかも　話をしていると　元気が出てきてビール飲みたくなった　彼女が新幹線で帰るので　間に合う時間まで　ゆっくり　ビール味わいながら　話しまくった　特に東北の古代史

だからか　日本の歴史の119pの　胆沢城のコピーを　十二月十五日野口雨情生誕130年記念コンサートの時　持ってきてくれた「こんなのありました」と

★私　西脇さん　そのコピー「ありがとう」とさっと受け取って　しまってしまった　悪いことしたかな★

（二）平成二十四年クリスマスディナーショー　ロイヤルパークホテル

（語り　私→俺→私）

★語り　私　ロビーでコーヒー飲み終わり　支払いしていたら　レストラン前で鹿島さんと玉田さんにばったり　レストラン開店前　お二人控室へ帰るよう「一緒に控え室いらっしゃい」　しめた！　とついていった　控え室とかなんて行ったことないから　しかし中に入ろうとした瞬間　しまった　来るんじゃなかった　突っ立ってた　帰りたかった★

語り　俺に

ショー前　鹿島が楽屋へ連れてきた　きょとんと　突っ立っていので　手招きして「ここ」と自分の横の椅子へ

「読みましたよ　あの後ろも欲しいな（胆沢城のコピー）」「いいですよ　またコピーします本お貸ししましょうか」「表題教えてもらえばいいよ」「わかりました」「あぁ　そうそう　あれは　山田クエヒコ　久しいに延べるに彦　俺のは　なかにし礼に貸したままだ　山崎豊子の古事記もいいよ」

（彼女かなり　きょときょと　していたな）

古事記と宇宙の話　アイヌの話　イヌイットの話ｅｔｃした

いったん出て行って　三十分くらいたって
『日本の歴史Ⅱ』（小学館）を「読み終えたから　お貸しします」と持ってきてくれた

ロイヤルパークホテル　ショー後
「きょう　どこへ泊まるの？」「ここです」「じゃあ食事に行こう　待ってて」「いいですけど
私食べました」「俺まだ食べていない　腹減っている」
★私：なんで誘うの　こんな後には　仲間と飲まないの？？　有名人に誘われたことは　嬉
しいより　何話するの　戸惑いのほうが大きかった★

結構な時間待たせたかな
歩きながら「10時過ぎか　どこ行こう　何食べよう　ここいらは何もないな　ホテルの中しか
だめか　でもホテルの中は　10時までか」「エスカレーター　降りてみよう」
エスカレーターで地下1階　ここのバー開いていた「ここでいいや」
ロイヤルパークホテルB1のバーにて
「チーズとパンしかありませんよ」と「いいよ　それだけで」　早く飲みたい　喋りたい
生ビール飲み始める「あなたも好きな物飲んで」と勧めながら　喋り始めた俺
神社か古事記かの話から　止まらなくなった　ガキ友は笑い顔で　聞いている　つまらないな

んて顔全くなし　面白くてしかたないように　相槌を打ち　聞いている　思った通り
俺本当に止まらなくなった　ビールも旨い　旨くなる
俺の　お喋りの独壇場
「古代史が好きで　数学が好き　なぜ商学部か　何故だろうねえ
小さいころから　神社に興味があった
大きなうちでね　大屋根があり　成績が悪い時は　屋根に上って　星を眺めた
数学が大好き　大得意だ
神社から入ったかな　古事記の世界へ
古事記はたくさん出ていたが　三冊ほどあって　山田久延彦がいい　三巻になっていて　三巻
目は数式
古事記を書いているが　山田久延彦は数学者だ　終わりの方は数式が並んでいる　神が地球
外の宇宙から飛んでくる距離と時間が数式
最初のは地球に当たらなかった　次もダメ　三番目に来たのが地球に当たった
天之御中主神（あめのみなかぬしのかみ）・高御産巣日神（たかみむすひのかみ）・神産巣日神（かみむすひのかみ）」
「年末の第九みたいなもの　やりたいと考えていた時　この山田久延彦の古事記に出会った
ヤマトタケルが好きだったから　ヤマトタケルでやりたいと思い　そしてやると決めた　一

万人の大合唱で　そんなバカげたことできるかって　初めはみんなに反対されたんだけど
関係者に交渉など　実際に動いた　これを見て　みんな賛同してくれるようになった
このヤマトタケルのプロデュースやってもう人生いいと思った　人生やりたいことやったい
つ死んでもいいとも思っている」何度か繰り返した（後にもよく話した　このレーザーディス
クプレゼントしたら　彼女ＤＶＤにしてくれた）

「寒川神社・氷川神社は戦いの神様
八幡神社とは　八幡太郎義家が使っただけで　いくさの神様じゃない
（幡に意味　幡とは　はたのぼり　仏や菩薩を供養するため　または威徳を示すための飾り）
な　戦とは関係ないだろう」

「歴史が好きでね　　これぐらいの（腕を広げて見せて）書棚あるんだけどすべて歴史書」

「漢字も大好き　　漢字の成り立ち　意味がおもしろい
たとえば
漬ける　責任を水に流す　漬物などは元の形がなくなる　云々
甲骨文字　象形文字　ヘブライ語（縦書き）等にすごく興味持っている」

「（大学の）図書館で　人名辞典　漢和辞典　これくらいの厚さの本　面白くてよく読んでいたが　時折眠くなり　本二冊枕にして寝てしまった　いい枕だった　本に髪の油べっとり　ついたりしていた

この二冊　寝るのにちょうどいい厚さだった」

話は　あちこち　飛ぶ

「平安の女性は素晴らしい

以呂波仁保部止　知利奴留於和加与太礼曽　川禰（つね）奈良無　武　宇（ここまで　ナプキンに書く　彼女大事にしまっていた）為（ここからはナプキンにない）

部がなぜへかは？　と　片仮名のイロハはまた違う漢字だ

これを　意味のない平仮名で表現する　平仮名を造り出した平安の女性は素晴らしい

清少納言は詩人で　言葉を大切にする人

紫式部は　よくわからないが　算用にたけているよう　人を決めて書いているから」

（くたばる年　日によって　好きなこと変わったな「今一番楽しいことは歌うこと　次は年賀状の漢字を考えること　王へんの字が好き　小さいころはなぜか「由」の字が好きだったな」と言った日もあったな「由」の字　紙に書いて彼女に見せた）

本の話
特に　三国志の話　吉川英治の本の話
そして「三国志は　吉川英治がやはり一番いい
劉備は逃げてばかり　でもみんながついてくる」
「呉の国　孫
孫は素晴らしいんだ　日本へかなりの影響を与えた国　呉服　とか　　言葉・風習が伝わって
いる」というようなことを言った
「中国　４０００年の歴史のなかで
漢民族の支配は高々計２７０年（２６０年）
満州族とか　モンゴル族など　周辺の民族が支配
中華思想の話（中華思想は　後に二人で読み合った　宮城谷昌光にも出てくる）
等々」

「インド数学が0を発見したため　数学の進歩が数百年遅れた
世の中は十二進法が正しく進む　2と5はいらない
3と4があればいい」

「合気道教えている　もう年だから　今は小学生に教えている
これはいい　軸がずれない
中学時代　肩に手がかかっただけで　５ｍ向こうまで投げられた
何が起きたのかさっぱりわからなかった
柔道じゃなくて　合気道を授業にすべきかな
左手　前へ出すとき　左脚がでる
昔の飛脚の走り方　右手前左手後ろにして　同じ手足を出して走る
中国のマラソン選手が手を下げて走っていたのもこれに近い
軸がずれないから　安定している
腹筋を鍛えるには合気道しかない
ボニーで合気道しているのは僕だけ
ゴルフのパターなんかも　軸がずれなくなる

合気道中に　ぶっ倒れたことあった
これは脱水ですよと循環器の先生に言われたが　ついでにやった検査でＰＳＡ高値　泌尿器科の先生に紹介してもらい　「前立腺癌」と言われた　治療法三択　ホルモン療法　手術療法　放射線療法　ホルモン療法は声が変わるといけない　手術は入院必要でだめ　ＣＴ＋放射線を

選択

半年後にCTしながら　治療できる放射線の機械三か所に入る
前立腺癌では死なないからと言われ
癌研を選択し　半年待って　放射線治療開始　JRに乗り癌研へ行き　毎日3分照射　十回
費用は　葉桜が三か月NHKで流れこの時の印税が100万　保険が100万　計200万で
切り抜けた　金はなんとかなるもんだ　一人で通った　みんな奥さんとかついて来ていたけど」

「中学生のころ
東京にいる七歳上の姉（栄子さん）に勧められ　はじめて歌舞伎を観た
それるけどね　この姉　河竹黙阿弥を研究していた　河竹黙阿弥だって
この時　囃子に感動　　囃子は絶対に主役にならない
そして　三味線をならった
ある正月に　60万出して杵屋さん兄弟の間で　真ん中で三味線弾いた
鹿島と玉田招待して　　あいつら　　何も持ってこなかった
こういう日本のものは　ご祝儀を持ってくる　そしたらこちらは　手ぬぐい
用意して返すんだけど

こっちは　用意したのに　何も持ってこねえんだよな」
「喫茶店　コーヒーはやはりブレンドが一番
チャイコフスキーを　かけてもらったりして　マスターとあれこれ
会話しながら　飲んで聴いた
チャイコフスキーの悲愴　小さいころ（中学二年だったか）聴いて震えた
その音楽聴きながら　喫茶店で勉強したり考えたりしたな　集中できた
（彼女も　喫茶店で勉強したり書いたりするの好きと）
「そんな喫茶店減ったけど　一つあるんだ　目白駅の近く」（後で　ガキ友連れて行った　目白駅で待ち合わせし蕎麦食べの日　バンチャム　伴茶夢）
何故か「部落と穢多(えた)の違い知っているか？」なんて言って
「東北にはない　岡山　和歌山等々
天皇は軍隊を持ったことがない
例外的に持ったのは　後醍醐天皇と　昭和天皇　明治天皇もかな
何故なら　天皇は殺生してはいけなから　そう四つ足の動物を殺してはいけない　代わりに四つ足の動物を処理したり　死人を処理したりする人たちが必要　それが　部落の人　大切な人

たちなんだ
部落　穢多　彼女は知っていた　だから肉屋さんは部落の人というんだねなんて
蝦夷はすごいところ
「坂上田村麻呂が東北へ行ったとき　アイヌの阿弖流為（アテルイ）　大河にもなった（これは勘違いで
ふつうのドラマ　少々期待外れだった　彼女も同じ意見）
十三回戦って　三回しか負けなかった
しかも彼らの武器は鋤・鍬だった
胆沢以北の人々の強さ　偉さ　鉄鋼技術発達していた
そう　日本の鉄鋼技術は　鳥や動物に対するもので　人間用ではない
津軽海峡に　面する十三港（とさみなと）の話　千石船を持っていた
津軽三郡誌なんかもあるし　これは（眉毛に唾つける仕草して）かもしれないけど（これら上記すべての話　以後も時々・何度も　話すが）」

「俺　作曲もしている
葉桜なんかは　ソロでいいんだけれど
作曲する時は　後ろにボニーがいて
ボニーのコーラスが後ろにいて　作ってしまう」

借金の話も出してしまった
「七十六歳なんだよなぁ　もー
借金で自殺する奴もいるけど……　借金あっても　自殺しようとは思わない
ある正月　女房と一升酒飲んだ　この時　別れたんだ
あいつ　あんなに飲めるなんて」
（ガキ友言ってた　俺が　女房に惚れていると　女房がねって　悪口言ったとしても　小学生の子が好きな女の子に　いたずらするような言い方だ　って　話聞いてると　奥さんも古女房だね　西脇さん好きなんだよ　って）

午前0時　最終電車0：10ということで　バーを出る
水天宮駅の改札口まで　送ってくれた
荷物は重い　菓子折り一つプレゼントした　「おなかすいていませんか」に
「近所のラーメン屋でラーメン食べる」って
かなり酔った　少々ふらつく　ラーメン食べに一緒に行き　もっと話したいが
そういうわけにも　いかない

握手して別れた

彼女いつか言ってたな　あの時の後ろ姿　何故かすごく寂しそう　なんだかこちらが哀しくなるような　姿　だったって

本当に寂しそうではなく　寂しかった　のだ

★語り　私

水天宮駅　午前0時

握手してお別れ　分厚い大きな手だった

後ろ姿　何故かすごく寂しそう　なんだかこちらが哀しくなるような

本当に寂しそうな後ろ姿　だった

この長い　会話中　いつだっけかに

ひとつひとつ　始まって終わるんだけれど　終わったんだな　何だったんかなとかいろいろ感じる　の言葉あり　ズシリときた

ロイヤルパークホテル泊　翌（二十一日）

朝　ホテルの周辺を歩き　新宿へ　本屋に行く
（山田久延彦の本すべて絶版　後日ネットで買ったが　西脇さんの読んだものとは違うよう
内容は同じ　二十〜三十年前の本　徳間書店　ちなみに一番新しいのは「真説　古事記」）
暗くなって　ホテルに帰り着いた
夕方の　同じ時刻のホテル　もう終わったんだと思ったらものすごく寂しい
昨夕　鹿島さんと玉田さんに会った場所からラウンジに入り　サンドウィッチを夕食とする
コーヒー三杯飲んで　ニュー西北エンタープライズにＴＥＬ　西永さんの声聞いて　少々現実
に戻る

出て行くときも　帰り着いた時もバーの前歩いてみた　何となく　すごく寂しくて　水天宮駅
での　西脇さんの姿（握手時の顔　後ろ姿）が目に焼き付いているのに気付く（この時西脇さ
んが　なんだか可哀そうでたまらなくなって　気になる人になっていることに気付く）

十二月二十二日　ボニージャックス　チャリティクリスマスディナーショー
　　　　　　　　サザンクロスリゾートノースボール
兄妹三人　東京駅で待ち合わせし伊東へ（伊豆半島旅行かねて）
翌二十三日　朝食時

西脇さん水色のセーター　スパゲッティ食べているとき
絶版の話をすると「僕の本　ヤマトタケルやる時　なかにし礼に貸したんだよな　返してもらっていないんだよな　今ケンカして喋ってないや」とか
「古代史の本　こんなに持ってる」（と腕を広げて表現）
「ゴルフ　本当はやりたくないの」とも★　今回の私ここまで

(三) 平成二十五年　裕年（語り　俺）

シャーウッドのひろば後　彼女が出てきた日は毎回　飲んで食べる　彼女と話していると　楽しい
年が明けてシャーウッド　最初の話
「生ビール飲んでみるかな」そして「美味しい！」と「なっ　旨いだろ」（嬉しいな　付き合ってくれる）と　次に俺が発した言葉「熟田津（にぎたつ）に　船乗りせんと　なんだっけ」すぐ返事
「えーと　月待てば……」ときたもんだ　話が弾む
俺「今　気長くなったけど　切れることあった　あるディレクター　新しい曲持ってきて二～三回練習して　はい本番です　なんて言うから　これじゃきちんとプロとして歌えないと椅子けって出て行った　もちろん仕事干されたけど」などの話もした　多かったのは額田

大好き　古事記に関連しカタカムナ　ホツマツタヱ　いやしろ地　けがれ地　津軽三郡誌　神社　歴史の話

何を話しても真剣に聞いてくれる　生ビール飲みながら

何か話し始めれば　真剣に聞いてくれる　俺も次から次　言葉が出てくる　おかしな奴だ本当に

俺にはかなり　興味ある奴になっていったが　まだまだ鹿島寄り

震災から一年　高校の後輩たちが　東北での被災地コンサートを計画し　七月開催に　東京からバスツアー　彼女参加してくれると

塩竈まで電車で来て　コンサート後は　バスに合流すると

俺の隣　空けておけと言わないのに　後輩が　暗黙のうちに　俺の横に乗れるようにしてくれていた

コンサート後　七ヶ浜国際村から　松島までバス　彼女と並んで座る　緊張しているよう　そうだよな　でも俺は楽しくて　いろいろ説明　俺のうちの大屋根きちんと見せた「あれが　大屋根　見えたか」「見えた」

翌日朝　電話した「出発時間聞いて」と「えっ　どうして私が聞くの？」って感じだったけれど　なぜか彼女に電話した　俺のほうだけ向け　って感じ　帰り　仙台駅で新幹線一緒に

なれるか期待していたけれど　まだ運が向いてないか　彼女は先の新幹線で帰っていた
他のファンだったら　西脇さん何時にお帰りですか　行動は別ですか　なんて聞いてくるのだが　彼女は決して聞いてこない　俺から言わないと

十月二十日　金沢市音楽堂で　コンサート

薬が切れた　出川先生一か月休み　まあ仕方ないと　金沢へ
玉田が　彼女を控室へ案内してきた　ばったり会ったとか　鹿島と楽しそうに話し始める　阻止！「腕がざわざわする　血圧上がったみたい　薬なくなった　先生一か月休みなんだ　薬がなくなった」と　お薬手帳見せたかな……彼女考えていたが「保険証お持ちですか　明日　病院へ来てください　お薬処方します」　保険証とお薬手帳を渡す
翌日　仕事が終わり　これから九州だが　彼女の病院へ寄る　カルテ作り　所見書き　薬処方してもらう　田舎なのに　電子カルテ　検査の結果はほとんどその日のうちに出る　CT　MRIも必要なら即施行　結果もその日のうち　すげえ　事務の人の丁寧な対応にもびっくりした　彼女かなり大切な先生みたい　白衣姿には惚れた　医者なんだ　俺本当に彼女に今度は惚れた

十二月二十七日　初めて電話もらった「一月二十七日　誕生会しませんか　シャーウッドで」

もちろん「いいよ」

★私：この年高塚さんに誘われて　西脇さんと　三人　有楽町駅の向いあたりにあるビルのお店で飲んでいる　この時　高塚さん西脇さんに「お姉さん亡くなられたそうで」と話している　この亡くなられたお姉さんが　二人の話の中心の一つになるとは★

（四）平成二十六年　諒年（語り　俺　二月から語り　私）

一月早々　大阪帝国ホテル　ステージ

ステージ後　飲みに行こうと誘う

午後９時50分ごろ　帝国ホテルのバーへ

まず　生ビールで　乾杯！　それから話

「新宿駅南口で　あの広いところで　明治大学の奴らと喧嘩　そのころは下駄履いていた　下駄で殴られ顎を切って　すごい血がでた　産婦人科の先生が縫ってくれた　今でも痕あるだろう（うっすらとある）ラグビーの早明戦　優勝戦　明治が勝った　血　出しながら　留置場にいた　等々」　話いろいろ

午後11時ごろまで

★私：生ビール　西脇さん3・5杯＋α　私1・5杯　ドライフルーツ＋何だったか忘れた★

「それぐらいの金　持っているよ」とおごったぞ　見栄張って

この翌日　確か火事があり　新幹線めちゃくちゃに　切符交換しグリーン車にさっさと乗った

あとの三人はぎゅうぎゅう詰め6時間立ちっぱなしだったとか　滑り出しまあまあの年か

一月五日　ボニーと歌声の仲間たち　ともしび新宿店

終わって着替えたら　いなくなっている　電話する「今どこ？」「新幹線の中」「早いな　もう帰ったの」

一月二十六日（日）　Bonny Jacks　新年会　アルテリーベ

やはり着替えて出てきたら　いない　電話する「どうして帰ったの　着替えてたらいなくなってた」「待っててって言われなかったから」

そうだな　俺の一言が足りなかったのだな　わかった

一月二十七日　シャーウッドで西脇さんと誕生会

俺は　午後6時30分ごろ　お出ましだ

「女房にどこ行くの　と言われたので　ちょっと　と出て来た」とまず話
エスカルゴ　ローストビーフ　アイスクリームのコース
生ビールで「誕生日おめでとう」と乾杯　そして
「エスカルゴ美味しいね」などと言いながら　生ビール　ぐいぐい飲みながら
お喋りの　始まり始まり
中学受験の時ね　脳脊髄膜炎にかかった　小一ごろジフテリアもかかった　テスト中意識なくなって倒れた　母がよく勉強していて　すぐ入院　ルンバして　液が濁っていたら何とかなるって言われた　濁っていたので　ペニシリン使用　母は二つ上の子をなくしているので俺が死んでは大変だと思って一生懸命だった　ペニシリンがあったから　俺助かった　よくなったが　受験は失敗　三か月自宅療養　公立中学へ二か月遅れで入学
この自宅療養の時　一か月に一回病院へ行くときだけ外へ出た　後は家の中　本しかなく　本かなり読んだ　読みもしないのに父が本棚にいっぱい飾ってあった本　ほとんど読んだ　それを見ていた母が史記も読めっていう　難しいと言ったら　母は仮名うってあるから読めってそして読んだ
母は東京の女学校出ているが『家庭の医学書』読んでいた　二つ上の兄　俺の生まれる前に死んだので　俺を死なせてはいけないと考えて　俺よく病気したからな　ジフテリアに罹ったとき馬の糞煎じて飲まされた　何かおまじないの紙も食べさせられたけどね

でも　おばあちゃん子　おばあちゃんにひらがな教わった　小学校行くまでに全部読めるようになった　けれど一年生はカタカナから　一つも読めなかった

一年生になった時　一人で学校に行けず　毎日薫さんが迎えに来てくれた
「久夫ちゃん学校行こう」って　母が薫さんに頼んだよう「迎えに来て　一緒に行って」　いつまでだったかは覚えてないな
俺早生まれで小さかったから　薫さん大きくみえた
薫さんは　俺の初恋のひとだ

うちはね　大きな家だった　俺が三歳のころ　できたのかな　女中部屋あった　女中さん三人くらいいたかな
大屋根あってね　成績が悪い時は　屋根に上って　星を眺めた
大屋根の上で凧あげもした
(『ちいさな水たまり』と『オウムアムア』に書いた)(後で聞いた　自分で梯子持っていって上った)
大学時代　吉原に通った　好きな女ができて一週間入り浸った　そこから大学に通ったりもし

た

七日間で家から仕送りの３万＋α　すべて使ってしまった　塩釜高の集まりで話したらブーイングうけた（当たり前でしょ）

その金かせぐ為マンホールの掃除の仕事した　ものすごくくさい　臭い取れなくて　姉に銭湯にすぐ行けと言われた　銭湯では　しまい風呂まで待たされた　くさいからまわりに誰も寄り付かなかった

この女と結婚したいと塩竈まで連れて行った　父親に「七歳上の女と結婚したら将来年を取ったときどうなるか考えろ」と　叱られおじゃん　いつどうやって別れたかは　忘れた

金のため死体置き場の包帯巻もしたなあ　余りにくさくて一日でやめたけど

アメリカ行ったとき　これは　演奏旅行　みんな家族連れ　俺も女房と娘一緒に　連れて行った　娘英語ペラペラで助かった　ぶらぶら歩いて変なところに入り込んだ時　娘が「ここはやばい」　とか　俺ってすぐ人の行かないようなところに行ってしまう

ロシア公演は　ボニーだけ　そのころはソヴィエトだったけどね　一回目はロシア語わからず苦労

二回目は　ロシア語かなり勉強していった　風呂で娘にもロシア語教えた　娘と風呂入り数も教えたことあったな

ロシア語で二人のロシア人の女性にラブレター書いたら　公演について来た　一人は警察官軍人の奥さんだったけどだんな死亡　年金というかお金かなりもらっているらしい　ガリーナ俺には女房いると言ってもついてきた　ガリーナは後で日本までも子連れで追いかけてきた女房いると言っているのに　これには閉口　彼女は日本航空の奴に紹介した　美人だったけどもうかなりの年だなあ

（後でこの話の続き聞いた「羽田から自宅に電話あり　日本に来たと　女房何もわからず　羽田まで迎えに行った　ちょっと女房に悪かったな」「ものすごく悪い行為です」）

「エスカルゴ旨いな」「ローストビーフも　旨いな」

★語り　私

西脇さん　美味しい美味しいと食事全部食べた　良かった

午後10時ごろまで

大変楽しい時間　ありがとうございました　私　ビール飲み過ぎた

西脇さん　飲み過ぎていないかな　かなり飲んでたよ

シャーウッドのママは用事でいなかった★

☆彡　休憩

最初聞いたのはいつか　記憶は定かではないが　後々　時折「俺はいらない子だったんだ」ということばもあり「小さなころから　怖がりのくせに　放浪癖あり　幼稚園ぐらいの年かな　渡し舟みたいなのに何となく乗りたくて　ふらりと舟に乗り眠ってしまい　どこの子だと大騒ぎに　船頭がこの子は西脇家のお坊ちゃまだと　女中たちが探して迎えに来た　……母は来てくれなかった

小学校上がる前　夏だったと思う（一年の夏休みかなとも）　一か月瑞巌寺に預けられた　明るくしてたけど　このままかなと寂しいことも　等　複雑な心があったんでしょうね　本人も詳細は知らないし　忘れたようだが　でも「いらない子だったんだ」って本当に時折ぽつんと言っていた　お母さん　懸命に病気看病してくれたのに何考えてんの　お母さん忙しかったのでしょうね　家を守るため（★語り　私ここまで）

翌一月二十八日　歌のひろば　シャーウッド

ひろば後「きのうのお返ししたい　飲みましょう」と誘う　シャーウッドで　再び二人で飲む　彼女の新幹線の時間（午後6時15分ごろ）まで

ソビエトへ行ったときの話　など　したかな

掃除のおばさん　チェルミシーナ歌って掃除している　素晴らしくいい歌で上手いので　教えてもらった　もとこの劇場で歌っていた歌手だった　もと歌手していたら　やはりやめても劇

場で働きたいという人が　向こうは多いようだ……　チェルミシーナ訳詞して　ボニーで歌った　「かえで」の訳詞いいだろう（チェルミシーナ　かえで　面影など　西脇久夫訳詩）

以後　「語り　私」に代わります

二月　歌のひろば　　シャーウッド
私の出ていなかったシャーウッドの日コンサート終了後　ママから電話「西脇さん住所のことで悩んでいる　兄のいる浦安に移す事可能か」と　ママに「浦安に住所移してもいいよ」と返事したら「ありがとう」と電話に出てくれて　嬉しそう「東京雪だ　シャーウッドの窓から外を見ている　雪の降る街をガンガン歌った」とか（これはほかの日の西脇さんからの電話だったかな）

三月二十五日（火）　ボニージャックスコンサート
　　　　　　　　やなせたかし先生に感謝をこめて　江東文化センター
西脇さん　やなせ氏への追悼文書いている
この時は　ナース三人一緒　日帰り　だった

開場するとすぐ　西脇さんヤマトタケルのＬＤ（レーザーディスク）持って客席に現れ　私を探し　手渡しでもらった（後　ＤＶＤにした　三枚渡したが　ファンに配ったよう　それでいいのです）

三月二十九日　サントロペー音楽祭
京都ロイヤルホテル＆スパ

藤田恭子様
久し振りの京都です
お待ちしております
西脇

サントロペー音楽祭　終わると
西脇さん会場からすぐ出て来て「待ってて　着替えてくる」と行ってしまった　なかなか帰ってこない（部屋まで荷物運んできた　とのこと）
そのうち皆さんも出てくる　山本さんも出てこられたので　西脇さんと一緒に飲みませんかとお誘いする
ファンの方が三人の写真を撮っている時　西脇さん着替えてやってきた
四人とファンの方と写真　撮った（後で聞いた　この中の一人熱烈なファンの方　五日後クモ

膜下出血で亡くなられたとか）
西脇さん　山本さんと京都ロイヤルホテル＆スパ　1階バーで　ビール飲む
「ここのビール美味しいね　銘柄は」とスタッフに質問したり
詩や音楽の話をする　もちろん話役は西脇さん
山本さん10時に帰宅後
「サントロペに行かなきゃいけないかな」と玉田さんに電話「一緒に行く？」と聞かれたので
「私は遠慮します　場違いだから」というと「じゃ行かない　玉田たちいるからいい」　結局二人でおしゃべり
「もう一杯飲まない？」と　生ビールもう一杯ずつ飲む
「二人でバーで飲むのは三度目だね」と（私　おごられっぱなしだけれどまっ　いいか）「何か食べなくていいか」とか気を使っていただきました
また「お兄さんに感謝」「黒いものがスーッと落ちた」とも
～11時45分まで二人で飲む
西脇さん　結局生ビール三杯
帰り際「**これからエロ抜きで付き合ってくれない**」と　びっくりしたけどもちろんＯＫ
これ想定した言葉？　聞いてみたいけれど　西脇さんもういない

四月二十九日　歌のひろば　シャーウッド
シャーウッドいろんな事情で本日まで　お店閉めることに
いつも居残りで　二人でつついた　美味しいエスカルゴともお別れ
ひろば後　お別れ会　十数人残っていたが
午後7時過ぎからは　居残りは西脇さんと玉田さんのみに
西脇さん生ビール五杯　玉田さんはワインどれだけ飲まれたか？
ローストビーフ　すごく美味しかった
西脇さんとは　そんなにお喋りはしなかったが
「今　高橋さんという人に一人芝居してほしいと思っている　宮部みゆきの本読んで　頼んだ」と話あり　次の日は　大雨だった
金沢に帰るとすぐ　西脇さんへ手紙書いた
宮部みゆきの本のタイトル名教えてという返信用はがきを入れ　これと共に詩を贈った
シャーウッドが終わって淋しい　エスカルゴ美味しかったなんて（そしてママたちは伊勢へ旅行中と　西脇さんとママ親しそうだったから）
返信用はがきの返信と手紙が来た
タイトル名　「幻色江戸ごよみ」　宮部みゆき
いろいろなことに取りまぎれてご返事遅くなりましたことをお許し下さい。今迄あまり感

じたことがありませんでしたが　生きてゆくということは大変ですね。弱音はあまり私に似合わないのですが最近つくづく思います

返信住所は　161―0032　新宿区中落合0―0―0　西脇久夫

（私これかなと買ってきた本だった　その後は宮部みゆき　読み耽った　新刊なども二人で読み合った）

同時に貰った返事の手紙の内容（抜粋）

二年間のシャーウッド歌の広場が終ってしまい何か寂しさを感じています

略

詩心のあるポエムを拝見し同じようなことを思ってしまいました。スイートベージルの後は大丈夫です

三越のチラシを同封いたします　一日に二曲づつしか歌いませんがよろしければおいでください。

いづれまたどこかで歌の広場は再開いたすつもりです

その時が早く来る様に頑張ります

こちらは少し夏の気配が感じられる様になりました　気持ちにゆとりが無くどこかに行く気持ちにはなれませんが――。　また藤田さんとビールを飲んで語り合った方が気持ちが安まります　二十日お待ちしております

藤田恭子様

この手紙読んで嬉しかったが　私でいいの？　ママじゃないのとも思った

STBが閉店のため　最後のステージだった

五月二十日　Bonny Jacks「Back To The Origin Vol.9」　STB139　六本木

「残って待ってて」と言われる

終了後二人で近くの店（店名？）へ「いつもここで飲んでた　エカも連れてきたことある」と

初めは窓際　バルコニーのような場所（中のテーブル席満員）座るとすぐ「本数が少なくても　決められた時間まで　電車待つ方が好きだな　次から次に来るより」また　はぁ？　という話から始まった

（話し始めがこのように突然変わった話が多い）

雨が降ってきて　中の席が空いてきて　席移動

とめどもないお喋りは続く　本の話もかなりしたかな　ふざけて　フォークをかざしたり　この時何か言ってたけど　忘れた　写真ある

帰る時大雨に　午前0時　私の傘をさし　タクシーに乗るため歩く　ものすごい雨　西脇さん私の傘を一緒に持ってくれた　相合傘　どきどきしていたのに　タクシー来て　おしまい

西脇

ホテルで私降りる（新宿　センチュリー）　握手したけど　雨で私の手ぬれていた　ごめんなさい

五月二十三日　春のポピュラー音楽祭2014　三越劇場

入り口でばったり西脇さんに出会い　一緒に楽屋へ入れ　ただ（すみません）　でも西脇さんは榊原さんに頼むと言って　あっちこっち広い楽屋を歩きまわっている

ボニージャックス出番　終わった後　控室の隣にあった喫茶室で「ところてん」食べる

「もう　帰るんだろう　俺もう少し　いなきゃいけないから」　私帰る

六月七日（土）　世界の歌を美しい日本語で　代々木上原けやきホール

高塚さんも一緒に行く

「着替えてくるから　待ってて」と楽屋へ　出てくるの遅い

高塚さん帰ろうと言ったが　とどめた　だって待っててと言ってくれたんだもん待とう（待たなきゃいけないよ「待ってて」って言われなかったから帰った」と言った時から　待っててと声がかかるようになる　高塚さんには言わなかったけれど）

小田急線に乗り新宿へ　高塚さんの知っている新宿西口　地下のお店で飲む

六月二十二日　ミネストローネ　深川江戸資料館小劇場
　深川　ハーモニカの人たちとのコラボ
「帰り待ってて　ここ（深川江戸資料館のこと）面白いよ　見学してて」と言われる　やはり
出てくるのは四人のうち最後
「歩いてみよう」と
深川　清澄周辺歩いたが食べるようなところなし「あの橋まで　何もなかったら……」
高橋（たかばし）まで歩いて　小名木川教わって　引き返し
（西脇さん歩こうかなと考えていたようだが　「荷物重いしな」と）
電車に乗ったかな？　門前仲町へ　地下鉄5番出口
大きな交差点渡り　向こう側の角にある喫茶室へ　喫煙OKの2階へ
TOA Coffee　カフェ東亜サプライ（江東区門前仲町1の7の9）
かなりレトロ感強い店
西脇さん「ここのビールはレーベンブロイだ　嬉しいな」と感激
「ビール　アサヒドライ　ドイツ製レーベンブロイ　【ドイツで生まれて600年　麦芽100%生ビールだ】　アサヒビールの海外ブランドは　レーベンブロイ（ドイツ）バスペールゴール（イギリス）ヒューガルデンホワイト・ステラアルトワ・レフはベルギーだ」など教わる

ビールからはじまって　作家の話　本の話へ
西脇さん　手帳大の厚いノートに　読んだ本びっしり書いてある
「同じ本買わないように」とか
「私も昔やりました　同じ本買ってしまうから　でも買ってしまうことも」
「そう　俺も　書いてあっても　また買ってしまうことある　読み始めてあれっ！」
「小さいころ読んだ本　吉川英治がやっぱりいい　三国志　新書太閤記　神変麝香猫など」
「私も吉川英治に　夢中になっていました」（……後日私の読んだ吉川英治　初めて読んだの
「神州天馬侠」かなとか「吉川英治全集」集めたとか　そしてメモって　西脇さんに話した
この時も吉川英治の話に花がさいた）
まず　お気に入りは　宮部みゆき　山本一力　彼が作家になるまでの努力の話も
「江戸屋　もう少し歩いたところに昔あった　半分フィクションで半分本当」
池波正太郎もお気にいり「宮部はすごい作家だ」ｅｔｃ
（……後日今お読みのお好みはと聞いた　辻堂魁　葉室麟　鳥羽亮は面白いと　私には鳥羽亮
は少々不気味だった　辻堂魁　葉室麟　宮部みゆきは読み合った）
「もう少し　元気が出たら　もう少し食べられるようになったら　このあたり歩いて　いろん
なもの見せてあげる」
（シャーウッドのころ　ほとんど食欲なく　生ビールばかり飲んでいた　お金・離婚・娘・大

震災による仕事減少ｅｔｃ
出席していなかったシャーウッドの後　浦安に住所移してもいいよ　ママに返事したら「ありがとう」って電話に出てくれたね　また電話くれたね「東京雪だ　シャーウッドの窓から外見ている　雪の降る街をガンガン歌った」とか　サントロペで「黒いものスーッと落ちた」とか　少しずつ元気アップかな）

「斜め向かいにある　焼肉屋さん　昔よく行った　今度行こう　焼肉も食べよう」（結局行かなかったね）
話は続く
「深川は思い出の地　リヤカーを自転車につけて　配送の仕事した（アルバイト）西脇久夫は頭がいいから　坂は荷物を載せては上らなかった　降りるように動線作って動いた」
「そう　大学時代　いろんなことをした　バーテンの修業も　バーテンダーの免状持っているでもキャベツの千切りだけは　どうしてもうまくできなかった」
「都電も全部乗った　東京を知るため（よく知っている　あきれるくらい）あっ一本だけ乗らなかったな
吉原とマンホールのアルバイトは　この間話したよな」

薫さんの話　「亀山薫にラブレター書いた　薫とクラスが違ったので　亀山様と書いて友達に頼んだら　あの野郎　間違えて亀山久美子に渡した　娘の名を久美にしたら　私の名前つけてくれたなんていわれ　久夫の久と美恵子の美なのに　彼女もう死んじゃったけどね」　この話これからも何回かあり

「薫さん大学二年の時　結婚してしまった　俺に黙って寂しかった」なんていうから　「待ってろと言ったの」と聞くと「待ってると思っていた」と「わかっていないな」と言ってやった

「先生と結婚しやがった　苗字　小笠原だって」

「子どものころ　縄をなう要領で　麻の手ぬぐいさいて　女の子の鼻緒すげてやったことあった　鼻緒すげるの上手いんだぞ」

「高校時代　一組　一～五十番　二組　五十一～百番　クラス成績順になったのは俺たちの年から　いつも四十八番　ちょっと勉強すれば十番くらいかな

（高校時代は　合唱部　演劇部　山岳部　スキー　スケートｅｔｃ　忙しかったね　大学も同じか　いつ勉強したのか）

英語ダメ　数学大好き

友人と二人でカンニングし合った　同じ答えだと言われたとき　お互いに同じ返事をした　一緒に勉強しているから　同じ答えが出る」

「深川不動・目黒不動　一本筋にある　目黒不動が火事になった時　深川不動まで燃えた　風の道筋だな」

「昔家々に　物を売りに来る人いただろう　オヤジレコードの束ドカッと持ってくると　全部置いてけ　と買ってしまった　自分は聴きもしないのに　クラシックなんかいっぱいあった　オヤジやくざの親分に近い奴だったからな　手下(てか)大勢いる感じ　母はその人たちまとめてた　母はいつも着物着て　子どもの前では決して姿勢崩さない人だった」

いろんな話　次々出てきた　ありがとう

七月一日（火）　夏のディナーライブ　アルテリーベ
　　ボニージャックスと美しいソプラノ

高塚さんと残る　アルテリーベに入ったとき　西脇さん　笑顔で手を振ってくれた　「残っててね」　でも西脇さんとはほとんど話せず　吉田さんと喋った

帰る途中電話あり（内容は覚えていない）

七月五日
御徒町のすし屋さん　高塚さんと　三人で
北口です　高塚さんが美味しいお寿司食べに行こうと誘ってくれた
私は後から着いた　西脇さんもう飲んでいたが　お寿司は食べていない　結局西脇さんお寿司
食べず　なんとなく元気なかった　口数少ない
その後　コーヒー飲みに　西脇さんやっぱり元気なく「明日があるから」と早々に引き上げ
（高塚さんにのみ込まれたよう　西脇調のお喋りがなかった）

【いつの日だったか言っていた「昔　家族で寿司食べに行ったとき（例えば　東中野の「正寿
司」）女房に言われた『へんなひとねぇ　あなたお寿司食べないのね　すし屋に来たのに』」
と】

七月六日（日）　フィリピン30号台風被災地の子ども達への支援チャリティコンサート
聖心女子大学マリアンホール

「終わったら一緒に飲もう」と

聖心女子大　ショー後　打ち上げあり　西脇さん「途中で出てくるから　待ってて」　高塚さん帰ろうと言うが「待ってろって　途中で出てくると言われたから　待ってなきゃ」と待つ
やはり　途中で出てきてくれた
広尾の飲み屋さん（焼き鳥のお店）へ　高塚さんと三人
会話は西脇さんと高塚さんが主　ほとんど食べ物の話
私が知っているのは京都にあった元野球選手の方の焼き鳥屋さん　もう廃業　西脇さん「行ったことあるかも」と
「女房が刺繍している　一枚百万もする着物とかの　俺より稼いでいる」
私日帰りだった　酔ってフラフラ

八月一〜四日　山形へ　　童謡の日コンサートへ
八月一日
西脇さんに　着いたよって電話入れる（「着いたら電話してくれ」と言われていたから　この電話受けた時西脇さん嬉しそうに笑っていて　おやっと思ったと松倉さん）
一人で　山形県立博物館へ　縄文の女神の美しい立像に感動し　↓山形城址
そして　リハーサル後の西脇さんに合流し　ホテルへ（電話で交信した）
この時　たせともこさんを紹介される

夜は　吉田さん　玉田さん　西脇さんと飲む　おごってもらった
翌二日は　午前中　山形市内見学　暑かったが　山形市郷土館（ここでコーヒー飲んだ）七日町御殿堰　とか回った
午後は　童謡フェスティバル　コンサート　　中央公民館ホール
打ち上げあり　出席はしたが　それだけ　西脇さんタバコ吸いに出る時　私のテーブルに来てくれたが「タバコ吸ってくる」と
八月三日
朝はすぐ　立石寺へ　立石寺往復はタクシーだったが　立石寺への登り降りたいへん
汗びっしょり　疲れたかな　でも　帰って西脇さんに「有名なラーメン（運転手さんにきいた）食べに行かない？」と電話「まだ寝てる　寝かせろ」もう11時半だよ
夕方　街角コンサート　　皆さん着物に着替えて
コンサート後　ホテルまで一緒に帰る「去年の夕焼けは　すごかったけど今年はまあまあか
下駄ずれできていたい」　と　西脇さん
下駄ずれ用のカットバンと　胃薬　フロントへ「西脇さんに渡してほしい」と持っていく
「ありがとう　後が痛くなくて　助かった」と
八月四日
時間まで　蔵王のお釜へ　往復タクシー　時間変更して新幹線に乗ったら

偶然ボニーと同じ列車
しかも玉田さんの横の席　西脇さんと玉田さん席交代し　西脇さんと上野まで　西脇さん上野で降りた　私と玉田さんは東京駅まで　そこから私は　金沢へ帰る

八月十日（日）ボニーと歌声の仲間たち　ともしび新宿店（エカいる）
ここでも　残るように言われた　エカににらまれたが
だって西脇さん　エカの歌っている間私の横に座っていた
打ち上げ時　西脇さん　エカが帰った後　私の側へ来る

八月十九日付け返事（十月十一日どこかへ行けますかの返信用はがきに）
何時ごろにいたしましょうか　なるべく夕方の方が良いと思いますが　4時ごろはいかがでしょうか　場所は門前仲町あたりが良いと思います　また電話で連絡をとりましょう
返信住所は　161―0032　新宿区中落合0―0―0　西脇久夫
もらったビールお送りしたのが着いたか　もう一枚はがき届く
　追伸　残暑お伺い申し上げます　今日はメチャ暑いです　十分ぐらい外を歩いていたら汗ダクになりました　ビールをありがとうございました　感謝です　9／23アルテリーベライブやります

ボニージャックス　西脇久夫

八月二十二日付け

追伸の追伸　毎日暑いことは変わりないですね　此度は瑞々しい梨をお送りいただきありがとうございました　美味しいです　9／23のことはお知らせしましたね　またアルテリーベです　暑さに　気をつけて

ボニージャックス　西脇久夫

（「あなたの書く手紙は　追伸が多い　追伸を使うのは男の書く手紙」が西脇さんの持論
私は追伸の追伸の追伸とか　追伸1　追伸2　……追伸4なんて書いていたから　この書き方は真似して楽しんでいる　と思い私　にやっと笑ってしまった
俺から　わかったか　真似だよ　楽しんでいる）

九月十三日　秋のディナーライブ
～ボニージャックスと美しいソプラノたち～　第2弾　アルテリーベ

アルテリーベ打ち上げでは　西脇さんサロンマスターて感じ
残ってはいるが　西脇さんとの会話はほとんどない　でも残ってろって　まあいいか　打ち上げのほうが　美味しいもの多い　ソーセージ特に美味しい　ビールは西脇さんに合わせて
ハーフ&ハーフ（西脇さん　アルテリーベでは　必ずハーフ&ハーフ）

九月二十七日（土）　輝いて共に生きるコンサート　ボニージャックスと共に
　　　　　　　　　　　高槻現代劇場小ホール
終了後　高槻駅へ送る　私は泊まり「神社多いから巡って帰れ」と
（ボニージャックスも一泊するのか考えて　日帰りにしなかったのに）

十月四日、五日　東海林太郎音楽祭　あきた2014
はがきあり（ホテル名教えてくれた）
十月四日　午後三時ごろまでいろいろなところ一人で見学　滝を見に行き　有名な蕎麦食べて
（これ失敗　あとでまたこの蕎麦有名なお店で食べることに）
ホテルに帰ったら　ボニーさんたち　ロビーで歓談中　一緒に蕎麦を食べに行く　この時
西脇さんと杉下右京似ていると　鹿島さんと意見一致　ペギー葉山さんも一緒（蕎麦好きの西
脇さんなのに　蕎麦残していた　何故？）（リハーサルあるからか？）
そのあとリハーサル　自分たちの出番終わったら皆帰り　鹿島さんと残っていた　気付いて二
人で　ホテルまで歩いて帰る　鹿島さん私より方向音痴か
夜は宴会　西脇さんはお開きの後も　秋田の人とお付き合い　玉田さんとホテルへいったん帰
り　近所でコーヒー飲み　お喋り

十月五日は　会場まで　ペギーさんとおかちんと呼ばれているマネージャーさんとタクシーで行く　いろんな話聞かせてもらった　靴の話面白かった（内容　いつでもお話しできますよ）
午前中　東海林太郎の　何か除幕式あり
その後は　ステージ待ち　私は裏階段から隣の千秋公園へ　子どもたちと数十年前来た（寝台車に乗って）ところだが　全く覚えのない景色ばかり　帰って来た時　西脇さん裏階段の上にいて「どこ行ってたの」と
ボニーはステージ後　飛行機で帰る
（これは　想定外　泊まると思っていた（もう暗くなっていたから）台風が近づいていた）
翌六日　台風は昼前に秋田を通り過ぎ　無事お昼の新幹線で帰った
臨床血液学会　子どもたち連れて来た秋田　寝台車で　十一月早朝秋田駅に着く　突き刺すような寒さだった　朝食駅で食べたかな（浩志　小五か小六）なまはげｅｔｃ　思い出いっぱい

十月十日（金）　ボニージャックスと歌おう　大田区民プラザホール
歌のひろば後
アルテリーベの社長さんと西脇さん後ろ歩いていて　前を歩く私に（西脇さんの先輩と歩いて

いた）突然「エカとは何もないからねえ」と大声で叫んできた　何故今言うの　しかも道の真ん中で　？？？

翌十一日　富岡八幡宮へ行く

門前仲町の地下鉄　5番出口で待ち合わせ

歩きながら

「古い町名書いてきた　全部は覚えていないけれど　はい」と自筆で町名書いた紙をいただく

「門前仲町の地図も　駅にあったから持ってきた　裏に地下鉄の路線図あったから　役立つかな」

「あれ　焼肉屋てっちゃん　昔よく行った」（2階建て　六月話に出てきたお店）

話しながら歩き

「もう少しかな　江戸屋は」　神社　近くなった辺りで

「江戸屋はあのあたりかな」とか　付近の話いろいろ　　山本一力の話も

富岡八幡宮

おみくじひいたら　大吉

～　歩き

不動尊（深川）　　数か所写真

一刀彫の不動明王　見て
「入ろうか」中にも入る　線香かなり焚かれていて　煙もうもうの出口
屋根を見上げて　「あれ梵字かな」　などと話しながら
〜　歩いて
永代寺　弘法大師・真言宗
「入ってみようか」門くぐったが　何となく先へ進めない雰囲気あり「いいか」と出てきた
「ここら一帯は永代寺の門前町だ」
「昔は正月一家で川崎大師へ行ったなぁ」と　懐かしそう
〜　歩いて
「永代通り　もう少し歩こう」
「仙台堀の話　亀久橋　ここらあたりは昔〇〇町とか……この辺りはわからないなあ」とか
話いっぱい　覚えられないけれど　楽しい話　いっぱい
通り左側に　焼き鳥屋さんあり（話し歩きながらどこかに電話して「誰出てる」とか　聞いて
いたが）（永代通り　もんなか酒場串人か？　くろきんか？）
「ここへ　ちょっと入ってみよう」と入り　ビール飲み　食べ始める
「旨いな　上野のビヤホール（Qui のことか）行こうと思っていたけど　大したものやってな
いみたいだし　ここでいいやここにしよう」

そのままそこでお喋りに　そして飲み食べる
今歩いてきた町の話　歩かなかった町の話
流れる堀・川・架かっている橋の話
リヤカー自転車でひっぱって　アルバイトした話もまた　この深川はとくに詳しいよう
「**これからもいろんなところ案内する　根津　谷中　銀座など**」と
（私ちょっと　それだけ時があるのかな　と思った）
〜
電車で神田へ　神田神保町で降り　喫茶店へ
壹眞（かずま）珈琲店（一番館だそう）
ここで「コーヒーに砂糖入れろ　マイルドになる」と教わる　確かにまろやかに「な　なるだろう　砂糖は　マイルダーだ」と

黒江町　　　仙台堀

山本町　　　三十三間堂　汐見橋

入船町　——　一ノ鳥居

冬木町

小網町

相生町　　　　海辺橋

佐賀町　　　　亀久橋

熊井町　　　　八幡橋

相川町

蛤町 — 中島町

東仲町（—永代寺門前）

今川町

海辺大工町

山下町　— 木榛橋

十一月一日　ボニージャックス　コンサート　inさいたま2014

NHKみんなのうた最多出場四十四回

十一月七日　午後5時ごろ「あしたもう少し早い時間に」と電話あり

十一月八日　根津駅にて　14時45分ごろ合流　歩きながら

「これしかなかった　役に立つかな？　チラシも持ってきた」と　江戸古地図　と十一月二十日のイベントのチラシ持参　西脇さん「根津は五十年ぶりだ　変わったな　変わったな　この辺りこんなじゃなかった　こんな大学が建っちゃった」日本医科大学のこと「土地売ったんだろうな」とか

根津神社へ

神社入る時「鳥居くぐると　空気変わるんだよね　どう？」と

遠くから拝礼し　奥へ進む（七五三で賑わっていたので）

稲荷神社が中にあり　「へえ」と

神社の周辺　様々なきつねがいる　「なんだよ　このきつねは」

「三本幹の木あるかな」と言っていたが

「あったあった　これは変わっていないな」三本幹の木　裏手にあり

裏から出る　出る時も「神社から出る時　空気変わるだろう　入る時も変わるけど」と

この神社の中でも　お喋りいっぱい
歩いて大通りへ　15時30分過ぎ　　　早稲田行のバスあり
「早稲田大学行ってみたいな　早稲田行ったことない」というと「じゃ行こうか」
バス停でバス待つ　かなりの待ち時間もおしゃべりに花が咲く
(「吉原の彼女も大学行ってみたいといい　連れて行った　地味な格好で来いと言ったら　黒い服着てきたけど　やはり目立った」の話ここだったか　大学に着いてからだったか)
バスに乗り　降りステップを眼の下にする席に　並んで座った　私窓側　通りの名　町の名　橋の名　説明あり「あれが　護国寺……」とか
はじめて聞くことばかりで感心していて覚えていない（バスルートは調べた）
乗車時間　35分　**早稲田大学**　着→見学へ（写真はアルバムにいれた）
大隈講堂　商学部　音楽博物館　あれが大町の政経学部だとかｅｔｃ　歩きながら思い出話いっぱい
文学部のテラスで町のいろんな喫茶店から貰ってきたコーヒーの淹れカスを乾かして売った　いいにおいただよった　商学部だから　なんでも研究会だｅｔｃ
この時図書館での人名辞典・漢和辞典の話もあり　いい枕だった
(ロイヤルパークホテルで聞いた)
「暗くなってきたなぁ」　大学出て　「どこで飲もうか」　途中の店に入り　飲んで食べてお喋

他日　ここ穴八幡宮で待ち合わせし歩いて早稲田駅へ　都電に乗ったね
何か話聞いたけど
帰り途中　穴八幡宮あり　真っ暗で閉まっていた
り　大きなテーブルに二人だけが座っていたな

十一月二十日　Bonny Jacks　Oldies Jazz Night vol.1　ケネディハウス銀座
有楽町のジャズのライブハウス　大雨の日
西脇さん　右突発性難聴になり　ステロイド療法開始
「朝気がついて医者へ走った」と
歌は歌えた　でも　飲めない　ステロイド大量療法開始だものね
近くの飲み屋さん
席に座るなり　横の席から　ファンの方か「西脇さんですね　あのお声はファルセットです
か」「ええ　そうですよ」「いいお声ですねえ」など
高橋さんを紹介される「一人芝居をしてもらおうと思っている人」と
「中井の楽屋で一人で飲んでいる人　声かけて親しくなった　俺がいつもおごっていた」と
「手術後声が出なくなったが出てきた人　いい声なんだ」

十二月十四日　ボニーと歌の仲間たち　in田無　　エカも
田無のともしびへ
打ち上げ時　エカが西脇さんの世話焼いていたが
帰り際　西脇さん　他の人に
「エカを送って　俺藤田さん送るから」　と頼んでいた
帰りの電車の中
新井薬師の話「桜がすごい　古道具の市が立つ　古本などもずらっと並ぶ」など　いろいろ話
しながら　　西脇さん中井で降りて行った

十二月二十四日　Bonny Jacks　The 57th Xmas Dinner Show　代官山　鳳鳴館
雨の中石黒さんと　タクシーで帰った

このころは　連絡は　手紙が中心　西脇さんからは短い電話
ビール飲んでの　お喋りはいっぱいで　内容濃かった

(五) 平成二十七年　穣年

『宇宙の中のヒト』(藤田恭子著) 刊行した
この年に入り　私　メール入れるように　西脇さんへの　語りかけ？
書いていると　楽しいから　西脇さんからは　電話が入り　手紙が減った
平成二十八年二月初め　電話で　西脇さんに「メール残せ　そう全部」「短メールが面白い
バスが来た　とか」と言われる
携帯に残っていた平成二十七年　五月三十一日のメールから記録開始
また　約束通り　いろんなところ行って　いろんなもの見せてもらう
〆は　いろんなところで　生ビール飲んでお喋りは　続く
まず　一月十六日
山形からの帰り　東京下車　御茶ノ水駅で待ち合わせ (どこへ行くのかは聞いていなかったが
後々も同じ　私もどこ行くの？　と聞かない) 歩いて
神田明神へ
「こういう神社には○○○必ずあるんだ　この神社もあるはず　入ってみよう」まず神社売店
に入ったが「ないなぁ」ということ「なにそれ」と聞き返し「ウン○○○」聞き取れなかっ
た「ないなあ　ないなあ　いいや」と拝殿へ (結局なにかわからないままになった　ごめん

ね）

「ここでは　これ　この紙に　その年の願（がん）を書いて……」短冊を持ってきてくれ　願いを短冊に書いて（西脇さん真剣に書いていた）拝礼し

私は　お守りを買う　西脇さんは「俺はあるからいい」「これ」佃稲荷神社のお守り　ポケットから出して見せてくれた「稲荷は商売の神様だから」（令和には「俺のお守りは　藤山一郎と磯部俶さんのテレホンカード」と言っていた）

歩いて　明神様の裏に出ると眼下　断崖のような道「ここは高いだろう　明神の灯は灯台の役目があったんだ　だから明神」「断崖だろう　なぜかわかるか？」

なぜこうなったか説明受けたが（埋め立てだったかな？　地震で崩れた？　両者だったかな）

その断崖を降り

「少し早いか　店みなまだ閉まっている　か　どうも良さそうな店もないな」と　どんどん歩く「ここいら秋葉原　あの事故のあったところだ」（２００８年トラック突っ込んだ事故があった）　そのまま歩き続け　万世橋まで

私「あっ　万世橋だ　これが万世橋か　写真撮ろう」西脇さんの写真万世橋を背に撮る

「向かいにあるビルの上に肉など食べる所あるはず　肉でいいか？」「いいよ」上へ行く予定が　エレベーターが地下に降りた　そして二人も降りてしまった　店はすべて5時開店　まだ閉まっていたが　エレベーターの前のすき焼き屋のお兄さん「開店すぐだからどうぞ」

「ありがとう　上……　行くの面倒くさいや　ここにしよう」と
その**すき焼き屋**に入りすき焼き食べる
「生ビール旨いな　すき焼きも旨いな」
西脇さん生卵お代わり　私にも「生卵　お代わりして食べろ」と
話いろいろ　かなり酔う
西脇さんしっかり食べている　よかった　よかった

これからもこの調子　半分行き当たりばったりで　飲み屋さんに入るので　店の名覚えていない　このすき焼き屋さん　夏ごろもう一度行ったはずだが　記録にない　私　白いタオルハンカチ忘れたこと覚えている（平成二十七年八月六日のコンサート後かな）（まだあるのかな　万世橋通ると思い出す）

そこから　タクシーで上野へ
降りるとき　私右足かなり重くおかしな格好になった
後日　私の腰が悪いと知り「あの上野でタクシー降りるとき　あなたの足　おかしいな　と思ったんだ　やっぱり当たってた」と

上野　**池之端　ライブハウス〝樹 Qui〟**へ　女性の歌い手さんだった
食べて飲んでいるので　少し飲むだけ　西脇さん「ここの菓子旨いんだ　持って帰ればいい」
と　二人　それぞれ　持って帰る　「味七咲」
帰り　その歌い手さん　西脇さんに挨拶し　下まで送ってきてくれた
ここは「そして葉桜のとき」CD発売の時　ボニーが使った場所
西脇さんのお気に入りのライブ会場
樹から　私はタクシーで（西脇さんが拾ってくれた）
西脇さんのお帰りは電車かなタクシーかな
翌一月二十七日（火）Bonny Jacks　新年会　アルテリーベ
打ち上げ残ったが　西脇さんはサロンマスター
話はほとんどせず　西脇さんはビール　ハーフ&ハーフがお好み
食べるものは　本番より美味しいものばかり

二月二十一日（私研究会か何かで　新橋駅で待ち合わせ）
「新橋駅　機関車のある口」と言われ　待つ　機関車は修繕中で隠れていた
私　待ち合わせ　苦手で不安だったが
「みいつけた　待った？　場所すぐわかったろ」と　言いながら

籠をかぶった　機関車を背に現れた　どこから来たの？
新橋駅から銀座へ歩く　「ここいら埋め立ての道だよ　この道の下に何があると思う？　道の下に流れていた川は○○川……」とか　いろいろ教わった
着いたところは　**ライオン**（改装前の銀座七丁目のライオンです）
びっくりのビアホール　人人人　トイレ狭い　少々汚い（古いから）
西脇さん「あなたを一度このライオンに連れて来たかった　すごいでしょ」と
「ローストビーフ食べてみようか」と注文しながら　飲む（もちろん生ビール）
ローストビーフあまり　美味しくなかった　二人で　思わず美味しくないな顔しながら食べた
シャーウッドが美味しすぎたかな
ビール注文度にくじがあり　西脇さん当たりばかり　私ハズレばかり
「古事記書け」と言われていたが　ここでもすぐ「古事記書け　あなたの本は斜め読みの形だからこれで古事記書け　書ける　書けないものを書けとは言わない」何度も「古事記書け」
「どうだ　書く気出たか」とか　とうとう
「古事記書く」と言ってしまった
西脇さんは　手を叩きながら　嬉しそうに「書け書け」「書け書け」
ビール5杯（3杯と2杯）＋1杯（半分にわけて）（くじ当たり3本で　3杯分はただ）
帰り際　スタッフのお兄さんに　ライオンの前で写真撮ってもらう

ツーショットの記念写真（ツーショットの写真少ないからね）

三月二十九日（日）　Bonny Jacks　ディナーライブ　アルテリーベ
いつもの打ち上げのみ　ほとんどお喋りしない
残れというので残っている感じ

翌三十日（月）　大田文化の森　でコンサート
コンサート後　**有楽町 BBQ** へ（初めて行った）「カルパッチョ旨いな」
（入口に近い場所だった　大きなテーブルに二人　向かい合って座った）
食べて飲んで　いっぱいお喋りした　ビールは　レーベンブロイ
西脇さん生ハムも好み　この日は注文しなかったが

四月五日（冷たい雨の日）
中井の喫茶店　**コロラド**　で待ち合わせ　トーストとコーヒー
コロラドは　西脇さんの朝食の行きつけ　バークレーとコーヒー　とかトーストとコーヒーとか
　朝食じゃなくてももちろん使用
冷たい雨降り　電車で**新井薬師**へ

「この道かな　ここ曲がるのかな」と言いながら　新井薬師
寒い雨の中　散りかけてはいても　見事な桜あり
満開の桜　すごいだろうな　　傘さして　薬師ぐるっと回る
「何かやってる」　ちいさな舞台があって何か芝居だったか歌だったか
一応聞いて「帰ろうか　寒いや」　本当に寒い
水たまりに浮かぶ　花びらも　とても寒そう
記念にお守り買った
（もう一度来たかった　二人で　満開の桜見に）
薬師出て「時間もあるし寒いね　どうしようかな」
歩いて　**途中の喫茶店**に入る　コーヒーここも美味しい　温まった
「女房女優でね　一週間付き合って　すぐ結婚した　あいつ〝私でいいの〟っていうから
〝いい〟って　彼女二度目なんだ　会って七日で結婚した　すごい美人なんだ」
なんて話聞いて　3時過ぎ　雨もやんできて
中野の裏通り　飲み屋街（中野ブロードウェイか）歩き　中野駅まで行き
再び中井へ
楽屋で　偶然　店に来た高橋さんも交え飲む　喋る　湯豆腐美味しい　安い
湯豆腐これからもこの中井の楽屋でよく食べた　西脇さん「おんやっこ」と言う　大好物

ここの豆腐美味しい　西脇さん「旨いし　安いだろう」と
午前一時過ぎまで　　本当に安くて　味もグッド
二人で夜道歩いて　石の階段上り　広い道路に出た　環八とか
「俺のうち　すぐそこ　歩いてすぐ」と
タクシー拾ってくれる　新宿へ帰る　ホテル入口まっくらだった
（ＪＲ九州ホテル　ブラッサム新宿）
（この帰り方　中井で飲んで遅くなった時　東京駅まで帰る時電車では間に合わない※　など
の時　タクシーに乗るルートに　　時間あれば大江戸線に乗って帰ったが）
（※　新宿までタクシー　そこからはＪＲ中央線で東京駅へ）

四月十二日（日）　春の大うたごえ喫茶　新宿文化センター大ホール
終わるとすぐ「ともしびいっぱいになり　席がなくなる」と大急ぎでともしびへ　　ともしび
で西脇さん大飲み

翌十三日（月）　松倉とし子&ボニージャックス　しあわせのハーモニー
渋谷区文化総合センター大和田（伝承ホール）
打ち上げあり　一緒に食べもの少し持ってきて食べる　二人とも食欲あまりなし　西脇さん
出席者へのあいさつ回り

アイスクリーム食べていたら　帰ってきて「俺も欲しいそれ」私の残り全部食べ（私半分ほど食べていた）「もう少し欲しい　もう一人分もらってきて」と「これで最後だって」美味しそうに全部食べた　私半分食べそこねた

五月二十三日（土）西脇さん早稲田大学代議員会　穴八幡で待ち合わせ

どこへ行くのか？　歩いて　**都電荒川線早稲田駅**へ　庚申塚で降り　巣鴨商店街歩く

ある横道　**あるお店**の前　お店の人に「ここでタバコ吸っていいですか」「いいですよ」

タバコ吸い終わり「ここにするか」そのままその店に入り飲む

ここでだったかな　多嘉子姉さんの話　詳しく聞いたのは

「もう一人姉がいてね　十七歳違うんだ　母が違う　俺の憧れの人　高校時代　結婚したいと思ったほど　それはダメだけどね」

「この間　亡くなった方？　九十七歳で（いつだったか近い過去　高塚さんと三人有楽町で飲んだ時　亡くなったという話していた）」「そう　葬式　ボニーで行ってうわっと歌ってきたこの姉のうちボニーの初期のころ練習場所だった……　婚約者戦死し流産　結婚できなくなった　カルピスの会社で働いていた　ＯＬのはしり　俺惚れていた　小さいころは　もう一人のお母さん　小学校の入学式　母と多嘉子姉さんが　しゃきっと着物着てついて来てくれた大学時代　多嘉子姉さんの西片に下宿していた」

多嘉子姉さん　栄子姉さん　西脇さんに多大な影響与えたお姉さんたち　いつだったか　どんな字書くのと聞いたら　割りばしの袋に　西脇多嘉子　西脇栄子と書いてくれた　まだ持っているよ

こんな話もあったね「栄子姉さん　卒論は河竹黙阿弥　中学の時　歌舞伎を観に連れて行ってくれた　小学生のころ　教会へついて行っていた（週一回　金曜日の聖書研究会）俺はよく欠伸(あくび)していたけどね」

「琴は母が山田流　栄子姉さん生田流　父は琵琶……」

西脇さんの琵琶の語りも何度か聴いたね　浪曲も落語も聴いた

西脇さんの声　琵琶　浪曲　ものすごい低音　身体の中しみとおる

思い出の中に　いつ行ったかわからないお店もいっぱいある

そこでのお喋りもいっぱいある　記録ないけれどいっぱいある

平成二十八年二月初め「メール残せ　そう全部　短メールが面白い　バスが来た　とか」と言われ　携帯に残っていた五月三十一日からの記録残す　以降M(メール)としてピックアップ

五月三十一日
８：38　Ｍ　ヤマトタケル今朝も見ました　　やはり何度見ても感動

六月十一日付け　手紙
　藤田様　暑くなって参りました
　十三日に会えますが　東近江市のコンサートのチラシお送りいたします
　遠いところですね　可能であればおいでください
西脇

六月十三日　どこかで会っているが　記録なし
研究会かな？　このころから宮部みゆき新刊なども　かなり読み合っている「あやし」のような本　中心かな
ＮＨＫで放映されるものも含め　このころよく二人のお喋りの話題になった

六月十七日　コンサートあったか？（詳細不明）
終わってから　エカのコンサート行かなきゃと言っていたが　タバコ吸って「1時間付き合う」と　BBQへ　額田王の話はしたよう（窓側の席だった）
2時間過ぎてしまい　BBQ出る「これ（横断歩道）渡ったらタクシーで行くから」横断歩道真ん中あたり　私帽子忘れて　一人取りに帰ったら　西脇さんもういなかった　バカ野郎　足

の痛い私を　ほったらかして　でも付き合ってくれたもんね　1時間もオーバーして　ありがとう

六月二十一日（日）　ボニージャックスコンサート　2015　東近江市　あかね文化ホール

12：30　M　着いています　コーヒー飲んでいます

帰り　駅まで車に乗せてもらった　走る車の中で「この辺りに有名な神社あるはずなんだがなぁ」と言いながら

「あれかな　ちがうな　ウーン　わからんなあ」　わからなかった

六月二十八日（日）　J　休日スペシャルライブ

ボニージャックス　ジャズを歌う

昼の時間つぶしは妹と　会場で別れる　18時オープン

Jでそのまま打ち上げ　ベイビーブーいた　西脇さんとは会話なし

午後10時　外に出て　シューベルトの子守唄みんなで歌ってお開き

1時間くらい西脇さんと飲み直し（西新宿の駅近く）話尽きず

「このあたりは　弁護士中城さんの家の近くだ」と西脇さん

（この飲み屋さんカード作ったけれど　カードは前のすき焼き屋でも作った　どちらが居酒屋

一休グループ？　どちらがどっちか　わからない）

七月五日
23：20　M　こんばんは　夜遅くすみません　鳥居の起源　まだ謎だそうです　なぜ鳥居？
TEL「鳥の止まりやすい形」
【変な返事と思ったけれど　伊尹（いいん）（天空の舟）読んでたら　鳥が止まりやすい形　商の時代にできたって書いてあった　西脇さん正解だったんだ】

七月七日（火）　歌のひろば　ともしび新宿店

歌のひろば　再開　ともしび新宿店で　毎月第一火曜日
残って帰りの新幹線の時間まで飲む
ともしびでは　ゴーヤチャンプルお気に入り　一皿（ここでは一人分です）二人で分けて食べていた（必ずというほど）（まあ飲み屋さんではほとんど一皿を二人でつついていたが）
西脇さんキュウリも好き
私飲み過ぎ　いつも新幹線の中でひっくり返っていた　眠るのみ
七月八日
12：07　M　お早うございます　昨日は悪酔いでした　朝もむかむか今治ってきました　外

来患者さん結果待ち中
七月十日
18：30　M　他愛のないことです　空が夏空です
七月十一日
11：18　M　お早うございます　蝉が鳴いています　連絡です……

七月十四日　入院（私）　七月十五日　手術予定
七月十五日　私の手術日　内視鏡によるすべり症の手術　術後痛みは少しいいけれど　痺れひどい（術前痺れはなかったのに）
13：26　M　無事終わりました　足動く　四日間安静　膜破れたため　後は一週間後の血腫だけ　ご心配おかけしました
七月十七日
0：01　M　夜分　遅くすみません　最悪　ともしび　山形行けないかも
0：13　M　追伸　最悪は続けて場合がつきます（最悪の場合という意味）
七月十八日
入院中　鳥羽亮読んでいた（かなり痙攣もあった　右＞左）
本日から歩行開始　痺れていいて歩きにくい

12：24　M　お騒がせいたしました　室内ゆっくり歩行になりました

七月二十日

11：36　M　元気出てきました　痛み痺れは変化なし　鳥羽亮の鬼彦組に鉄砲洲の稲荷神社でてくる　いつか行きたい

13：40　M　元気です　痛み痺れは同じ　本が読めます　読む気力が出たということです　字を書きたくて本の漢字を写しています　塒（ねぐら）とか

七月二十二日

18：34　M　退院許可出ました　歩くことはいい　悪いのは長時間の同じ姿勢の座位だそうです　いろいろ甘えました　ありがとうございました

20：24　M　払暁　読み方教えてください

即電話あり　ふつぎょう　明け方　あかつきだ

七月二十四日

12：28　M　退院しましたが　シャバは暑いです　追伸　心配をおかけしました　心配なんかしていない　忘れていた　でもいいかな

七月二十六日（日）　ボニーと歌声の仲間たち　ともしび新宿店　頑張って出席

この時も　残った　最初から西脇さんと並んで食べて飲んだ（いつも私がともしびで座るところ）　近藤さんも一緒

帰りは　東口で　私は地下へ階段降り　西脇さんは？（タクシー　電車？）
（ともしびからは　このころは　いつもこういうルートだった）
七月二十七日
10：34　M　お早うございます　昨日はありがとうございました　朝早く申し訳ございません　八月三日帰りの列車何号車でしょうか
七月三十日
21：08　M　もう山形ですか　明日山形着いたら　メールしますか　電話していいですか
七月三十一日　山形へ
15：27　M　アズ6階にいます　終わるまで待つ　連絡ください
八月一日　昼コンサート　夜は飲み会あり　二日は第三回童謡の街角　コンサート
八月三日　帰り　上野駅
上野駅で降り西脇さん行きつけという**お蕎麦屋**さん（いろり庵）1時間くらい　「ここのソバ旨いんだ」と言っていたが　お蕎麦食べる前にお腹一杯に
高橋さんの一人芝居の話　～　「地震の時ここで飲んで食べていた　みなさん出てくださいと言われ駅の外へ　どうしようか考えながら　バス乗り場へ向かって歩き　何とか行けた　渋谷行のバスに乗り　運転手さんと話しいろいろ　どこ通るのかとか　でもきちんと家に帰り着いたｅｔｃ」

八月四日　歌のひろば　あったはずだが記載なし

八月六日（木）第60回　新しい子どもの歌コンサート　特別出演

どこかへ行ったか？　子どもの歌の話はした

（万世橋の近くの　**ビル地下のすき焼き屋**さんかな　二度目）

八月二十二日

18：21　M　お久しぶりです　夏バテ大丈夫ですか

18：24　M　追伸　明日写真着くと思います

八月二十五日　アルテリーベ　かなりの雨降り

今回はいつもと違うホテル　新橋駅の近くだが　アルテリーベ遠い　術後脚ダメ

14：30　M　我がままなお願いがあります　帰りはタクシーでホテルまで送ってください

代金払います　後は西脇さんのルートで

14：32　M　今歩いてみたのですが近くて遠い　雨が降ると慣れない道怖い

14：40　M　すみません　一人で乗ると近すぎて運転手さんに悪い気がして

打ち上げ後

「いつものホテルじゃないんだ」　タクシー一緒に乗って送ってくれた

八月二十六日
事務所近くの中華屋さん　（事務所はまだガーデンビル）
西脇さんの大好きなところ　ピータン　豆苗（とうみょう）
西脇さん「あの子いいでしょ　ピシパシ働いて　明るくて……」（店員さんのこと）

九月一日　歌のひろば　ともしび新宿店
帰る時間まで　ともしびで飲む　もちろんゴーヤチャンプル　一皿二人で食べる

九月五日（土）　Bonny Jacks in さいたま2015
与野コンサート　さいたま芸術劇場
コンサート後　**サイゼリヤ**で玉田さんと三人で飲む
「まず　エスカルゴだな」　久しぶりのエスカルゴ　美味しい　西脇さんも私もエスカルゴ大好き　シャーウッド懐かしく思い出す

翌九月六日　狛江コンサート
コンサート後「疲れたし　歩くの面倒　どこかで早くやすみたいなあ　この辺りにしようよ」と　ガード近くで店探す
「インド料理か　一度食べてみようよ」と

インド料理の店（失敗した店）
午後3時ごろから
京都の女性の話から「ダークのマンガさんのファンだったが　俺の声に惚れて俺に乗り換えた
北のママ　妹の方　山○礼さん　姉は幸さん南のママだ」「玉田さん弁　妹の礼さんは本当に
きれいだ　頭も良かったと」
「もともとは　北はダークで　南がボニーだったが　今薫さんと同じくらい好きな人　博多の
教授の奥さんになっている　京都へ行ったとき入り浸っていたら女房と大変なことになっ
た　この時計彼女にもらった　上等高級品だ！」
その時計ずっと大切に　腕にしていて　話し中なんかにもネジを巻いたり　よく触っていた
な「インターナショナルだって　オートマチックなんだけれど　ネジでもOKなんだ　俺　毎
日こうやってネジ巻いている」（この時計　令和三年に止まった　ベランダで落としたとか
ルーラーが折れて　直せないと言われた　令和三年二月十九日紫紺館で食事した時　聞いたね
九月事務所机の一番大きな引き出しに　バンド外して置いてあった　引き出しを開けるとすぐ
見える所に）
「クラスが変わったので　亀山薫さんにラブレター書いた『亀山様』と書いて　薫さんと同
じクラスの友達に渡してくれって頼んだら　あの野郎　間違えて俺のクラスの亀山久美子に渡

しゃがった　娘の名前を久美にしたら　久美子「私の名前をつけてくれたの」なんて喜んでいた　久夫の久と美枝子の美なんだけど　彼女もう死んじゃったけどね」

「ロシア公演　二人の女性に追っかけられた　その一人ロシア語でラブレター書いて渡した女性　警官の女性　子連れで日本まで追いかけてきた
うちへ電話かけてきて　日本に来たと　女房わからないから　空港まで迎えに行った　女房に悪いことをした」その他　……

「でも　商品（言葉悪いよと思うが）には　手を付けないよ」

「好きな女優は　オードリー・ヘップバーンとマリリン・モンロー　日本では木暮実千代さんと新珠三千代さんが好き　取り合わせがおもしろいだろう　新珠さんとは十年ぐらい年賀状やりとりした　新珠さん本当に俺好きだった　きれいだったなあ……大好きな人だった　新珠さんが亡くなったときは　泣けた」

女に関しての話が多かったかな　食事かなり？？？　だったので？　珍しく残したものが多かった　二日続きのステージお疲れ様　お喋りはいっぱいした

九月八日
10：16　ＴＥＬあり「腹痛い　腹痛」　午後「入院した」

16：29～　メール数回入れる
17：54　Ｍ　お大事に　ありきたりのことばですが　速やかな回復　神様と仏様にお願いしています
18：25　Ｍ　帰り道　蛇がいました　蛇にも早くよくして　頼みました　家に着くのは8時ごろかな
九月九日
12：06　Ｍ　いかがですか　痛み改善しましたか
九月十日　9：49　ＴＥＬあり
九月十一日
15：01　Ｍ　いかがですか　秋田行けますか
秋田行かなきゃと言っていたので　心配して
15：05　ＴＥＬあり「秋田行ったよー」
九月十二日
6：34　Ｍ　朝早くすみません　地震　目覚めましたが
6：41　ＴＥＬあり「何ともないよー」
九月十三日
18：08　Ｍ　仕事終わられましたか　体調いかがですか

18：26　TELあり　「朝5時起きで仕事　ビールいつから飲める？」

九月十五日
20：52　M　一週間ですが　いかがですか　言い忘れたこと　冷たい飲み物はなるべく避けてください　胃薬明日くらいお宅に着くと思います

九月十七日（木）
電話あり　「50　貸して」「そんなに急ぐの」「うん至急」「持ってきて」と　今のところ　東京行かないし　口座番号聞く
帰り　三菱UFJ銀行に　振り込む（西脇久夫口座に）
20：28　M　振り込みました

九月二十一日
18：08　M　今日もお仕事ですか　お腹　ビール飲んでいかがですか　私は明日朝から26時間勤務です

日時不明　TELあり　「**寂しいよ　何でこんなに寂しいの**」

九月二十三日
18：28　M　昨夜は美味しいビールでしたか　飲み過ぎしたかな　高橋さんもすごく飲まれるから　今日は合唱　寂しいの消えましたか？
九月二十四日
21：49　M　大好きなガキ友様　まだ寝ないけれど　お休みなさい
九月二十六日
20：30　M　お腹食欲いかがですか　私は　今日は日直でした
九月二十八日
19：34　M　乗り換えバス待っています　大きな丸い月が木の間から　秋の月って歌　思い出しています　昨日はお疲れさまでした
19：36　M　バスが来る
九月二十九日
19：49　M　朝早くまで　お月様輝いていました　ビールおいしくなって　淋しさとれたかな

十月二日
7：00　M　先に追伸　朝早くすみません
7：09　M　凄まじきもの　女の業ではなくて　秋の野分　須佐之男が泣いている　久し振りに熟睡した私は何者　翌早朝　中空　下弦の月
7：11　M　道路　公園　長短の木の枝散乱　ごめんなさい　クダラナかった

十月八日
22：24　M　心明るくなるもの　秋もあけぼの　高い空に下弦の三日月　冷たいけれど爽やかな空気　その中よいしよいしょ歩くゴミ出しの日　おそまつ
22：34　M　カラスはまだ眠っている
十月九日
20：06　M　飲み過ぎていませんか？　お腹の調子いかがですか　言い忘れバスが来るのバス停　見果てぬ夢の最初に出てくるバス停　可動範囲狭いね（香林坊の四高前のバス停）
十月十日
17：47　M　メールお休みする予定だったけれど　日直の帰り　字数の都合でこれはここまで
17：56　M　お日様が沈んだ後の　夕焼けは　分刻みで変わっていく　茜色に薄紫が重なっ

て　茜が消えて　薄紫も消えて　夜が来た
18：00　M　ちらちら　お星様　光り始める　久し振りに夕焼けの時間歩いて　帰り道
虫が鳴いています　お月様は見えない

十月十三日
19：46　M　久し振りの塩釜高校サロンですか
19：49　M　私は帰り道　虫が鳴いています　お月様は見えない

十月十四日（水）　ボニージャックスと成城ホールで歌おう　成城ホール
コンサート後　小田急線で新宿まで
新宿南口へ出て広い広場に出る　歩きながら話「この間話したろう　ここ　昔　早稲田が　優勝した明大の人と飲んだ時　勢いで喧嘩　顔から血を流しながら留置場に二晩いたと言ったろう　その喧嘩の場所」「知ってるよ」～　長いエスカレーターへ　ぐるっと歩いて東口のアサヒビールの店　**アサヒスーパードライ**「ここ昔グリークラブのころ　よく使っていた」
お喋りはいっぱい
コールドローストビーフ　タコのキムチ　サラダ　あらびきソーセージ
ビール　西脇さん中2　小1　私　中1　小1
もと来た道を帰り　長いエレベーターで上へ　南口　横断歩道渡り　私は向かって左へ　タ

ワーホテル　西脇さんは右へ「タクシー拾って帰る」坂を下りて行った
翌十月十五日（木）　隅田川　浅草
どこへ行くとは聞かされてはいなかった「14時銀座和光前で」
時間つぶし　妹が付き合ってくれた　妹と有楽町駅交番で和光への道聞き　和光近く　どこかの2階で昼食　後　歌舞伎座のうんと向こうまで歩く　まだ13時半　妹と和光前でうろうろしている時
13時40分過ぎ「ごめん　10分くらい遅れる」と電話入る　妹「じゃ私帰るわ」と　さっさと帰った
14：08ごろ　銀座和光前　西脇さん出現　どの方向から来たのか　わからなかった「妹いたのなら　一緒に来ればよかったのに」と　有楽町駅まで歩き　ＪＲ山手線　座らせてもらった
浜松町まで　浜松町からタクシーに乗る
西脇さん　運転手さんと　どう行けばいいか　相談している
「この辺りでいいですか」と運転手さん「いいよ」降りる
左右に大きな建物「どっちかな」西脇さん聞きに行ってくれ「違う　向こうだって　ここはシンフォニー乗り場だって」
～　隣の建物へ　吾妻橋までのチケット買って貰う（750円）
ここは

日の出桟橋（日の出桟橋　東京都観光汽船　TOKYO CRUISE　105―0022　東京都港区海岸）
桟橋の長い列に並び　水上バスに乗る
隅田川　川上り
水上バスに乗る（後ろのオープンのところ　進行方向に向かい右に座る）
乗船中　いろいろ話
（船の進行方向の）左岸に屋形船が止まっている
「乗りたかったなあ　あれに」「屋形船がよかったのに
一個一個止まるから乗りたかったけど　乗り方わからなくて」と残念そう
「この川に沿ってアルバイトしていたんだ　リヤカーひいて　あの辺りの道も（川の向こう岸指さし）　山の手には行かない　坂があるから　一度で行くのやめた」　等々　話いっぱい
下船時　吾妻橋までの乗船券記念に貰った　西脇さん「俺も貰おう」と
吾妻橋綺麗可愛い　吾妻橋背景に写真撮る　優しいいい顔している西脇さん

浅草

街中へ　西脇さん宝くじ買う（後で「4600円当たって　ワイシャツ二着買った」そう）
まず雷門から「昔この提灯の写真で賞とった　こんな写真でとびっくりした　雷門真ん中に提

灯がどんとある写真」
仲見世歩く　靴屋の横通る時「ここで靴買うと安い」とか　いろいろ話　人は多い　ごった返している
浅草寺へ　お線香は買わずに人の線香の煙を頭・体にかけて　歩く　浅草寺の階段上る時「ホイッ」と腕を出してくれた　腕組んで上る　らくちん　いいの？　とドキドキしたけど　しっかり組んで　ピタッと体がくっつくと安定感抜群（以後　このように腕組んで歩くことに）
浅草寺　拝殿で拝礼し　横裏へ出て　三社を横に稲荷へ　ここでも拝礼
浅草寺の後ろ側に出る　歩く　浅草四丁目「もう少し行けば吉原　思い出の場所だ」などずっと話をして歩く　日が暮れてきて「吉原まではまだ遠いし　今ないから帰ろうか」「あなたの脚　つらそうだし」　ごめんなさい
西脇さん行きたいだろうに思い出の地
向こう側六丁目の信号のある所でタクシーを拾うことに（腕は組んだまま）
「タクシーなかなか来ないなあ　姿もないや」　私が心配になって「本当にタクシー通るの」というと「まあいつか来るよ」　と西脇さん　ゆうゆう　腕は組んだまま　「ホラ　来た」
タクシー来た　乗った
神谷バーへ

ハーフ＆ハーフ　二杯ずつ　二杯目は私が買いに行く「今度はあなたが買ってきて（つまみは）なんでもいいよ」
昔のこのバーの話などあれこれ
バー出て　酔ってまっすぐ歩けない　足の痺れも手伝って　でもすぐ「ホイッ」と腕を出してくれ　腕組んで歩いた「こんなに楽だなんて！　ありがとう」　ございました　西脇さん大きくない（むしろ小さい）けれどがっちりしていてすごい
自慢するだけあって　軸しっかりしている　安心して歩ける　スムーズに
「上手いだろう　腕組むの　小学生のころ　麻痺のある松葉杖の同級生と通学した　彼は俺と行くときは　一本松葉で来た　いつも二本ついているのに　俺と腕組んで歩くと松葉一本で安定するって言って」（この話　この後時々してくれた）
また「車椅子のお喋り　言い出しっぺは俺だ　良い詩がいっぱいあった」とも
横道に入り　お蕎麦屋さんへ　「あった　あった　まだあった　昔ここへ来たときよく入った」
「久しぶりだな」と懐かしそうに　入ったが　蕎麦食べて「味落ちている　昔はもっと美味しかった」　とがっかりしていた
蕎麦屋さん出て　地下鉄に乗り　銀座で丸の内線に乗り換えて東京駅へ
構内中央口にある　**本屋＆コーヒーの店**でコーヒー飲んでさようなら
私は　新幹線乗り場へ　　西脇さんは中央線へ

十月十六日
12：11　M　昨日一昨日　楽しい時間をありがとうございました　そしてご馳走様　本当に楽しかった　またよろしくお願いいたします　本当に楽しかった
18：25　M　夜空に三日月が美しい

十月十八日（日）　ボニージャックスと歌おう　～ライブ&歌のひろば
奈良市北部会館市民文化ホール3階

奈良　帰りの電車並んで乗って
「きょう東京駅で　この間の本屋さんでコーヒー飲んでた」と
（十月日十五日隅田川～浅草行った時のお別れした場所　東京駅中央口のお店）
京都駅　飲み食べる場所　構内にないか探しまくったが　なくて　お別れでした　西脇さん新幹線　私は　北陸線「サンダーバード」

十月二十日
7：08　M　もう晩秋？　桜の木の色づいた葉っぱ残り僅か　喉早く診てもらって下さい
話し声はいいので　吸い過ぎ・飲み過ぎは　無関係かな今回は

十月二十一日
17：21　M　合唱の日でしたね　ご機嫌いかがかな　喉の調子はいかがですか　私は今から当直です
折り返し電話「合唱良くなったよ」　高い声出た
20：54　M　しびれでは　ご心配いただきありがとうございます　西脇さんの手と腕　頼もしかった　歩くのとても楽でした　またお願いいたします　図々しいかな

十月二十四日
9：15　M　喉　お腹いかがですか　金沢今日も秋晴れです　葉っぱが青い空から舞い降りさっささっさと歩いています　そしてパタリと寝てしまう（桜公園の朝景色）
9：17　M　会津　鹿児島飲み過ぎないように　お願いいたします

十月二十五日
11：07　M　女心と秋の空　半分青空半分雨雲　きつい太陽　冷たい風　変な天気

十月二十七日（このころ　カタカムナ読んでいた）
19：37　M　カタカムナノウタヒ
ヨモノタカミヲムスブハ　イヤシロチ　ヨモノヒクミヲムスブハ　ケガレチ

十月二十九日
20：49　M　声　鹿児島どうでしたか　心配しても仕方ないかな

十一月一日
12：22　M　すみません　ホテルのロビーにいます（タワーホテル）
電話あり　風邪で動けない
13：22　M　言い忘れ　お大事に　九州の牛地名十六見つけた（郵便番号簿から）多いのか少ないのかわからない（九州に牛の地名いくつあるか調べてって言っていたから　調べたんだけど　本人覚えてないの？　それ以後この話なし）
16：43　M　熱上がっていませんか？　火事場のくそ力出すとよくなるかな　ステロイドホルモン出るから
20：30　M　いかがですか　青い高い空に下弦の白い月　冷たい空気の上で静かに浮かんでいる　写真撮ってきたのに

十一月二日（月）　ボニージャックスと歌おう　歌のひろば　清瀬けやきホール
7：51　M　お早うございます　いかがですか
9：09　M　とても寒いですよ　お気をつけて

西脇さんかぜ　ひどい
帰り　西武池袋線一緒に乗って　練馬で乗り換え　大江戸線で
西脇さんは中井へ　私は　新宿へ

十一月三日（火）　歌のひろば　ともしび新宿店

8：45　M　お早うございます　いかがですか　今朝は新宿御苑美しく靄に包まれていました　お願いがあります　古事記にルビ打ったら長そうですが
8：49　M　こんなふうに書いていっていいのか　違った視点で書くのか　相談に乗っていただきたいのですが　本文は一枚二十数行です

ひろば終了後
古事記の下書き読んでもらう
新宿東口地下サブナード　**根岸で**（西脇さん飲めないので）
がんこちゃんセットと白タンセット　二人で　食べる
西脇さん「とろろ」美味しいと　ご飯にかけて美味しそうに食べている
（小さいころ　思い出しているのかな）「昔は　とろろは　本当の山芋すりおろしてメシにかけて食べたな　旨かったたな」
長くいると悪いので　場所移動
その後は　**カフェドクリエ**（新宿東口地下サブナード）でコーヒー飲みながら

18：47　M　19時42分で帰ります　席ありました　今夜もゆっくりお休みください　アドバイスありがとうございました

十一月四日
21：02　M　風邪いかがですか　無理して高い声出さない　良くなれば出るから

十一月六日
21：02　TELあり「高い声出たよ　ビールも二～三杯飲んだ　タバコは吸っていないきのうは吸っていたけど　きょうはいっぱい（コンサートの観客）だった　あしたはニカホあさっては施設　それから帰る」

十一月八日
8：21　M　金沢久しぶりの雨　まだ寒くない　秋田は寒い？　声順調ですか　雨音にぎやかです　それだけ

十一月十四日
20：03　M　ガキ友様　船の準備お忙しいかな　日直でした　午前中は大規模災害訓練で大変　午後は患者さん二人だけ

十一月十六日
7：21　M　すじ雲に朝焼け　きれいな空　冷たさは凛とさせてくれるけれど寂しいな
行ってらっしゃい　朝早くすみません
9：28　TELあり「空港　今から出発」（カムチャツカへ）

十一月二十四日
14：29　M　このメール届くかな　カタカムナから古事記解読できるのでは　またの機会かな
この辺りに　TELあり「榊原ここはどこだ?」電話口で聞いて「香港だって」とか話した

十一月二十六日
21：46　M　霰にかわりそうな雨　時折雷が響く　日本海大荒れかな

十一月二十七日
7：29　M　午前5時20分　道に埋もれた葉っぱ　水たまりの水も吹き飛ばす勢いの風　空は一瞬の晴　カタカムナのカムとは自然とすると　カムは神の語源とも考えられる　カタカムナって縄文以前の精神の記録?
（十一月二十九日カムチャツカから帰る）

十二月一日（火）　歌のひろば　ともしび新宿店
ひろばのあと　中井へ
楽屋で飲む　久しぶりに高橋さんも合流（電話で西脇さんが呼び出した）
「船の中で　転んで後頭部打った　切り傷つくった　歯痛かった　『村上水軍の娘』の本読んだ　ああいう時は厚い本読む
娘相当の美人だったよう　西洋風の美人だったんだろうなｅｔｃ」
美人で吉原思い出したか（高橋さんにはなぜこんなアルバイトしたかは言えない）
「マンホールの掃除千円の土・日のアルバイト　何しろくさい　銭湯の親父にしまい風呂にされた　風呂に入ってもそれでもとれない臭い
アメリカの基地でのアルバイトもした　死体の包帯巻　顔だけ出して」
「遥かな友にの歌碑をつくる時　鹿島もみんな女房連れて　きちんとした身なりして　きちんと頼みに行って費用作ったんだ　１０００万ちょっと」
西脇さん磯部俶さんに惚れている　の私の言葉に　「そうか　向こうはどう思っていたのか知らないけれど　そうかなあ　でも恩返しに何かしたかったんだ　いつも恩返ししたいとい考えていた」ｅｔｃ
十二月二日
19：33　Ｍ　病院の結果　背中の重い感じいかがですか　昨夜から今朝は下弦の月　なぜ月

ばかり　今年はこの季節にしてはよく晴れているからです
19：38　M　そして話せるガキ友がいるから　昨夜はご馳走様でした

十二月八日
17：12　M　冬の朝はまだ暗い　冷たい空気　月は空　高い高い　だんだん明けてきて　月
空　変わる色　自然の美しさ見事　お天気続きはいいな　ガキ友にこの美しさ見せてあげた
い　今夜はお楽しみくださ　い

十二月十日
17：07　TELあり　内容覚えていない
十二月十一日
17：12　M　明日忘れるといけないから　十三日狂言高橋さん楽屋へご案内しますと言われ
ましたが　ご挨拶にはお花とかお持ちするのでは？
十二月十二日（土）　年末ディナーライブ　アルテリーベ（エカ）
「始まるまで　第一ホテルのロビーで寝ていた」
食事始まってからまわってきて手を振り握手

打ち上げ始まる前に「あした十三日渋谷南口午後12時20分に」
終わってから打ち上げ　ビール1杯　西脇さんとは　あまり話せず
エカ　西脇さんと向かい合って座り　フェイスブックに　自分の孫の写真と西脇さんを載せて
いいか聞いていたが　西脇さん答えず　知らん顔　話　はぐらかしてしまった
音楽の話を　周りの人々にしていた
中学の時……　高校時四～五校揃って音楽祭……など
「早稲田のグリークラブに入ったとき
みんな下手だなぁ　と言って　生意気となぐられた　だってみんな俺より下手だった」（「今で
も生意気」と　離れてはいたが返した）
帰りは中城さんと西脇さんに　タクシーでホテルまで送ってもらった
十二月十三日　狂言に行く日
　TELあり「一月二日三日はやはり来るな　もったいない」
（東京帝国ホテルで　宿泊者向け正月のステージあり　ベイビーブーと共演）
後から電話またあり「一月五日どこかの会社の新年会　もちろん仕事　時間があったら終わっ
てから　また　ともしびに行く　一月十日十一日はＯＫ」
12時20分ごろ　渋谷駅　南改札のところで　待ち合わせ

少し雨　西脇さんの折りたたみ傘に入れてもらう
ホテルの地下へ　迷いながら入り（西脇さんでもわからないことあるんだ）
コートなど預けて　高橋さん待つ（ソファに腰かけていたな）
高橋さん探し　券を買う　５５００円　正面の№２　３の席
狂言は　とても　面白かった
帰り　わたしがキョロキョロしている間に（トイレへ行ったり）
預けてあった　オーバーとマフラー　西脇さん持ってきてくれた
（この時の西脇さんの歩き方や姿　今でも目に浮かぶ）
後　高橋さん　高橋さんの友達の男の方　高橋さんの飲み友達の女の方二人　西脇さん私　計
六人で中華（高橋さんたち行きつけの店みたい）を食べる
西脇さん八十歳を強調し若いと言われ嬉しそう
でも　お喋りの話題が今一つ　西脇さん　あまり楽しくないよう
8時過ぎかな　西脇さんと二人先に出る　タクシーで東京駅へ　中央口付近の本&Caféに入りコーヒー飲む　ここに二人で入るの二回目（西脇さん三回目）

十二月十六日
19：20　ＴＥＬあり「鯖着いたよ　女房達食べている」

十二月十八日
18：15　M　冬になりました
19：33　TELあり「高橋さんと飲んでる」

十二月二十日　原稿を送る（古事記）

十二月二十二日
19：11　TELあり（帰り道）「原稿を読んだ　二か所　ききたい　ニニギノミコト　もっと先に出てくるのでは？」「出てくるのおそいよ」
「そうか　カタカムナはやめた方がいい　第六感で」

十二月二十三日
12：04　TELあり「お腹の具合おかしい」
12：04　ありがとうetc
20：11　M　いかがですか　胃と腸の病気は　がんや細菌・ウィルスの感染ではない限り心因性が絡んでいます　差し障りない限り　ガキ友お聞きします
合唱で和んだかな

0：06　M　一月二十日　合唱の新年会ですか　私はこの日最終までいるつもりでしたが帰ります

十二月二十四日

19：56　M　昨夜は遅く失礼しました　今夜の月はラグビーボール　お腹の具合いかがですか

即TELあり

十二月二十五日

21：04　M　お腹いかがですか　……

十二月二十六日

16：49　M　雷神が吼えまくっている　雪よ降れって

20：57　TELあり「今終わった　ホテルに帰った

合唱団の新年会は二十七日　アルテリーべで　雷神か　雷神来たら『むにゃむにゃむにゃ』

（二～三回あり）　少し飲んだけど大丈夫これから寝る」

十二月二十七日

13：26　M　雪神が目覚め　雷神は一休み　雪神チラチラおとなしいから　雷神怒るかな

TELあり　途中で切れた

十二月二十八日

14：19　16：25　電話入っていた
16：51　発信出ず　M　また電話します　良いお年をはまだ言わない
十二月二十九日
20：49　M　緊急手術が入り　当直の先生手術に入ったので終わるまで　日直延長中　明日も　明後日も日直だ　頑張るね我ながら　終わった帰る
十二月三十日
17：05　TELあり　17：10過ぎかけなおしたら変な電話
17：15　折り返し電話あり「ごめん変なボタン　まちがえて押した　きのうたいへんだったね」
「食事会（高塚さんが一緒に一回飲みたいということで）二週目だから駄目だね　サロンに来る前？　ウーンとやはり駄目だ　あなたはサロンに来るでしょ……　ではまた」
十二月三十一日
17：25　M　これから帰ります　二人も重症抱えてしまった　昨日朝下弦の月だった　大晦（おおつごもり）じゃないんだよね
23：24　M　二〇一五年古事記書かせて頂きありがとうございました　何度か書くって言うんじゃなかったと思いましたが……　二〇一六年何しようかと考えています
23：43　M　ありきたりですが　良いお年を

（附）以後　お互いの電話「かける　かかる」は主に
　こちら（私）からかける：TELする
　西脇さんからかける　：TELあり　あるいは　TEL　と表記

（六）平成二十八年　到年

『斜め読み古事記』出版

一月一日
0：56　TELする　出ず　M　明けましておめでとうございます
TELあり「電話した？　気づかなかったかも」
「メールした　古事記書かせてくれてありがとうって」「あれは良かったよ……すごくいい
……　これから寝る　おやすみなさい」
一月二日
9：09　M　仕事始めですね　私はメール始め　冷たい風時折暖かい太陽　秒分刻み　人生
こんなものか
19：27　M　シャットアウトされた感じ　寂しいな（東京帝国ホテルでコンサートあった

主催者が宿泊者のみとした　と高いから無駄　来るな）
即ＴＥＬあり「シャットアウトしてねえよ　してねえからな」

一月三日
12：30　Ｍ　昨夜は失礼しました　もうステージの上かと思い　年賀状書き進んでいますか
ステージより疲れが残る仕事ですね　楽しい感じもあるけれど
ＴＥＬあり「年賀状は筆で書くから疲れない　スイスイ書ける」

一月五日（火）　歌のひろば　ともしび新宿店
ひろば後　ボニーさんどこかの会社の新年会で歌うため　出て行く「ここにいろ　終わったら来る」
ＴＥＬあり「終わった　今からともしびに行く」19時前着「製薬会社儲かってんだなぁ……」納得顔で　新幹線の時間まで　飲む
20：44　Ｍ　新幹線改札した

一月七日
ＴＥＬあり「薬欲しいレンドルミン　ヘルベッサー」「医者行く時間ない？」
19：52　Ｍ　一昨日はご馳走様でした　十二月十三日から初めてのビールでした　……

19：53　M　追伸　寒くなりました
一月八日
8：33　M　……　三十日ホテル　どこをとればいいですか
一月九日
20：06　M　疲れた　くたくたです　日直でした

一月十日（日）　ボニーと歌声の仲間たち　　ともしび新宿店

ベイビーブーと
ともしび　に残ったかな
翌一月十一日
新宿ゴールデン街に行った
「ホイッ」と腕を出して　腕組んで歩いてくれた（西脇さん黒いとっくりセーター）　いろいろ案内してもらう
「昔寝起きしたこともある　残っているはずだ……学生時代入り浸ってたところ……　ここだ入れなくなっている」（板張りされている）　人が住めるの？　すごいところ　ボロボロ小屋様怖いようなところも　でも外人さんたくさん歩いている
「今は　安全なところ　安いから外人多い　観光スポットだな」お喋りしながら　歩く
「あった　まだあった　ルミン（流民）　ここの中すごいんだぞ……　階段らせん状　のぼっ

て行く途中も下が見える　こわいよ　席はとても狭いし」「写真撮るね」流民の看板と西脇さんの写真撮る
ゴールデン街は西脇さん大好きというか　思い出多い場所のよう
「俺　いや**俺たちにとって　新宿はゴールデン街抜きにしては語れない**」と（後々よく行くようになった　お店が開くと　雰囲気が変わった　みんな楽しそう）
夜はともしび
一月十二日
12：51　M　昨日はありがとうございました　高塚さん住所……

一月十五日　一人で山形へ（鹿島さんと松倉さんの新春コンサート）
11：42　M　お早うございます　つばさに乗っています　昨日まで三日間忙しかった　新幹線に乗り癒し中　……
一月十六日　山形から帰った日　この日メールがないから電話だろう
楽屋（中井）へ　行ったよう　西脇さん調子　今一つだったか
一月十七日
17：27　M　どうですか　新幹線に乗りました
一月十八日

11：41　M　いかがですか
21：14　M　東京大雪ですか　金沢雷神騒いでいますが　雪はまだ　明日行けなくなりませんように

一月十九日（火）　New Year Concert　ボニージャックス　港北公会堂

道路には　雪がまだ残っている
コンサート後　駅まで歩く　歩きながら西脇さん「ブーツだから滑らない……　どこへ行こうか……」　お喋りいろいろ
電車で都内へ　あと記録なし　（おそらくアサヒスーパードライ）

一月二十日（水）

「たまにはちがうところ行くか」と　新宿キリンへ
話は　いろいろ　詳細は覚えていない
西脇さんのうしろにあたるテーブルに若いグループがいてにぎやか「若いのはいいなあ」とかも　疲れた顔が徐々に柔らかくなっていく　そして　穏やかな顔のいい写真が撮れた
「ビール　アサヒ（スーパードライ）のほうが　旨いな（好みの問題）　次からは　アサヒ（スーパードライ）にしよう　浮気はだめだ」ということに　お店の雰囲気は良かった（キリンさんへ　ごめんなさい　ビールの味は好みの問題）（この日の西脇さんの写真　合唱団の遺影になりました　とてもいい表情だったから）

☆彡　休憩

いろんな場所でいろいろお喋り　こんなものもあったな

ある時　走る電車の中で聞いた　中央線か総武線　その流れる景色眺めながら「結婚して最初に住んだアパート　この辺りで　古いうちでもなかったけれど　ゴキブリが出た　編曲中に出てきたから捕まえて　脚に赤いひも結んで逃がしてやった　赤いひも真っ黒にしてまたどこからか　出てきた」

一月二十一日

19：39　M　大雪だ　寒いけど暖かい　地面が凍ってきたみたい

検査いかがでしたか

一月二十三日

20：16　M　嵐の前の静けさかな　おぼろ月夜です　榊原さんから野田ランチだからと連絡いただきました　行く予定です

（西脇さんから前もって野田のコンサート後は野田の人たちと付き合うから　と話あり　私も三十日は娘が子連れで出てくるから兄　妹も一緒に食事すると話してあった）

20：24　M　昨日飲みすぎていませんか　私は今日は日直でした　何だかソーセージが食べたい

21：15　M　天気予報あたりすぎ　北風親父暴れ出した

一月二十四日

17：04　M　大寒のなか日　須佐之男が大暴れしている

一月二十七日

8：44　M　お早うございます　晴れてきました　合唱と新年会ですね　お楽しみください

一月二十九日

17：03　M　誕生日おめでとう　♪　ございます

金沢荒れています　二十四日ほど寒くないけれど　今日はどなたとお飲みになるのかな

一月三十日　野田ランチコンサート（野田のホテル　場所名？）

7：07　M　お早うございます　静かな朝です　北に向かって旅立つって何となく寂しい

南へ旅立つって明るく感じるのは何故？

7：22　M　冬のお天気　人（私？）の心　大荒れ荒れ荒れ　静か　雨雪晴れて時々曇りの

繰り返し　朝早くお騒がせしてすみません

8：40　M　軽井沢はつららが下がり　安中榛名は雪の中

大宮で降りて　大宮駅延々と歩いて　乗り換え　野田へ
野田駅前　しょう油の匂い(++)バスに乗りホテルへ
ボニーの控室に行く　リハーサルの間は一人で待つ
「きょうは野田で付き合いがある」って　言われていたし　私も由紀と三人の子が来るので
夕食は一緒の予定　妹も兄も　寿司の家で
吉田さんに東京まで一緒に帰ってとお願いしOKもらう
ランチ　ショー
ショー後　西脇さん　控室に帰って来て「俺　一緒に帰る」と「きょうは断った　都合悪くなったと」
「子どもたちと夕食食べるよ　一緒に食べる?」「うん　いいよ　一緒に行く」(嬉しい反面少々困った)いろいろ連絡し　西脇さんも「遠慮しようか」と気を使ってもくれたが　せっかく付き合い断ったんだから　でも私　何度もこの日は子どもたちと夕食食べるよと言っていたのだが　由紀は「いいよ」と
有楽町駅で降りて二人で　今夜みんなと泊まるホテルまで歩く　かなり距離あり　西脇さん重いかばんに花束持って大変　ホテル着(有楽町のホテル)
私みんなのいるホテルの部屋へ　西脇さんロビーで待っていてくれ　私たちが行くとものすごく　いい笑顔　子どもたちは引いていたが

西脇さん疲れているようなのでタクシーで行く　達也ははじめ私たちと一緒に行くと言ったが　やっぱりママと歩くと　タクシー降りるとき（東京駅正面向側で）西脇さん「きょうはブーツ履いてきたから雪あっても大丈夫」と　寿司の家まで歩く　西脇さん兄と話したり智也と指相撲したり　楽しんでくれたみたい　大好きな生タコの刺身もあったし達也は素数の話などしていたが　かなり拗ねていた　由紀と三人の子は　少し早め　2時間くらいで帰る
その後も兄　妹　私　西脇さん残る　西脇さんかなり飲んで食べていた
翌日西脇さん「**ありがとう　楽しかった　楽しくて飲み過ぎた**　中央線に乗り　寝過ごしてその駅からタクシーに乗った　**電車で寝過ごすなんてないんだけどな**」って（楽しんでくれたよう　良かった）
一月三十一日
昼間は　兄　妹と　子どもたちを遊ばせる　東京駅周辺で　自転車に乗せたり　大変だった娘・由紀は研究会へ　昼食　新丸の内ビル内へ　智也と達也ウナギ食べたい　なっちゃんはお寿司　二手に分かれ　私は男の子二人とウナギ屋へ　高かったがものすごく美味しかったうな丼三人で1万2000円
夕方　由紀たちが帰った後は　私楽屋（西脇さんの誕生日飲み会）

高橋さんもいた　一人芝居の西村さんの原稿読んで　話する
（私はしっかり読んでいない）新幹線に合わせ私帰る
21：12　M　ご馳走様でした　新宿駅までタクシーに乗り　後はJR中央線　今上野駅にいます　もちろん新幹線の中　高橋さんによろしく
二月一日
10：02　M　薄日の中　粉雪の降る朝　原稿一気に新幹線の中で読んじゃった
TELあり「メール残せ　そう全部」「短メールが面白い　バスが来た　とか」
二月三日
17：40　M　当直に突入　ノロ胃腸炎いっぱい
17：44　M　携帯は引き次ぎできないから　書き始めた　スマホはプリントできるよう
19：52　M　字違っている　正しくは引き継ぎです
二月四日
20：51　TELあり「面白いよ　メール　引き継ぎ……　アハハ……」笑いっぱなし
「面白いよ　小説つくれそう　何　メール　スマホなどではプリントできるの？　全部残してあるよ　高橋さんの原稿の件　意見は同じだ」
二月六日

17：19　M　黙って雪が降り始めた

二月十一日

22：55　M　めちゃくちゃ寒くて冷えていますが　メチャクチャ三日月きれいな夜です

二月十二日

7：22　M　午前5時　満天の星　午前6時半　鍵かける時明るくなった　厚手の手袋の中の指先はまだ痛い　冷たい空気の意地悪かな

二月十三日

11：55　M　お早うございます　雨降りです　まだコートがなくては寒い

二月十五日

7：22　M　朝早くお邪魔虫　明け方からの雨が雪に　傘がずしりと重くなる雪に　かぜにご注意

8：18　M　そして瞬く間に粉雪にかわり吹雪

19：28　M　山も野原も綿帽子かぶり　枯れ木残らず　花が咲いています

今はぼたん雪　東京も雪ですか

二月十七日

昼　TELあり

二月十八日（木）　ボニージャックスと成城ホールで歌おう　成城ホール

7：50　M　お早うございます　がりがりばりばり　てるてる坊主の朝です　金の鈴あげなきゃいけないね

8：03　M　田も　まばらに立つ家々の屋根の真っ白な世界に　朝日がまぶしい冬景色　富山平野です

8：54　M　朝日の下の雪の立山観ていたら酔った　ねてたら　枯れ木に花が咲いた長野の山々に　まだ　むかむか

コンサート後

アサヒスーパードライ（新宿）から**ゴールデン街「蛾王」**へ

☆彡　休憩

西脇さんと二人で何回かゴールデン街の蛾王に行った

栄子ママとご主人の店　西脇さん栄子ママお気に入り　そしていろんな人との出逢いあり

西脇さん持ち前の会話術で　みんなその場でお友達　フランス人の教授　あした北海道へ

行って学校の先生になる人　出版社の人　俗にいう文化人たち　ｅｔｃ
出版社の人と『カムイ伝』の話に花が咲いていたことも
『カムイ伝』　漫画好きでない西脇さんが　全巻買って読んだ漫画　半分事実と（カムイ伝の話は　本の話の時　時々出てきた　西脇さんの大好きな本の一つだった）
蛾王ではボニージャックスのＣＤ　流してくれた
蛾王は西脇さんの癒しの場所の一つになっていた　一人でもよく行ったよう
（最初は高橋さんに教わったお店だが）

二月二十日
中井の楽屋で飲んで　ゴールデン街（蛾王）へ　高橋さんもいたかな
二月日二十一日　西脇さん練習日　私　兄が入院し午前中浦安へ
8：24　Ｍ　体調いかがですか　今から浦安へ行きます
9：25　Ｍ　舞浜へ　舞浜へ　人人人　流れていく京葉線　日曜の朝
15：53　Ｍ　昨夜は　ガキ友に叱られたこと　二回やってごめんなさい（転んだ）　極めつけの結果　さっきから右大腿外側腫れていて　カメラの入れ物引きちぎれ寸前に気付いた
16：02　Ｍ　間違えた　痛いのは左
（ビルの中に入り　カメラ入れるカバンを買い休んでメールしていた）

16：50　BBQへ行く途中の交差点で鉢合わせ　「途中で出てきた」と
BBQ　トーキョービアレストランへ
いつものお喋り　レーベンブロイ（かなり飲んだ）と　ヒラメのカルパッチョ　美味しい（ヒラメは浜田産　直送とか）　ソーセージとコブサラダ

二月二十三日
7：00　M　西の空　満月　午前5時
8：23　M　誘蛾灯　蛾と灯　どちらが男でどちらが女　場面にもよるかな？　どちらでもいいよね
22：17　M　こんばんは　ガキ友はヘルベッサーの病院へ三月十日までに行くこと

二月二十五日
17：03　M　周りは真っ白　雪もしたたるいい女？　なのに　心真っ暗　ドアフォン故障してしまった　歯入りましたか
即電話あり「入った……」（しばらく電話で話をする）

二月二十八日

12：20　M　春ですね　花柄ですね　若い女の方が呟いて歩く　春が来たと感じる日曜　柔らかい日射し　税務署の帰り　還付金ウン万幸せ感　少し

三月一日　歌のひろば　ともしび新宿店

9：44　M　銀色の日本海　雪が覆う立山連峰版画の世界　新幹線ずっとトンネル　携帯は圏外　耳はぼわぁん　西脇さん「ぼわぁんがおもしろい」って

ともしび後

アサヒスーパードライへ行く途中　ふと

「よかれと思ってやったのに　悪いこと　ってよくあるねぇ」と　呟きあり

「うん　よくあるよ……」うやむやな事言ったかな　何があったのか聞いてあげなかった　でも西脇さんは　聞いても言わないでしょうね　言いたい時は聞かなくても言う人だから

三月二日

13：48　M　昨夜はご馳走様でした　言い忘れ　ヘルベッサー取りに行けますか　切らさないでください

三月四日

19：28　M　気になること　三月一日歩きながら　よかれと思ってしたこと云々　よくあることって　いい加減な返事だったかな　何かあったのですか

三月六日　神楽坂行った日

11：00少し前ＴＥＬあり　「頭痛いから　ロキソニンと胃ぐすり　ロキソニンとプリンペラン飲んでいいか　　プリンペランいいねぇ」

11：27　Ｍ　最後の一杯ではなく　先に飲み過ぎている　塩竈のサロンではサロン後蕎麦食べてまた飲むって

12：50　13：01　13：05　ＴＥＬあり　気づかず

13：30　新宿駅ホームにいる時ＴＥＬあり「寝たら治った　コロラドで待っている」

中井　コロラドへ行く　トーストとコーヒー（西脇さんバークレイだったかも）

神楽坂へ行くことに

大江戸線に乗り　牛込神楽坂で降りて　牛込区民センターへ行く「ここが　今度のコンサートのところだ」　ボニージャックスのポスターが貼ってあった

そこ（区民センター）から　歩く「この辺りに　有名な音楽の会社あるはずなんだがな　あれだ」（右手に音楽の友社）

坂を上り　赤城神社へ　石段上って拝殿へ　拝礼　「ああ　まわり変わったな　ここの禰宜と知り合いなんだ……　いるかな　　保育園経営か」とか

お喋りしつつ

神社出るころ雨に　「黒い雲の下が雨だ　すぐやむかな」　雨宿りにコーヒーショップに入り
コーヒー飲む（窓に向かった狭いカウンター席で）「眞理ヨシコが　何かついていて気持ち悪
い　厄落しどこか行きたいと言い　ここに連れてきた　彼女には大人の歌を歌ってほしかった
が　子供の歌に逃げた　上手かったからおしくてね」
ここの店　古い腕時計たくさん並んでいた
西脇さん　マスターと時計の話　いつもしている時計見せて　いい時計だと褒めてもらって
うれしそう（大好きなママ礼さんに　もらった時計）「部品がないかもしれないから大切に
使った方がいい」とも言われたみたい
雨もやみゆっくり店の外へ　マスターと　外の席で一服し　またひと話
帰りは　下り坂　お喋り中　自転車バイク置き場の横通る時
「おやじ狩りにあったことあるし　バイクの兄ちゃんにやかましいと言ったら追っかけられた
り　どうしたと思う?　どっちも逃げるが勝ちで　逃げた　からまれて合気道でぶっ倒して
やったこともあったけど　相手びっくりして逃げて行った」
お喋りしながら　歩く
「蕎麦屋あるはずなんだがな」と　路地にも入り込み　探したが　見つからず「五年ほど前に
はあったはず　なんだけどな　ないなあ」　歩き続け
ギンレイホール（映画館　このホールの話も聞いたが）の横通り　飯田橋駅に向かいビル内

ぼてぢゅうへ
ぼてぢゅうで飲んで食べてお喋り
「薫ちゃん　うちの久坊（ひさぼう）に何するの　っていじめっ子を追放した　強かった　頭いいし……」
とか　いろいろ　話あちこちとぶのはいつも
「**俺のこと書いて欲しい**」　とも
「生タコのさしみ好き」というか「生タコが好き」（「松島」でも「寿司の家」でも食べていた）

三月八日
13：19　M　頭痛　再来はありませんか　我がガキ友の話　書かせてください　書くにはできる限り詳しい情報が必要なのでよろしく
13：33　M　例えば　小学校の成績とか　入学卒業年月日　父母のお名前など　よろしくお願いします
三月九日
17：13　M　脚本書いたの目を通していただけますか　明日ポストに入れる予定　会社　自宅どちらがいいのかな
即電話あり「自宅　早かいたの……ｅｔｃ」

（高橋さんの一人芝居用に　私の高校時代の同級生の作品「誘蛾灯」を脚本にした）

三月十一日
19：31　M　西南の空　雲の向こうにいるのは　上弦の☾　乱視にはバナナの房

三月十三日
15：04　M　神楽坂散歩　楽しかった！　ふと懐かしんでいる　一週間前のことなのに

三月十四日
16：38　M　脚本って　あんな書き方じゃ駄目？　忙しくてまだ読んでいない？

三月十七日
M　青い山脈　口ずさみながら歩く　明るい朝です
でも何となく　心もとなさを感じます

三月十八日
20：58　M　お元気ですか　明日行きますがいいですか　タワーホテル取れず新宿プリンスになりました　ホテル荷物預けたら連絡します

三月十九日（新宿プリンスに泊まる）

9：54　M　金沢富山は春雨に煙り　長野上田は陽射しが強い　このあたり小県（ちいさがた）　郡県制度
つくったのは始皇帝　関係ないか　下らないね
ＴＥＬあり「中井へきて　コロラド休みだから　中井降りてすぐ前の喫茶店に来て」
喫茶店の前で　出迎えてくれた　ジャムトーストとコーヒー
↓大江戸線に乗り　どこで降りたかは不明　駅からは　シャッタービルまで　タクシー　西脇
さん「方向わからないし　タクシーにしよう」　運転手さんと　あれこれどの辺りか話しつつ
田代美代子さんのコンサート
　文化シャッター　ＢＸホール
コンサート　西脇さんはご招待「葉桜」歌った
後は　１００円バスに乗り　打ち上げ中華屋さんへ西脇さん昔よく行ったところと
打ち上げ後は　タクシーで（二人で）蛾王へ　日付は二十日に変わったが
（いい写真あり）
三月二十日
　ＴＥＬあり「東京駅で待っていて　２時」
　13：13　M　２時間だっけ　２時だっけ
　13：56　M　銀の鈴のところにいます
銀の鈴のところで　２時ごろだったかな　西脇さん到来「まっすぐ来たよ」

「すぐわかったよ」「これで行こう」銀の鈴の近くにあるエレベーターで上へ
浅草へ　浅草駅　人でごった返している「なんだこの人は　多すぎる　何でこんなに混んでるんだ　こんなに人が多いと面白くないなあ」　さっさと**神谷バー**へ
一杯ずつ飲んで出る　歩き始め左へ曲がり　左側にあった**焼き鳥屋さん**で沈没　ここ一人分が二串か　頼んだ倍の串が来た　西脇さん「多いな　いいさ　いいさ　持って帰ればいい」　食べきれず　私が持って帰ることに　先に神谷バーで　飲んでいるのもこたえている
中井へ　**楽屋**　午後7時45分まで
大江戸線　東中野　ＪＲ総武線　御茶ノ水　乗り換え中央線　東京駅へ　帰る
三月二十一日
19：58　ＴＥＬあり「今高橋さんといる　原稿早く書いて『田代』がやる気になっているから
電話で言うのもなんだけど　姉が亡くなった　家で亡くなったので24時間置いとくらしい
仙台でやるかもしれない　そう七つ違いのすぐ上の姉」
三月二十二日
7：24　Ｍ　お早うございます　快晴の寒い朝です
お姉さまお悔やみ申し上げます　寂しいですね　一度お会いしたかった
7：29　Ｍ　ガキ友の　幼いころから　生意気になるまで　いろんなお話お聞きしたかった

今日は茅ヶ崎ですね

三月二十三日

20：07　M　今日中に書けそうです　いいかどうか　明日ポストに入れると明後日　ご自宅着となります　よろしいでしょうか

22：47　M　書いた！

三月二十五日

7：24　M　雪のち晴れ　さっきまで降っていたのに　太ったカラス雪の中のそのそ歩く野良カラス？　飛べないのかな

17：22　M　今どちらですか　本着いていますか（「岬の村」中間弥寿雄作・2000年日本海文学大賞奨励賞）

即電話「今　初音寿司にいる　コンサート7時半から　本着いたよ

脚本面白そう　いいものになればいいねぇ」

（一応　脚本らしきものを書いた　結局一人芝居そのものがお流れになるのだが……西脇さん面倒になったと　高橋さんに連絡しなくなったよう　高橋さんカンカンに怒るが……困った人だよ　きちんと高橋さんと向き合え　その経緯は不明）

三月二十八日
13：15　M　五月七日のピアノコンサート行けます　一泊で
19：47　M　脚本注文あったら言ってください
三月二十九日
7：28　M　お元気ですか　かわいいムスカリ薄紫の花つけて春が来たよ　夜明けの月とお喋りしている
三月三十一日
20：52　M　飲み会の連ちゃんは　終わりましたか　二十七日日曜転んで左膝内側打って階段上りにくい痛くて　降りるのは平気
四月一日
7：19　M　一度に開いた桜の花が　下弦の月とにらめっこ　どちらがきれい

四月五日（火）　歌のひろば　　ともしび新宿店

ひろば後　　アサヒスーパードライへ
21：07　M　膝　痛み出しました　ゆっくり歩きました　今東京駅出ました
四月六日（水）

7：20　M　お早うございます　昨夜はご馳走様でした　また折り返しのお電話ありがとう
ございます　今朝まで気づかず　失礼いたしました
また　あした

四月七日（木）　ボニージャックスが歌う　新宿縁（ゆかり）の「野口雨情　北原白秋」の世界

牛込箪笥区民ホール

13：26　M　何故か新幹線遅れています
17：22　M　今　飯田橋
17：34　M　受付中
終了後　中井楽屋で飲んだ
四月八日（金）　朝一の新幹線で帰った
11：44　M　病院着いたよ　昨夜はご馳走様でした　背中の痛みはいかがですか　プリン
ペランお渡しするの忘れました　この次でいいですか
四月九日（土）
アサヒスーパードライか楽屋で飲んでいる時に
「このコート捨てようかな　ぼろぼろになってしまった」というような話あったかな　裏は
きれいだった
9：54　M　捨てる売る買うストレス解消の一行動　ボロッちくなったコート捨てるって

使い切った満足感と愛着したものを手放す寂寥感　新しい物手にしてからかな
9：59　M　裏破れていないし　雨風の強い時着ればいいのではないかと思いますが　これって貧乏性かな

四月十日（日）　ベイビーブー歌声喫茶音楽会

銀座博品館
私　昼の部
TELする（16：00　16：09　16：47）　電話で何とか連絡でき　路上で出逢うすぐ「この道でいいはず」と路地に入り
午後5時50～　路地入り込んだところにある椿屋でコーヒー飲む　二人で「やっぱり　椿屋は美味しいな」
西脇さん夕（ゆうべ）の部へ
18：53　M　東京発19時24分　金沢着21時58分　飲み過ぎないで　転ばないように意識します

四月十五日
18：28　M　これから観桜会　病院の　会場行きのバスに乗っています　夕日が不気味なほど赤い（熊本にあった地震のせい？）今沈む

21：07　M　おわった　タクシー待っている　疲れた
四月十六日（内科学会へ）
11：25　M　フォーラムにいます　まともでは5時半まで　聴きたいのは4時40分に終わる
13：47　14：06　学会中の時　電話あり　時間打ち合わせした
17：45　M　先になった　BBQにいます
BBQへ行く　その後　新宿へ　そしてお腹いっぱいなのに　歩いて
「（22：57だが）　ラーメン食べたい」と　**金燕酒家**で　ビールと刀削麺
「このラーメン食べさせたかった　昔はよく食べた　作り方は……」　作り方教えてくれたりして　お腹いっぱいだったよ　本当は二人とも
（この辺り　行った場所がはっきりしない　どういったのか　BBQと金燕酒家へ行ったのは確か）　金燕酒家：新宿東口三丁目中華料理店（プリンスホテル近く）
このころ　西脇さん　謡（うたい）していた（権八で謡の方と友人になったよう）
四月十七日
21：03　M　時間通りです（帰りの新幹線）
四月二十三日（土）　ボニージャックスと歌おう　清瀬けやきホール
9：58　M　メールする気出ました　新緑が爽やか　春霞に映えている遠くの土手に　咲き

乱れるのは菜の花かな　春真っ盛り　お元気ですか
11：10　M　大江戸線で練馬へ行き　乗り換えればいいですね
12：06　TELあり
けやきホールの後　**中井の楽屋**　高橋さんも
翌二十四日（日）
午後2時　**中井コロラド**で　コーヒーとトースト
午後3時ごろ　大江戸線　都庁前乗り換え　上野御徒町　バスで　バス満席　私だけ何とか腰かけた　隣のお兄ちゃん「ここで降りると近い」なんて言うから降りたら　すごい上り坂
西脇さん「なんだよこの坂」「あの　お兄ちゃん俺たちみたいな年より　目障りだったのかな
席　代わるか代わらないか　考えて」「もう一つ先の停留所で降りればいいはずなのに」　坂上るの大変だった
湯島天神へ
散策しながら「算額あるはずなんだがなぁ」ということで神社に質問　「昔あったが今はないって　外してあるって」
天神出て
「この黒塀があの歌の黒塀　〽粋な黒塀……」口ずさみ黒塀見ながら歩き
次は　切られ与三や　吉三台詞語りながら歩き　交差点に出た「向こうは上野公園」「あれが

花みずき」　なんておそわり　上野不忍の池へ向かう

上野公園

野外劇場でフォーク聴き　西脇さん「上手い奴いるなぁ」なんて　公園内歩く　花も嵐も……のギター弾く人に合わせて歌い始め

「花も嵐もふみこえて……」くり返し歌いながら歩く「歌詞覚えているのは　何故かな　俺霧島昇好きじゃなくて歌わなかったが　いい歌だな　なぜ霧島昇好きじゃなかったのかな？」

歌いお喋りしながら歩き公園出て　飲み屋を探す　**銀の蔵**へ

（地下）ここで飲み食べる　西脇さん女の子に「今度大勢で来るかも」なんて話していた　気に入ったみたい　お喋りはいつものようにいっぱい　帰り際「いい店だねえ」　上野駅へ向かう途中路上で歌っている女の人に「いいねえ」「良かったら事務所に来てみて　どこか所属しているの」と西脇さん名刺渡しＣＤ買って（私が代金払った）　上野駅へ　おそらく　そこでバイバイ　私は東京駅へ　西脇さんは家へ

四月二十五日

18：59　M　ガキ友が横にいてくれると歩きやすいのは何故？　一人だと歩き難いけど　頑張って行くから応援してよ　高橋さんどうかな？

四月二十六日

14：18　M　西脇塾ですね　後楽しんで飲みすぎないように　ガキ友通信です

15：05　M　単なる記録　初夏のような朝でした　つばめが喧しいほどさえずり飛び回っています　鶴来はつばめが来る町です　鶴来じゃなくて
19：09　M　ガキ友通信2　カエルの大合唱が始まった

四月二十八日
19：53　M　今日はメチャクチャ寒い　雨の音　寒いのが寂しいのは何故？

四月三十日
17：44　TELあり「あのCD聴いたけど　あんまり良くないや……」
（勝手なこと言っている）

五月二日
18：38　M　夕日ふつう　不気味な色じゃない

五月三日　歌のひろば　ともしび新宿店
9：38　M　美しきもの　雪の立山背景に　朝日に輝く山々のみどり　初夏！　です
ひろばのあとは　ともしびで飲んでいる　西脇さんなんとなく元気ない
「（昔働いていた？　昔からなじみのバーであることは確か）まだやっていたんだ　店閉め

るってはがき来た　一緒に行く?」「うん　行けたら行きたい」　閉店のはがき見せてくれた
一緒に誘ってもらうつもりだったけど　西脇さん　友達と行ったみたい
西脇さん　ロシア語で「モスクワ郊外の夕べ」歌っているが　具合悪い?　今までもとも
しびで残っている時　頼まれるといつもこれをロシア語で歌う　酔っているからと
五月四日　五日　具合いかがですか　のメール頻回に打っている

五月七日
10：04　M　わずかに開いた窓から流れてくる雨に濡れ始めた土の匂い水を得た土の喜びの
歌　土もまた地球の上の生命体　なんてね ☀
金子渚さん（合唱団のピアノ弾いている）のピアノコンサート　高橋さんも
合唱団の贈った花束写真撮った（西脇さんも「花束の写真撮って撮って」と）
高橋さん遅れて一人で来た　ギリギリ
高橋さん　ピアノに辛い感想言っていた
終わった後三人でどこかで飲んだはずだが　記録なし
このころから　西脇さんなんかいつもと違う感じあり　元気がない

五月二十一日
14：34　中井　コロラド　コーヒーのみ
高橋さんとも待ち合わせ　高橋さんなかなか現れず　やや焦った
大江戸線で　降りてからはタクシー　田代美代子さんのコンサートへ
打ち上げ時
田代さんと高橋さん会わせるのが西脇さんの考え
田代さん　高橋さん無視　気に入らなかったみたい

このあと三人で蛾王へ行ったか　蛾王満員で　席一個のみ　空いていた
西脇さん「俺が入る　お前ら二人でどこかまわって来い」　と　高橋さんどこか行こうと言ったが　私は「嫌　ここで待つ」と他のお客が席を作ってくれた
五月二十二日
　14：12　M　いい気になって飲み過ぎないように
五月二十四日　二十八日
このころは　わたし葉室麟　集中的に読んでいて
葉室麟の私の読んだ文庫本羅列し送りましょうか　とメールしている

私は　葉室麟をある程度読んだら　今度は　辻堂魁　中でも「風の市兵衛」中心に読む

六月四日
18：40　M　竹刀を正眼に構えた姿勢で歩くようにすればいいのかな　古事記のカバーの案
七日に持って行きます　誘蛾灯のUSBお持ち下さい

六月六日
6：40　M　お早うございます　早すぎる！
タチアオイの花が咲き始めています　天辺まではまだ遠い
六月七日（火）　歌のひろば　ともしび新宿店
10：17　M　校正していて酔った　二か所程　カバー以外で相談あります
お時間下さい
古事記のカバーの相談している（始まる前に）
ひろば　終わった後は**アサヒスーパードライ**へ
六月八日
7：05　M　お早うございます　早すぎる！　質量　重力　時間（速度）距離かな　　晴
れているのに　空が低く感じる重い感じの朝です

7：07　M　熱い朝日にタチアオイの花びらが秘かにゆれていました

六月九日（私　夕方から大阪へ　透析学会）

7：31　M　お早うございます　早すぎる！

高橋さんの履歴知りたいのですが　刑事畑の中日新聞の記者　今金沢で　上　にいるとか

声かけようかと駄目元で

17：32　M　明日出発ですか　お気をつけて　今金沢駅もうすぐ出ます

19：23　M　夕暮れの琵琶湖　眼下に眺める　赤い泊り火は見えない

六月十日　　西脇さんロシア方面（カムチャツカ）へ

六月十一日　（大阪透析学会中）

15：46　M　届かないけれど　レーベンブロイ　一人で飲んでる

（女の人が飲んでいたので入った）

16：07　M　かなり疲れた　まだ一日ある　頑張る

16：19　M　さすが大阪　阪神の応援歌そこかしこ　ゆっくり飲んでいるいいでしょう　古

事記校正終わったし　医学の進歩に寂しさ感じ

六月十七日

8：52　M　お早うございます　早すぎる！　もう着きましたか

13:50　M　お疲れ様でした　今夜はゆっくりお休み下さい　若いから快復力抜群だと思って

六月十八日

13:09　M　東京にいます

夕方　楽屋へ　西脇さん大きな荷物持ったまま　高橋さんもいた　カムチャツカの話など　お喋りし　高橋さん蛾王へ行こうと　西脇さん「俺は帰る二人で行け」　私「西脇さん行かないなら行かない」

西脇さん「荷物置いて遅れて行く」と　結局遅れて来てくれた（遅れは時間通り）　良かったほっとした

六月十九日　平成帝京大学でコンサート

ハーバード大学のグリークラブ来日して

早稲田のオールドグリークラブ出演あり　毎年やっているとか

西脇さんと落ち合ったのは現地か？　駅からタクシーで行った

大勢の人でごった返している　ベイビーブーも来ていた

先に並んでいてくれたら　良かったのにと言われたが

階段教室の2階部分　西脇さんと　並んで聴く　並べただけでもラッキー

終わってから　軽い打ち上げあり

その後　二人で　BBQで飲んでいる

レーベンブロイ4杯（二人）　カルパッチョ　生ハムプレート（すごく多い　ハムは薄切だが）
「なんだこれは」なんて言いながら食べて飲んでお喋り　店の奥の方の大きなテーブルだった
5529円

六月二十二日
17：43　M　合唱終わり？　ダークの何方か亡くなられた？　TELあり

六月二十五日
11：34　M　葉室麟の橘花抄　佳境に入り夢中になっていたのか　お客さん終点ですよ
朝っぱらからお粗末

六月二十八日
7：06　M　紫陽花くたびれてきている　朝からお邪魔しました
19：21　M　夕焼けが　めちゃきれい

七月一日
19：52　M　本　できてきました（古事記）

七月二日
13：06　M　本　お送りしましょうか　１８０円で送れます　ご自宅　会社どちら　月曜
日着きます
七月三日
22：40　M　自分の身体の変形につくづく落ち込んでいたけれど　古事記　達也が国語辞典
片手に読み出してくれて　智也が本気で驚いたって　少し心あたたか
22：52　M　娘には宅急便で四冊送った　今日着いた　関係ないか

七月五日（火）　歌のひろば　　　ともしび新宿店
あとは**アサヒスーパードライ**へ（西脇さんのおごりか）
着くとすぐ「はい　土産」と　こそっと　変な顔のついたホルダーくれた
宣伝のチラシばかりいっぱい入れて「日本円で10円くらいの安物」
（カムチャツカ行くとき土産ほしいと言ったから　買ってきてくれたのだが）
七月六日（水）　ボニージャックスと成城ホールで歌おう　成城ホール
12：35　M　お知らせまで　着いています
コンサート後　**ワイン食堂　BLUMARE**へ
新宿ライオン会館　3階

ハーフジョッキ　2杯　鮮魚のカルパッチョ　ハモンセラーノ30g　4254円
七月七日
17：31　M　昨夕一作夕　ご馳走様でした　6時50分から研究会に行きます
七月八日
7：21　M　猛暑お見舞い申し上げます　タチアオイ天辺の三個の蕾まで　蕾一個になりました　もうじき梅雨明けそう
17：43　M　蝉が鳴いている
18：06　M　タチアオイの花が天辺まで開く時　蝉の声が響き　百日紅が咲き始める　夏夏
18：13　M　かがやきは　じっとしていると　とても地味　ベルが鳴る　風をきって　雨をきって　氷をけちらして走る　走れば走れば　輝くかがやき
18：14　M　かがやきは北陸新幹線
18：20　M　走れ走れかがやき　走れ走れかがやき　輝いて走れ
19：35　TELあり「このメールはなんだ」（かがやき　色地味だから）
七月十日
12：10　M　朝からなく蝉　郷愁誘う？　寂しさ蝉が連れて来る　夏の思い出　むかしむか

しの懐かしい景色

七月十四日
16：46　M　あのおみやげのお人形　見れば見るほど西脇さんにそっくり
七月十五日
7：02　M　右足首捻挫した　帰り乗り換えバス30分待ち　タクシーに乗ろうとした時　痙攣強くてグニャリ　列車はわかりました

七月十七日（日）　ボニーと歌声の仲間たち　ともしび新宿店
打ち上げ後　アサヒスーパードライへ行ったか？　そのままか？
「エカがね　将来面倒見てやると言った　あなたに取られると思ったと言っていた」　何と答えたか　結局　聞かなかった
七月十八日
9：05　M　昨日は有難うございました　今眠気なくなってきました　足以外は元気です

七月二十日　The 58th Anniversary Dinner Show
Wednesday　代官山　鳳鳴館　Bonny Jacks（ベイビーブーと）

ショー後タクシーで恵比寿へ
恵比寿ビヤホール　渋谷区恵比寿南1-1-1　ヒューマックス恵比寿ビル地階
エビス中1　ハーフ中4　ハーフ小1　ハム盛合せ　とうもろこし揚げ　タコのカルパッチョ
8982円
七月二十一日
16：44　M　七日二十四日午後2時どこに行けばいいか　お時間ある時お知らせください
まっすぐ帰ったら誰ともお喋りなし　変な気分
七月二十二日
7：01　M　天辺の蕾膨らんで花が咲いたら梅雨が終わるメールしたかったのに　タチアオイ抜かれていた
七月二十三日　　西脇さんは　エカのコンサートで野田へ
七月二十四日
昼ごろ　どこかの駅で待ち合わせ　やはり高橋さん遅い
高橋さんの一人芝居の稽古場所見に行った　駅からかなり歩いた　どこか覚えなし　西脇さん「こうしてああして」考えていた「設定は榊原に頼めばいい」とも　帰りちいさな神社見つけたら西脇さん　真剣に見て何か言って説明してくれたが　声元気なく　聞き取れない　気分悪くなったかな

駅の近くの　食堂に入ったが　西脇さん　昨日から　腹痛下痢あり　調子悪く　トイレ通い
少し飲んで　お開きにする
18：12　Ｍ　２０９０円で　切符交換できました　お腹暖かくする事お大事に
18：34　Ｍ　それから熱いストレートの紅茶
七月二十五日　二十六日　　メール入れている　　お腹いかがですか

七月二十九日
9：37　Ｍ　紙吹雪書いてみますか　詩みたいに
七月三十日　山形へ
11：40　Ｍ　つばさに乗った　落ち着いたら電話入れていいですか　駄目なら　一～三切り
呼び出しベルでお知らせください
山形着いた時は　大雨　街角コンサートの辺りに着いた時はやんできていた　時間あるので喫茶店でお汁粉食べていたら　西脇さんから電話「さっきからかけているのに
電話首からかけておけ　今どこだ　早く来い」
早く行ったって仕方ないと思うんだけど　出演者じゃあるまいし
夕方から　シャボン玉コンサート　　アロハ格好良かったよ（この時はアロハだとは思えなかった　ワイシャツの感じ）　素敵なコンサートだった

八月一日
10：22　M　朝コーヒー飲んでいます（待っているのは山形のホテル）
帰り　上野駅のいつもの蕎麦屋で飲んだ
八月二日（火）　歌のひろば　ともしび新宿店
ともしびで　生ビールゴーヤチャンプル枝豆等　3683円

八月七日
15：21　M　明日になると書けない言葉　暑中お見舞い申し上げます
八月八日
7：24　M　朝早くからミンミンジイジイ蝉の大合唱　ミンミン蝉一匹　目の前さっと飛び過ぎて旋回してまっすぐ飛ぶ　おおと感動したらその瞬間　公園のフェンスに激突　コロリと仰向けに落ちた　時間がないから見てただけ
八月十一日
7：08　M　東京暑そう　金沢朝夕涼しい！
八月十二日

17:42　M　チクチク指を這う　見つけたりムカデ　生け捕り　十二日丑三つ時　だから眠い

TELあり「ムカデ殺すな　捕まえて逃がせ……」

もちろん　割りばしで捕まえて　ナイロン袋に入れ　翌日田んぼへ　いつもの通り

八月十八日（木）

21:00　M　小豆の原稿書きました　岡っ引きは女優さんで　オリンピックも高校野球も見向きもせずに一気に　いかがですか

以後　いくらメール入れても返事なし　電話も留守番電話　心配したが

八月二十一日

この日も　メール　電話していたが　通じない

午後4時ごろ　TELあり

携帯どこかへ置いてきていた　午後3時過ぎ　取りに行ったと

ばかばかしい　心配して

八月十八日は　第61回新しい子どもの歌コンサート

八月十九日は　　渋谷区文化総合センター大和田６F　伝承ホール
　　　　　　　　ベイビーブーとコンサート（西脇さんのメモより）
このどちらかで携帯忘れたことになる（細かいことは聞かなかった）

八月二十二日
18：22　M　台風大変ですね
22：04　M　これから救急車

八月二十六日
19：48　M　相談というかコメントしてほしいことあります　どこかで

八月二十八日　夏のディナーライブ　　アルテリーベ
08：39　M　お早うございます　早すぎる！　写真が重い
08：40　M　新幹線が入ってくる
10：05　M　今日も残っていいですか
ライブ後残る
八月二十九日

10：06　M　お早うございます　台風　今夜まだ大丈夫なようなので2時でなくても構いません　西脇さんの都合に合わせます

どこかの駅で待ち合わせ　腕組んで歩くは歩いている　どこへ行ったか？

西脇さん風で飛ばされそうにも　支え合って歩く感じ　「謡の人と飲んだ焼肉屋さん　美味しかったから　行こう」と　焼肉屋探したがなくて　なんか階段降りて変な店に入った　西脇さん高橋さん呼び出し　そのくせ機嫌悪くなり　「お前ら二人で帰れ」とか「お前ら勝手にしろ」とか　怒りだす

何言ってんの　私はその言葉無視　さあぁ帰る時間　出ましょ

まず　トイレへ行って

でも　店を出たら「ホイッ」と腕を出してくれた

食事今ひとつだったし　……

八月三十一日

7：06　M　昔　昔そのまた昔　遠くに鳴くひぐらし聞いて涙ぐむ長いリボンのつばひろむぎわら帽子　清楚なワンピース　そんな時代もありました

7：22　M　みんみんぜみが木の上から草むらで鳴く虫たちにバトンタッチ　夏から秋へのバトンタッチ

九月一日（木）　松倉とし子&ボニージャックス　しあわせのハーモニー
渋谷区文化総合センター大和田（伝承ホール）

打ち上げ（場所は決まっていて　別々）
あとまっすぐ帰る　最近機嫌悪い　腕は組んでくれるが

九月六日　歌のひろば　ともしび新宿店　後　記録なし

九月九日
8：28　M　空が高くなったよぉ

九月十一日　十三日　十四日
CD10枚組（ユーキャンから発売）の砂山作曲山田コウサクでは　志賀が滋賀だ　羊飼いの
綴り違いませんか　私が間違っていたらごめんなさい
いずみのほとり　作詞　深瀬じゃなくて深尾では
秋です蝉の声が消え　朝から秋の虫競い鳴く　等々
メール入れるも返事なし

九月十八日
18：51　M　仕事帰りのバスの中　何か私に怒っている？　本当は邪魔になってきた？　冷たい電話の声が堪えている
20：15　M　ごめんなさい
23：15　M　おやかまし　CD8　野バラ　訳詞：西脇久夫となっていますが　編曲ですよね
九月十九日
10：27　M　土手にひがんばなが咲き始めている
九月二十日
18：21　M　凄い雨風なのに　西の空がいやに明るくて気味わるい
21：05　M　台風通り過ぎたみたい　静か
九月二十一日
19：45　M　単なる記録　朝　病院の廊下で転んだ　両膝と両手ついて　午後から首と手が痛い
即TELあり「なんだ病院で転ぶなんて　俺も転んだ　酔っていたけどね……中井のあの階段上ろうとして　足もつれた　あなたといつも上る階段」
（何か　きっかけ待っていたような　電話だった）

九月二十六日
20：10　M　ごめんなさい　23日テレビ見損ないました

九月二十八日
17：33　M（帰り歩きながら打った）合唱終わりましたか　今日もおいしいビール飲めそうですね　今日も　にしようか　今日は　にしようか　迷っているけど
即ＴＥＬあり（郵便局辺り歩いている時）「まだ小学五年生だ」

九月三十日
16：33　M　明後日二日は東京駅12時40分着予定です　ロッカー探しに時間少しかかると思います　それから電話いたします　よろしくお願いいたします
16：41　M　今朝起きていやに外暗いなぁ　1時間間違えていた　眠くて
十月一日　　軽井沢で　私の大学同窓会
十月二日（西脇さんのH28卓上カレンダーに　この日　藤田先生　とメモられていた）
私　軽井沢で大学同窓会後　東京駅へ向かう
12：13　M　お早うございます　大宮です
東京駅で竹内さんと話し込んでしまった　遅くなった

13時ごろ（その話し込んでいる時）西脇さんからTELあり「中井のコロラドで待つ」
コロラドで西脇さん新聞読みながら待っていてくれた
サンドウィッチ食べ　ゆっくりお喋り　権八へ？
権八　まだ開いていない
どうしようか　と言いつつ
門前仲町へ行った　前回の食べたところ探す
「ここらあたりのはず　違うみたい　でもここみたい」聞いてみる
「ここですよ」とお店の人（江東区富岡1-22-26　永代通り沿い）
くろきん　門前仲町店　門前仲町ダイヤマンション1F　に入る
以前の美味しいものなし　でも　結構飲んで　メチャクチャお喋りした
お通し2　中ジョッキ8　五種盛1　塩キャベツ1　七種盛1　7333円
十月三日
18：21　M　今わかった事　赤穂浪士大石内蔵助の息子主税　ちから　税は国家運営のちからだから　お粗末さまだね
18：32　M　税をちからって読むって知らなかった　ホツマツタヱの解説にかなふってあった　ちからで税に即変換できてがっくりしている
十月四日　歌のひろば　ともしび新宿店

ひろば後　ともしびで食べたか？　おごりだったよう
十月五日
20：58　M　昨夜はご馳走様でした　ただ今秋の野分の真っ最中枕草子の凄まじきもの思い浮かべる季節　三口新町一部停電中　新幹線も金沢新高岡間停まっている
十月六日
17：03　M　心臓早めに出川先生受診してくださいね
十月七日
13：44　M　今夜誘蛾灯の本返す手紙書く予定ですが　どこまで書いてもいいでしょうか
17：11　TEL　「どういう意味だ」（一人芝居本当にするのか　聞きたかった）
十月八日
21：04　M　お邪魔　飲み過ぎ吸い過ぎ注意　一日ボケっとして気付いた　杉下右京と西脇久夫の共通点　くだらない事続く
21：09　M　共通点　背が高くなく格好つけてキザ　頭脳明晰　分析力抜群　何でもできるエトセトラ
十月十日
7：03　M　エトセトラの二つ　洞察力と記憶力

突然秋の寒さが来た！　仕事へ行く電車のなか　朝早くお邪魔しました
7：06　M　時おり　働けってはっぱかけてね　何か書きたいけど　まだ何だかわからない

十月十二日
22：25　M　当直中　ニュースみている　停電大変だった？

十月十三日
19：37　M　喉　大丈夫ですか
19：52　TELあり「世話になったいとこ亡くなっておかしくなっていた　きょうは大丈夫　何かあったら電話する」（亡くなられたのはいつか？）

十月十四日
17：50　M　東の山に昇り始めた真ん丸い月　西の地平線夕焼け　家々は沈み始める夕闇になかなか出合えない自然

十月十五日
11：01　M　今秋初めての秋空　雲量0
17：39　M　偉いでしょ　一人でビール飲んでいる　近所のファミレス

十月十六日
16：03　TELあり「褒めてつかわす　周りを見ずに自分の世界を作れ」

十月二十日
19：53　M　今夜はアルテリーベでいい日ですね　楽しんでください
（ソプラノの方長谷川さんたちが　西脇久夫作曲の曲を歌う日）

十月二十二日
17：48　M　昨夜高橋さんから電話ありました　お知らせだけ
（西脇さんが電話に出てくれない　という電話）
（何かおかしいなとは思っていたが　高橋さんという言葉出なくなっていたから　何が起こったのかは不明）

十月二十七日　ボニージャックスと歌おう　歌のひろば　清瀬けやきホール
11：30　M　今上野駅　山手線待ち
コンサート後　どこかへ行ったはずだが記録なし
十月二十八日
16：59　M　ママごとの　名セリフ　いい忘れていた　三十日にお話しします

十月三十日
13：05　M　16時20分東京着　その足で新宿のホテルへ行き　チェックインし　お電話します
十月三十一日　ボニージャックス&ベイビーブー Joint Concert　銀座博品館劇場
出演者の打ち上げあり　西脇さん「途中で出てくるから」と言ってきた　私清水孝子さんたちと　ライオン（一丁目店？）へ行った　西脇さん2時間弱「途中で出てきた」と合流「新しいライオン　でもすぐわかった」と

十一月三日
10：27　M　お早うございます　お願いです　十一月二十九日のチケット一部　二部　二回分　勿論購入　鉄工所のおばちゃんの詩　シャツ着てと　不倫　不倫　全文　いただけませんか　で楽譜もいただけませんか　……
13：11　M　もうひとつ　十二月十七日出る雑誌の名前わからなかった　次回教えてくださいい　メモします　落語お楽しみ下さい
十一月四日
7：30　M　文化の日　須佐之男一日大暴れ　四日　暴れて満足すやすや眠る　天照　寝顔見つめながら　にこにこ笑顔　雲量0
十一月五日（土）　ボニージャックスコンサート　inさいたま彩の国　さいたま芸術劇場

終わってから　電車で帰り　アサヒスーパードライ　行ったかな？

十一月六日

12：59　М　お待ちしています（どこで落ち合ったか？）

神田散策　古本屋廻り　古本屋について　話しながら

大きな広い交差点渡って　左へ　路上にも　店出ている　たくさん並んでいる

いろんな本屋　のぞきお喋り　西脇さんの好きな空間のよう

ある本屋に入り　どんどん奥へ

西脇さん「あっ吉祥丸の本ある　すごい人だった　高いなあ　でも買う　尊敬する人だからな」７０００円＋$α$の本　本当に嬉しそうに　本の包み　笑顔でなでていた

「孔子また読みたい」白川静の孔子伝も　購入

ビルになった本屋でトイレ行き「あなたも行った方がいいよ」「本屋もこんな風に変わったんだな」「でも　いい本買えた　高かったけど」ｅｔｃ

この後　**神田学士会館**へ行き　ビール飲む「ここのハーフ＆ハーフは本格的」と（以前　私の高校の同窓会の後　ここで飲んだ時も言っていた「久しぶりに来た」と懐かしそう「ビルは再建したけど　ここは変わらないなぁ」　ビールやワインの話をスタッフ（バーテンさん）の方としていた　そして私に「変わってないって　昔から同じことしている　同じ方法だって　ワインも昔からのものとってあるって」「この周辺　大学が多い　あっちは

……」）西脇さん昔飲みに来た思い出の場所の一つ
きょうは　ビール（ハーフ&ハーフ）一杯ずつ飲んで食べた
学士会館　　千代田区神田錦町3-28
カフェ&ビアパブ　　The SEVEN'S HOUSE　学士会館

それから「お腹すかない？　夕食にするか」
「ウナギ屋あったはず」と　いろいろ探し歩きまわる　路地に入り込んで探したり「ないなあ　ないなあ　この辺りかな　ここのはずだが　ないなあ」結局なく　**ある路地の中華**へ　美味しかったが　あまり食べられず　二人とも　学士会館で飲んで食べているためか　お腹の空きが今一つ　　棒棒鶏　持って帰った　三回使った
散策　ウナギ屋探し　ものすごく歩いた　その間しっかり腕組んでくれた　どこか歩くときはちょっとそこまででも「ホイッ」と腕出してくれた　ありがとう　歩きやすかったよ　本当にありがとう
西脇さん機嫌すっかりよくなった　何となく春ごろから夏機嫌悪かったが
十一月八日
16:07　M　一石二鳥　棒棒鶏　昨夜は　塩少々で茹でて　きゅうり鮮やかな緑　今朝は茹で汁でお餅煮た　後二回程使えそう

16：08　M　神田散策ありがとうございました　今夜はお楽しみ下さい

十一月十五日

19：46　M　やっとまともになってきました　木曜日インフルエンザのワクチンうってから半分生きていなかった

十一月十六日　ボニージャックス&ベイビーブー Joint Concert　神奈川県民ホール

打ち上げ九人で「遥かな友に」を合唱　もちろんソロは西脇さん　すごく良かった　涙流している人がいた

十一月十八日

21：15　M　二十日終わった後飲めますか　ディナーショーはファックスも平日のみでしょうか　まあいいか　できる時すれば

十一月二十日（日）　ともしび秋の大うたごえコンサート　新宿文化センター大ホール

ボニージャックスもベイビーブーも出演

7：45　M　お早うございます　ビール　リアルハーフ　ハーフパイント　ワンパイントってなあに

11：39　M　ただ今　御茶ノ水駅

13：12　M　着いたよ

終わって　ともしびへ行った

（私　新幹線に合わせ出たが　西脇さん残っていたかなベイビーブーと）

20：52　M　東京駅着いた飲み過ぎないように

十一月二十二日

06：19　M　御注意（「喉がおかしい」と言い出す）

06：22　M　大丈夫ですか

十一月二十三日

22：00　M　明日から寒そう　ご注意

22：58　M　清瀬の車椅子の方たちの写真お渡しするの忘れていました。尻切れトンボみたいなさよならだったから

十一月二十四日

7：22　M　寒い朝　青空がひろがってきた　明け方は　冬の星座がひろがっていた

20：47　M　でもね　インフルエンザワクチンは不活化ワクチンだからうつらないんだけどな（西脇さん喉のおかしいのは　私がワクチンでインフルエンザになり　うつったんだなんていうから）

十一月二十五日
いかがですかのメール　午前と夜打つ
十一月二十六日
12：15　M　いかがですか
17：42　M　心配している
19：18　TEL「鹿島が　船に乗った時かかったのと同じだ」「ウイルスが違うよ」
19：50　M　西脇さん　秋は要注意　突発性難聴　昨年は古事記の原稿読んでもらった時
それは茨城県かどこかコンサートから帰った翌日からだった
十一月二十七日
16：34　M　いかがですか　お大事に昨日当直　インフルエンザA数人来ました
20：10　M　私のワクチン副作用治まったようです　頭痛ないし　だるさも節々の痛み　なくなりました　今朝から　二週間かかった！　西脇さん　早く良くなりますように
十一月二十八日
13：00　M　少しはよくなりましたか　今昼食中　私は腰のびてきた　頭で補正しなくても
十一月二十九日
TELあり「我慢できなくて　ビール飲んでる」
十一月三十日

19：50　M　喉の具合いかがですか　アルコール殺菌いかが　気分が良くなるからいいのかな　今日は合唱　半分は舞台慣れした人達だから　まあまあかな

十二月一日

21：39　M　記録　今朝また転んだ　両足首ぐったり　上り坂　左膝2カ所擦過傷

十二月三日

14：36　TELあり「BS11入る？　京都から生放送　7時から9時まで五曲歌うから」（岩倉実相院）

18：41　M　今夜はきれいな☽だ　冷え込んできている

20：53　M　さすがプロ　いい声出ていた　皆さまによろしく　お疲れさま

21：40　TELあり「終わったよー」

テレビの写真を撮った　ものすごく良かった

十二月五日

16：45　M　忘れないように　記録　下氷した日　紅葉するの意味　応神天皇の最後の条

三日は京都の秋とコーラス　堪能させて頂きました

十二月六日　歌のひろば　ともしび新宿店

どこで飲んだか？
　21：09　M　発車の9分前到着　次は上野

十二月八日
　8：33　M　合唱団デビュー　成功祈っているから
（エカのコンサート　ヤマハホールに出演した）

十二月十日　冬のディナーライブ　アルテリーベ
12：43　M　11時過ぎ転んで捻挫したよう　腫れてきた　左足首　歩くと痛い　痛み止め飲んだ　セミナー会場にいる（灘尾ホール）
16：14　M　私の転びはあすなろ物語だね　明日から転ばない！
いつもの打ち上げ
帰り道　私のホテルまで（第一ホテル別館）送ってくれる途中「高橋さんのお芝居やめた　面倒くさい　悪いけど」

いろいろあったんだろうけど　田代さん高橋さんを……　西脇さん田代さん使いたかった　高橋さんは　自分の知っている女優さんとやりたいと　食い違いも（他は私はわからない）
西脇さん　平成三十一年一月五日「高橋さんに電話するけど出ない」って言っていたね「ご

めんね」と謝りかったのかな
（平成二十九年高橋さんから電話もらった　西脇さんのことボロクソに言っていたが　西脇さんには　伝えなかった　実際何があったのかは　わからないまま）
十二月十一日　どこかへ飲みに行き　ルパンやコナンドイルの話したよう
十二月十二日
1：13　M　モーリス　ルブラン
13：47　M　昨日はご馳走様でした　今朝は水たまり　バリバリ　ツルツルでした　一月二十九日　つるのリクエスト忘れないで下さい
十二月十三日
14：04　M　昨夜　今夜　楽しい飲み会ですね　ご注意飲み過ぎ
十二月十五日
ニュー西北エンタープライズにTEL　西脇さんに代わりますと　西永さんに　言われ　雑誌の名前は？「ハンナ　ハンナ」と
十二月十六日

7：03　M　真っ白だよ　空も木々も屋根も道も真っ白
7：18　M　時おり　動く黒い点　それは人　見ている人はバスのなか
14：54　TEL「ハンナ一冊送ろうか……」
十二月十七日
17：47　M　ハンナ　ありがとうございました　榊原さんからいただいたラーメン食べて読んでいます
十二月十八日
15：03　TELあり「お腹痛い　吐いた」
17：25　M　いかがですか　さっき聞き忘れました　何を吐かれたか　熱は
20：04　M　温かい紅茶　タンニンが腹痛に効きます　ひどい下痢がなければ　砂糖入れてエネルギーになります　腰から下　暖めて
十二月十九日
10：24　M　いかがですか
12：43　TELする　応答なし
13：05　TELあり「腹痛いのとれた　まだ何となくおかしい……」
十二月二十日
13：45　M　いかがですか

14：21　TELあり
21：41　M　枕草子二十一段から替え歌KからNへ
年経ればよはいは老いぬしかはあれど　君声聞かば物思ひもなし
21：42　M　書き忘れ　お大事に
21：43　TELあり「アハハ　なんだ　あはは　……」
十二月二十一日
7：00　M　下弦の月　くっきり浮かんでいる
16：50　M　いかがですか　十二月休み少ないから　一月今のところ土曜　日曜　全部休み
になった
16：51　TEL「あれは古今集　へぇ　……　俺は一月塞がっている　会津会　稲門会
……　等々」
21：46　TELあり　内容覚えていない
十二月二十四日
21：18　M　すっかり良くなられましたか　今夜はどこでお楽しみですか　私は万歳明日
休み
21：19　TEL「元気だよ……　筆　銀座で買ってきた　せいしん　清い　真（まこと）　安いけど
いいもんだ　2000円から3000円　筆って高いもの4000円～5000円するけ

れど　これは安いけれどいいよ　……」（とてもご機嫌）
（以後　毎年購入していたか　一度に買ったかなど　不明だが　清真の筆　かなり使ったもの含め　五本あった　年賀状は清真で書くようになっていた）
十二月二十五日
22：17　M　言い忘れ　西脇さん　歌っている時の立ち姿格好いい　前から見ているとわかりにくいけど　テレビに映ったとき　立ち姿美しい！

(七) 平成二十九年　晃年

一月一日
0：02　M　ありきたりですが　明けましておめでとうございます　平成二十九年もよろしく　年下なんだから　なんてね
TELあり「おめでた　もうねてた？　メールあったから　起きていると思って……」
21：11　M　清真のご機嫌いかがですか　……（略）
一月二日
15：59　M　すみません　一月一日の0時のメール　うち間違いあり　訂正　平成二十九年もよろしくお願いいたします

16：00　ＴＥＬあり「年賀状書いている」

一月五日
19：58　Ｍ　年賀状届きました　自宅の電話番号まで入っている　べっぴんさんでお汁粉できたら　食べたくなって　小豆買ってしまった
21：21　Ｍ　漢字どうやって選ばれるのですか　お聞きするのは半分癪なのですが　解けないので　お教えください

一月八日
22：37　Ｍ　十四日何時ですか　お邪魔かな……

一月九日
14：41　ＴＥＬする「事務所にいる
　十四日のこと　大江戸線春日　ホームにいる」（少々長く話す）

一月十四日
新幹線の中ＴＥＬあり「今どこ……（私山形の帰り）」
大江戸線のどこかで待ち合わせたはず（春日予定が都庁前に変更だったかな）

田代美代子ライブ
　文化シャッター　ＢＸホールまではタクシー
ライブ後は　１００円バスに乗り　いつもの打ち上げ　中華のお店　へ
そしてその後　西脇さんと二人　タクシーで　アサヒスーパードライ　へ
飲みなおし＋二人でのお喋り
ハーフ&ハーフ　２杯１３００　柔らか豚唐８８０　キュウリのパリパリ漬け５８０
２９８０円
一月十五日
　16：20　Ｍ　着いたよ
銀座ライオン（七丁目　改装後の）へ行った
ハーフ&ハーフ　三杯ずつ　いろんなお喋りをする　トイレが改装されていて良かった　以前の喧噪がないのは物足りない　西脇さん　店長と親しそうに話していた　西脇さんのおごり
一月十六日
（十四・十五日　会っているのにお金の話全くなし　なのに）
帰り道　ＴＥＬあり「２００貸して　会社へ　持ってきて」「そんな大金　持ってあるけないよ」　等やりとりし　銀行に送金が一番かということに「私三菱ＵＦＪなら出せるから三菱ＵＦＪでいいですか　口座番号教えてください　今帰り道書けないから　後から電話し

て」
21：30　M　お電話いつでもどうぞ（電話なし）
22：33　M　私　電話聞き間違えた？　10時過ぎ電話下さると思ってたのですが　大金だから　銀行から銀行が確実安全な方法だと考えていますが
一月十七日
昼過ぎTELあり　「ごめん携帯事務所に忘れた」　口座番号聞く
午後七時ごろ送金しTELする　「振り込み料金108円だった」「そんなに安いの？……etc」（以後も「貸して」があり　でもそれで三菱UFJ銀行の借金は全部返せた　貸した金額　合計〇〇〇万）
一月十八日
7：49　M　冬もあけぼの　東の空ほんのり朱鷺色　なか空高く下弦の月　明けの明星　白がきらめく地上の世界　いい言葉ないか考えます
7：56　M　お邪魔します　後半変更　凍りついている地上の世界
8：21　M　もう一度変更　まっ白白に凍てつく地上
一月二十一日　新年ディナーライブ　アルテリーベ
12：27　M　新宿にいる　ホテルに着いている
即　TELあり　「風邪ひいたみたい」

一月二十二日
20：01　M　いかがですか　明日飲んでもいいけれど早く帰る事……（略）
一月二十三日
12：11　TELする「まだ寝てて」
15：18　TELあり「今出てきた　薬の名まえは……」（羅列）
17：00　M　セルベックスも飲んで下さい
21：39　TELあり「二次会に行かず帰ったよ　お利口だから　セルベックスは何故飲むの」
一月二十四日
14：37　M　良い方向？
14：39　TEL「良い方向　ありがとう」

一月三十日　ボニージャックスと成城ホールで歌おう　成城ホール
コンサート後　成城から　表参道で乗り換えて　半蔵門
コルネットへ（引っ越した事務所（ＯＩマンション）の隣にあったレストラン）
ＯＩマンション引っ越し後　西脇さんの癒しの場の一つになっていた
コルネットでは　初めて聞く幼いころの思い出の話が多かった

中でも　衝撃的だったのは「三年五組集合」コルネット三度目ごろ（奥の席で）突然　ビールをかざして「四限目社会　三年五組　弁当とシャベルもって集合」と叫び　「先生！　午後の数学と英語は？　数学と英語の先生の許可とってある」ニコニコ笑いながら　手をたたき「しめた　授業ないぞ　土器掘りに行くんだ……」　本当に嬉しそうに　笑顔で話し始める

「ほとんど無傷の縄文土器掘り当てたことがある　あれっ？　刷毛で少しずつ……　嬉しかったな　あの土器今どこにあるのかな　初めは市役所だったかに置いてあったかな　薫さんはいなかった　クラスが違ったから」

楽しそうに縄文土器掘りの話が始まる

そして志賀先生のこと「いろんな面で大きな影響もらった先生」と（平成三十年三月二十五日北与野行く日　コロラドで　待ち合わせ朝食食べている時「志賀先生書いてみたら」と言われ「**三年五組集合**」の詩ができた『オウムアムア』に載せた）

他の先生の話も「小六　ハッポウヤ先生に「お坊ちゃま」と呼ばれた　本屋にいたら「坊や」なんて声かけられたり」等々

もう一つ私の体感した最低気温マイナス六度の話から　スケート池が凍って滑った話になり「スケート靴　いとこだったかからもらい子供用になおして滑った」と　お喋りになり「**マイナス六度**」の詩になった（『オウムアムア』に）

これ「**まさしく俺だ　俺そのもの　可愛い詩だ**」と
大屋根のあるうち……屋根に上って……凧あげもした屋根の上で
「**大屋根と少年**」「**希望　凧に載せて**」（『ちいさな水たまり』に）
「**星とおしゃべり**」「**ぶんぶん凧**」（『オウムアムア』に）という詩になり
毎年　小学生の頃　会津の大きな家で夏休み過ごした　親父もいたなぁ　「**むぎわら帽子**」の
詩になった（『オウムアムア』に）

合宿でビール数十本買い両手に下げて帰ったことも（？　部活合宿）
スキー合宿だったか（高校時代）クレバスに落ちてもう駄目だと思った　本当に死ぬなと思った（「今まで死ぬかもと思ったこと二度あったけど　もう一つは言わない」といつの日だか
言ってた「もちろん一つはこのクレバスに落ちた時」）でも　リーダーがしっかりしていて
助かった　本当にすごいリーダーだった
合宿でマラソン　最後の奴は食事がなくなるが　おばさんが心得ていて取っておいてくれた
等々
お喋り　きりがなかった　いっぱい思い出す　内容　喋り方　……　書き始めたらきりがない
もちろん　本や音楽の話　家族の話　あちこち飛びながら
お喋りいっぱい

お喋りいろいろ　ここでは　西脇さんスズキのカルパッチョが大好きだった
最終新幹線に乗るため　８時20分に出る
コルネットからはタクシーで東京駅へ　必ずコルネットの前でタクシー拾ってくれる（思い出
話の最初は　コルネットの奥の席が多かったかな）
20：47　M　時間十分です

一月三十一日
16：47　M　二十八日と昨夜　ご馳走様でした（二十八日（土）何があったかは不明）

二月七日　歌のひろば　　ともしび新宿店
ともしびで　近藤さんと三人で　飲み話し中
少々腹立たしい事件があり　近藤さんに慰められたが
あと　めちゃめちゃ西脇さんにメール　西脇さん私が怒った原因わかったかな？

二月十日　ボニージャックスと歌おう　歌のひろばin歌声南風
南風で　打ち上げに　　皆さん飲んでいる
鹿島さんの奥さんとお喋り（私は）

西脇さんと一緒に帰ったが　よく覚えていない「私は夕食食べていない」とどこか行ったはず
二月十一日
西脇さん　用事あり　鹿島さんご夫婦と埼玉でうなぎ食べた
お喋りいっぱい（内緒話もいっぱい）　鹿島さんのお宅にもお邪魔した
奥様　明るくてとてもいい方
二月十二日
11：41　ＴＥＬあり「午後4時30分　コロラド」
コロラドでコーヒー　そこから権八へ
権八　飲んで食べて　お喋りいろいろ
暗い道歩き　階段上り広い道路に出る（もちろん腕組んでるよ）西脇さんのマンションの近く
西脇さん必ずタクシー拾ってくれる　タクシーで新宿駅　そこからＪＲ中央線　東京駅へ
二月十三日
20：09　Ｍ　昨夜はご馳走様でした　怒らないで　この朝　この凍り方　ヤバイなと思いながら横断しようとし　道の真ん中で転んだ　右足の踵が滑った　今のところ無傷
二月十六日
19：32　ＴＥＬあり「ともしびの外にいる　四杯目飲んでいるのに　**なんでこんなに寂し**

いの　**名刺交換十枚もしたんだよ　それなのに　寂しいの何で」**　何て答えたか忘れた　大好きな親といても　不安と寂しさにおおわれることあったな

（西脇さん　独特の勘で肺がんに罹ったことわかったのかな　何となく）

二月十八日

11：48　M　お早うございます　今日は　私休み　宇宙の中のヒト　読んでいて評価はわからないけれど　素人の私がよく書いた！　自分に感動している

二月十九日

TELあり　**「『ちいさなちいさな水たまり』と『宇宙の中のヒト』くっつけろ」**

17：08　M　簡単にはくっつかない　かなり時間かかりそう

二月二十日

21：57　TELあり

二月二十一日

14：44　M　今日は仕事ですか　会社ですか　会社でも仕事だけれど　昨夜高橋さんから電話ありました　お知らせまで

（西脇さん電話に出ない　最低の人間だ　……　高橋さん西脇さんのことぼろくそに言っていた）

16：20　TELあり（西脇さん　高橋さんには触れなかった）

二月二十五日　ボニージャックス&ベイビーブー　ジョイントコンサート
松戸市民劇場　ピアノ石黒孝子さん

この日が石黒さんと会って話した最後　彼女お母さんをコンサートに呼んでいた　石黒さんにお母さんを紹介された

15：37　M　どこで待てばいいかな　終わってから

この日も「終わったら一緒に帰る」と言っていたのに　ステージ後「野田へ行くことになった一人で帰れ」と　喧嘩になる「約束は先にした方が優先」と「帰るまでここで待つ」とも　結局　野田へ一緒に　家族扱いされて　嬉しそうだが　鎧は着ているようでも　楽しみました　十分に　野田の人々　とてもいい人たちでした

午後10時ごろ野田を出て　電車で　帰る

二月二十六日　どこかで食べた？　記録なし

二月二十七日

12：03　M　昨夜はご馳走様でした　七日まで行きませんから　ごゆっくり　記録　朝お出かけ時間　けさから明るくて　玄関電気つけなくてよくなった

三月二日
21：35　TELあり　「発熱した」
三月三日
16：06　M　発熱は？
16：？　TELあり　「7度3分ある　ラジオの仕事がある」
三月四日
18：38　M　発熱は？

三月六日
16：08　M　お熱は下がりましたか
16：10　TELあり
三月七日（火）　歌のひろば　ともしび新宿店
ひろば後　**アサヒスーパードライ**へ　途中いざこざあったが
ハーフ&ハーフ四杯飲んだ　お喋りは相変わらずつきない　新幹線の時間に合わせ出る
「きょうは俺が払う」（行く途中　少々……あったからかな）
西脇さん支払い

三月十日
午後5時30分ごろから8時30分
池袋　ギネスビール　ロシア語　古事記の事は琴など　お喋りは尽きない
明日は4時まで仕事　5時30分権八
池袋ギネスとは池袋ライオンのとなりのパブ　西脇さんお気に入り　後日よく行くようになる
三月十一日
17：09　TEL「権八にいる」
権八で　飲む　お喋りはいっぱい　支払いは西脇さん
「ここは旨いが　高いんだ」　権八はほとんど西脇さん支払い
権八で飲んだ帰りは　暗い道少し歩いて　階段を上りタクシーを拾う　歩きは必ず腕かしてくれる　ありがとう
新宿までタクシー　新宿からJR中央線で東京駅へ（普通のコースに）
三月十三日
15：53　M　今朝から普通の靴になりました　午前5時満月が西の空にいました　一昨日はお付き合い有難うございました

15：54　ＴＥＬあり　「楽しかったな……ｅｔｃ」

三月二十日

7：02　Ｍ　お早うございます　今朝は下弦の月　今日は大阪ですね　お気をつけて　ボニーの皆さまによろしく

三月二十四日

12：59　Ｍ　みずたまり書いてて　ヒトの登場どうかくか　相談なんて思っていたのですがもう少し考えます　考えるの苦しいような楽しいような

三月二十六日

0：14　Ｍ　二十六日二十七日　東京寒い　お気をつけください　そして誰もいなくなった見ていたら　眠くなくなった　夜分遅くお邪魔しました　お休みなさい

三月二十七日

18：59　Ｍ　しだれ柳が発芽したそう　四月二日日曜午後か夕方時間ありますか　なければ帰ります

三月三十日
22：09　M　西永さんからのメール読みました　まだコメントできない（鹿島さんの左上歯肉癌発見された　手術予定）
即ＴＥＬ　あり　……（泣き声を　抑えようとする声だった）
三月三十一日
17：08　M　寒気してお休みですか　西脇さんには釈迦に説法だけれど　お大事に　年をとると精神的ストレスが　気がつかないで堪えているので
四月一日
６：24　M　お早うございます　寒気いかがですか　何も言ってくれないの悲しいよ　今日も寒いようです　お大事に
四月二日　（東京での研究会に出た）60周年収録のため会えず
７：50　M　お早うございます　春の富山湾藍色　今朝はものすごくきれい　もう山に入った
８：39　M　明るい青空に雪　軽井沢
14：31　M　終わったし　帰る
15：41　M　５時半ちょっと前の新幹線に乗る　今新宿駅　エルビル地下のライオンで飲んでる　一人だよ　お腹減ってないけど　喉かわいて　飲みたくて（一人で飲んで帰れとよく言われていたから）　ＴＥＬ　あったが

M　気がつかなかった　ゴメン

四月四日　歌のひろば　ともしび新宿店

鹿島さん自身から　お客さんに　手術の話あり
ひろば後　ともしびで　飲む
西脇さん「俺なら言わない」と　性格の違い
生ビール中5　焼きうどん1　おすすめメニュー1　ゴーヤチャンプル700　5292円
(チャージ料は値引き)

四月六日
7:03　M　お早うございます　昨夜はおぼろ月　今朝はうっすら花曇り　今宵は月も出ぬそうな

四月七日
7:12　M　お早うございます　昨日朝二分咲き　今朝　満開　何が　サクラ　兼六園無料開放　雨のよう　私は八日は日当直　24時間勤務

四月九日

23：53　Ｍ　夜遅くお邪魔します　一辺5センチメートル以下の正方形千代紙で千枚つくった　後は折るだけ　右肩痛い（鹿島さんへ千羽鶴）

即　ＴＥＬあり「ありがとう　ありがとう……」（声　半分泣いている）

四月十一日

7：09　Ｍ　お早うございます　メールしすぎかな　今日は寒いようです

7：32　Ｍ　鎌倉縁切り寺　しょうこうざんとうけいじ松岡山東慶寺だって

四月十三日

昼ＴＥＬあり　熱がある　何だろう　38度……　調子悪そう　不安そう（私　透析のカンファレンス中……　西脇さんも仕事中？）

四月十四日

3：05　ＴＥＬあったが気がつかず

どこかで電話入れた「39度8分に熱上がった　救急車で病院へ行った」「まだ病院」と返事貰った

7：20　Ｍ　公私共にストレス一杯状態でしょうが　しなやかに　祈っているから

11：16　ＴＥＬあり「**癌っていわれた　肺がん**　東邦への紹介状もらって帰ってきた」

12：07　M　炎症性変化で肺がんもどき　よくあります
15：52　M　遠くて力になれないけれど　何でも言って下さい　私でよければ　杖にならせて　働かなければ　ならないけれど
16：59　M　熱は？
17：36　TELあり　帰り歩いているとき　「熱は下がっている……」
四月十五日　（朝私内科学会へ　東京へ）
8：55　M　いかがですか　仕事すると熱はじめ症状悪くなるから覚悟して
16：35　M　終わりましたか
17：35　M　終わった（私）
17：38　M　もしかしてぶっ倒れている？
17：45　TELあり　「今　海老名　中井で」
18：23　TELあり　「新宿着いた」
中井コロラドでサンドウィッチとコーヒーか　サンドウィッチそれぞれ頼んだら　食べきれず私持って帰った（ホテルで食べた）
四月十六日
9：22　M　お早うございます　いかがですか
昨夜は　ご馳走様でした　持って帰ったサンドウィッチ　美味しかった　圧縮されると違っ

た旨み出ていた
17：53　M　お昼　助六寿司　いなり三個かんぴょう巻き二個美味しかった
18：08　M　夕日きれい
TEL「助六寿司　いいねぇ　俺も好き」

四月十七日
5：25　M　お早うございます　下弦の月にお願いしました
12：30　M　何かわかったら　教えてください
12：36　TELあり「これから検査　結核かもって言われた」
15：36　M　非結核抗酸菌感染症でもあるのでしょうか
18：02　M　今日の結論は
18：43　TELあり「次回二十二日土曜日」

四月十八日
13：22　M　いかがですか　春の嵐おさまっています
20：04　M　千羽折ったよ（鹿島さんの分）入れ物　探さなきゃ
20：47　M　ぶり返していませんか　若くないので

四月十九日
13：36　M　ぶっ倒れていませんか

13：37　TELあり　「**血痰が出た**」
18：43　TELあり　「元気良いほう　ビール飲みたくなった　薬とバトルしないか」
四月二十日
16：59　M　本日の体調は？　明日南風あるのですか
17：59　TELあり　「あるよ　血痰出た　きのうちょっと飲んだ」
四月二十一日
9：51　TELあり　「行ってきまーす」
21：38　M　明日日直ですが　携帯持っていますから
四月二十二日
病院後の電話あり　いろいろ喋った　肺がんの影の見え方とか聞いた
四月二十三日
7：49　M　おはようございます　黄緑の葉の向こうの青空の静かな朝です
13：46　M　本日の体調は　咳・血痰は？
17：12　TELあり　「1㎝　とげとげ……　etc」
四月二十四日
15：52　M　本日病院の結果は？
16：49　TELあり　「五月八日内視鏡予定　etc」

四月二十五日

16：48　M　本日の体調は？　みずたまり一冊にする案　書いてみました　方向性読んでくださる余裕いかがでしょうか　サジェストいただきたいのですが

16：50　TELあり

四月二十六日

16：46　M　ふと気がついたら田んぼに水が張られ　蛙が鳴きはじめる季節です　合唱終わりましたか　体調聞いてもいいですか　もうやかましい？

16：47　TELあり

四月二十七日

16：25　M　本日は？　咳はまだ出ますか

16：26　TELあり

四月二十八日

16：40　M　お変わりないですか　明日から二日までお邪魔します

16：41　TELあり「実は　石黒が亡くなった　玄関で倒れてた　リハに出てこないので西永が見に行ったら……etc」

18：32　TELあり「会社へ200貸してほしい……etc」

（癌とお金問題　石黒さんの死　つらいね）

四月二十九日　上野公園野外劇場でのコンサート　ベイビーブーも
鹿島さんが元気に出てきていて「ボニーは若い順に逝くな」って予言
私も　そうかも　と思った　心暗い……
コンサート後　**銀の蔵**（上野公園前）へ
ちいさなちいさな水たまりの　ピンポン王子の詩などの話もした　西脇さん「ピンポン……
懐かしいねえ」
アボガドと長芋ねぎトロのサラダ４９６　生タコの刺身５１８　豆腐（厚揚げ豆腐の味噌焼
き）４３２　お通し２　６４８　おすすめおにぎり２　生ビール６　１５５４　５８３４円
四月三十日　ボニージャックス　春のディナーライブ　**アルテリーベ**
Ｍ　モスバーガーのお店にいる
17：52　ＴＥＬあり「第一ホテルでひっくりかえっていた」
後は　いつも通り（東京泊）

五月一日
9：35　Ｍ　振り込みました（２００万　会社へ）　お願い一つ　岡山のホテルの名前と帰
りの新幹線の時刻教えてください　私はひかりに乗りますが
9：37　Ｍ　午後は荒れるようです　お気をつけください

15：49　ＴＥＬあり「会社にいるよ　ｅｔｃ」
事務所から**コルネット**へ　　カウンターで
　生ハム　カルパッチョ　キャベツ　鶏肉　　西脇さん支払い
五月二日　歌のひろば　　ともしび新宿店
ひろば後　ともしびで
山下さんが西脇さん作曲の「避暑地の少年」歌うから　そのまま残る
山下さんカチカチだった
生ビール４　生ビールグラス１　ゴーヤチャンプル１　ハバネロウィンナー１　　４６３３円
金沢へ帰る
五月三日
17：12　Ｍ　お変わりありませんか　練習終わりましたか　病院暇　ＣＴ入れ替えで使えないため
17：13　ＴＥＬあり　ｅｔｃ
五月四日
18：10　Ｍ　終わりましたか　西脇さんのも千羽折れましたから
20：13　ＴＥＬあり「終わってから　ともしびで飲んでる　ｅｔｃ」

五月七日

21：13　M　また転んだ　私がころんだから　西脇さんこけませんように

五月八日

8：18　M　お早うございます　行ってらっしゃい

8：19　TELあり「行ってきます」（検査入院　肺内視鏡）

18：14　M　明日退院できそう？

五月九日

10：24　M　退院ですか　結果は？

10：46　TELあり「退院する　声ガサガサ」（後日検査の時の話いろいろ聞いた「ひどい検査だった　我慢強い方ですねと褒められた」）

五月十日

16：05　M　検査入院の疲れとれましたか　声は改善してきましたか

17：24　TELあり「いつから飲める　キングのスタジオ……　etc」

五月十一日

16：56　M　いかがですか　二十一日のウィニャイ音楽祭行かれますか　借用書いただいていないけれど？

五月十三日　昭和歌暦　早島町民総合会館ゆるびの舎
備前市のコンサート聴きに行く　伊部駅で待ち合わせ
　16：39　ＴＥＬあり「もうすぐ着く」
　18：10　Ｍ　伊部駅にいる（なかなか着かないのでメール入れた）
　18：34　ＴＥＬあり「行きすぎた……　タクシーで来い」「タクシー代払ってよ」
ホテルまで　かなりあり　ホテルの玄関で待っていてくれた
タクシーが着くと　タクシーまで飛んできてくれ　荷物持ってくれた　お金も払おうとしたが
「冗談だよ　私払うよ」　私が払った

夕食は　ホテルの大部屋で　皆さんにご相伴した
私　膝転んで傷があり　手当に夜　大変だった

五月十四日　昭和歌暦　備前市市民センターホール
朝食は和食　畳に座って　西脇さん真っ赤なタオルかけて現れ　卵かけごはんにして　さっと
食べおしまい　最後に来て（確か電話で呼び出した　時間に限りあるため）最初に出て行った
「もう少し寝る」
コンサートは午後からなので　孔子廟に一人で見学に行こうと　ホテルの人にタクシー聞いて

いたら　鹿島さんが聞いていて俺も行くと　西脇さんも玉田さんも行くと　世話人の方が車で案内してくれた
孔子廟見学　上手い案内人の方が丁寧に案内してくださった　鹿島さん後ろ向きの雑巾がけに感激していた（孔子にお尻を向けない　何度も鹿島さんの話に出た）西脇さん　質問かなりしていた
コンサート　終わると　そのまま伊部駅から電車で　京都駅まで
電車内　コンサート企画した人が私のそばで喋りっぱなし　熱い思いを語ってくれた　西脇さん　通路隔てたとなりの席の窓側にいた
京都駅　飲むところないから　そのまま帰る　新幹線　私は米原まで
五月十五日
16：45　Ｍ　疲れいかがですか　今日も仕事？
五月十七日
17：05　ＴＥＬあり　「**薄いピンクでた……**」
20：06　ＴＥＬあり　「今うち？　帰った？　コルネットで飲んでる三杯目飲んで　胸すっきりしてきた　あした休み　あさってリハーサル　ｅｔｃ」
（不安アルコールで　ゴマ化したな　まっいいか仕方ない）

五月十八日
7：36　M　五月晴れ　中空に　下弦の白い月
16：42　M　今日はいかがですか
16：43　TELあり

五月二十一日（日）　近藤さん紹介の　ウィニャイ音楽祭に行った後
電話で連絡し合い
新宿の**アサヒスーパードライ**の店で待ち合わせ
16：08　TELあり「今新宿駅に着いた　なかなか出なかったね」（店がにぎやかで気づかなかった）（「早く着いたら入って飲んでろ」と　前回言われたから）
お喋りいっぱいした
キュウリのパリパリ漬け580　煌輝豚ソーセージ1100　アボガドと海苔のサラダ900
ジャーマンポテト780　ハーフ小8　4000　7948円
アサヒスーパードライでの席は　空いていれば　入って左側の大きなテーブルの端に並んで座る　（図の端どれか）

入口　支払い所

（並んで）席　　柱

柱

柱　↑※16人がけくらいの大きなテーブル

席　柱

（並んで）

声がよく聞こえ　喋りやすい

五月二十二日

13：02　M　どうでしたか

15：37　TELあり「わからないって……検査PET　呼吸機能　脳MRI予定」

五月二十三日

7：28　M　朝から暑い　お早うございます　昨日昼いいこと一つ　ちいさなちいさな水たまり　悲しい時とかツライ時読んで泣いています　ありがとうって言ってくださる人がいた　眼科の看護師さん　たまには　嬉しいニュースも

五月二十四日

16：50　M　今日は楽しいビールに酔って下さい

五月二十五日（木）　ボニージャックス&ベイビーブー　ジョイントコンサート　成城ホール

コルネット？　か　記載なし

五月二十六日
アサヒスーパードライへ　21：39　支払いしている
キュウリのパリパリ漬け580　煌輝豚ソーセージ1100　アボガドと海苔のサラダ900
ハーフ小7　3500　シーフード塩焼きそば800　8812円
五月二十七日　**権八**　ぎんなん・里芋焼き　手羽も美味しかった
二十五日　二十六日　二十七日　三日間とも食べて飲んで話いっぱい
五月二十八日
19：32　M　昨日はご馳走様でした　三日一緒に食事したから？　今日寂しい
五月二十九日
16：52　M　終わりましたか　お疲れ様です（PET）
16：53　TELあり「注射うって　40分待って検査して　50分待って　ハイいいですと
帰ってきた」

五月三十一日
13：26　TELあり
16：34　M　おやかまし　今日の検査は何事もなく通過でしょうね（呼吸機能検査）

16：35　ＴＥＬあり「何もなかったよ　肺活量なんかすごいって　褒められた……ｅｔｃ」

六月二日

20：34　Ｍ　お変わりありませんか　明日は何時から

21：41　ＴＥＬあり「きょう何してた　**コメントされた　やっぱりがんだって**」「そうか治療しなきゃね　なるべく早く」と返事したが　コメントはできず（怒りと不安と　表現できない気持ち　あるんだろうな）私は　西脇さん今まだ元気だから後から考えようと自分の気持ち胡麻化した

六月三日

10：48　Ｍ　携帯繋がらないときは病院へ電話もかまいません　内科　藤田呼び出しです

13：56　Ｍ　ＭＲＩは昨日だったのですか？

13：56　ＴＥＬあり「メールありがとう　きょうだよ」

17：33　Ｍ　イラつきがこの一週間無くなったけれど　やたらに寂しいことがある「ひよっこ」みて泣いてしまった

21：57　ＴＥＬあり「もう寝た？　四杯半飲んだ　なんだよ　ひよっこみて泣くなんて」

六月四日

19：30　Ｍ　今朝ＬＰガスの四年ごとの点検があって　次また四年後って　四年後どこにい

るのかなって　考えてしまった
19：36　M　上限の月だ　討論は知の消費で　お喋りは知の生産のためだって　数学者森毅の言葉　これからもお喋りよろしく

六月五日
8：24　M　行ってらっしゃい
9：56　TELあり「行ってきます」
13：46　M　終わりましたか
14：26　TELあり「今終わった」
18：04　TELあり「今コルネットで飲んでる」（電車の中で受けた）
19：12　TELする「今最後のタバコ吸っているｅｔｃ」

六月六日（火）　歌のひろば　ともしび新宿店

ひろば後「電車乗り継いで　コルネット開店の時間にちょうどいい」などと言いながら

↓コルネット

お喋りは　いっぱい　　支払い西脇さん

六月七日（水）
16：37　M　昨日はありがとうございました　飲みすぎになっていませんか　ご注意

六月八日

19：29　Ｍ　どこかで誰かと　飲んでいるのかな
六月九日
8：25　Ｍ　本日は癌研ですか？　行ってらっしゃい
12：36　ＴＥＬあり「行けなかった　三十日に予約変更した　今から南風」
12：39　Ｍ　言い忘れ　行ってらっしゃい
六月十日
17：52　Ｍ　日直の帰り　電車に乗った　まっすぐ帰るか食事して帰るか思案中　何故ならば　病院から駅までとてつもなく悲しい感じだったから
17：53　Ｍ　大雨　やんだら　寒い
六月十三日
15：47　Ｍ　お変わりありませんか　便りのないのは元気な証拠
15：48　ＴＥＬあり「今ベイビーブーと一緒にいる　この間からのメール面白かった　短い文章　入院の日が決まらない　ねえ　七月とかに遅らせたらダメ？　なにかと忙しくて」
六月十五日（私　横浜学会へ）
16：00　Ｍ　もし遅らせるのなら　今週か来週　ＣＴ撮ってみて　できれば

13：58　M　お早うございます　これから出かけます　今鶴来駅
15：51　M　新幹線に乗った　発車まで七分
東京駅でTELする　二回目出る　「今どこ　コルネットにいるから来る？　タクシーで……おいで」
18：55　TELあり　「今どこわかる？」「もう着く」「玄関まで出て待ってるから」
タクシー降りたら　横断歩道の向こうにいて　青になったら歩道半分くらいまで来て　荷物持ってくれた　もう一本の腕は「ホイッ」と組んでくれる
「発車まで7分のメールの時　診察室にいた　循環器の……」
コルネット　この日はカウンターで飲んだ
飲んでお喋り　今回は　癌の話が中心になる　また五木（五木寛之氏のこと）が　こんな詩書いて来て「こころのたび」だってさ　歌ってくれって　ポケットから出してきた「五木も年取ったなこんな詩書いて」なんて言っていたが
（後に「曲（作曲　樋口了一）が付いたら良い詩だってわかる」と）
「タバコ　吸いたい　これが最後　事務所に根来さんの捨てたのあるから　取ってくる」なんて取りにいき　嬉しそうに吸っている　まあいいさ
西脇さん強い人だね　心の中　葛藤・不安など言い切れない気持ち強かったでしょうね　がん

と一人で向き合っていた　始終笑顔だった

六月十六日
桜木町から横浜で乗り換え　コルネットへ
コルネット（テーブル席）で　飲んでお喋り　話尽きない

六月十七日
17：14　TELあり「練習終わった　今どこ　事務所にいる」
17：52　M　今桜木町駅　電車待っている
17：53　TELあり「事務所にいるよ」
19：07　TELあり「今どこ　2時間待った」「半蔵門駅これから上る」「じゃ俺降りていく」
コルネット休みのため　事務所近くの新しいお店　香港飲茶唐朝　ビールが？　食事は美味しい　でも高い
「俺を2時間も　待たせたのは　お前がはじめてだ」と「ごめん　混んでた　桜木町は遠かった」
「入院時の書類書いてくれない？」と　持ってきたが「家族に書いてもらって」「そうするか」　家族に言いにくい状態か　この期に及んで　哀しいね

六月十八日（学会最後の日）
　15：30　M　京浜東北に乗った　5時ごろ着けそう
権八に5時　西脇さんが入っていくのがみえた　同時着
そういえば権八では　子供のころの思い出話が出なかった　三年五組集合などの話は出なかった
権八からの帰りは　いつものコース　歩いて階段上って大通り　タクシー拾ってくれ　それに乗りバイバイ　新宿駅までタクシー　JR中央線で東京駅へ
六月十九日
　7：56　M　快晴　太陽熱い　空は薄水色
　19：28　M　飲まずに帰るのですか
六月二十日
　8：33　M　久しぶりに上泉伊勢守の名前に出会い感激　柳生新陰流　勢法　燕飛　三学円之太刀なんて言葉
　17：20　TELあり「今いい？　短メール　おもしろいのありがとう　あした行ってきます」
　18：14　TELあり「コルネットで飲んでる二杯目……　あした行ってきます」
六月二十一日
　7：46　M　行ってらっしゃい

16：03　M　終わりましたか
16：03　TEL「忙しかったの？　また入院　循環器　二十八日二十九日」
18：45　TEL「コルネットで飲んでる　三杯目飲みたい　あっこちゃんに代わる……　いろいろ」
六月二十二日
18：24　M　怒らないでね　昨夜医局で西部警察みてて　最後のほう　西脇さんといろんな所歩いたこと思い出して　紺のオーバーとか　何か　やるせなくなった　こんなに気にしている人間がいるんだから　面倒でも忘れないこと
22：04　M　書き忘れ　裕次郎って格好良かったんだ　改めて
六月二十三日
16：11　M　今日は仕事？　昨夜のコズミックフロンティア？　か　見られましたか　面白かった　明日は日直です　二十八日は当直です
19：51　TEL「きょうは若い者と一緒にいた　えーっと　ベイビーブー　そう　権八で一人で飲んだ四杯　タバコ薄いの二本飲んだ……　あ　電話　切るね」どこからかけていたのか
六月二十四日

20：35　M　疑問　西脇さんの携帯って　話し中に他からの電話キャッチできるのですか
（電話しても西脇さん出ず　いつものことですが）
21：48　M　辻堂魁　葉室麟の本　ファックスしたもの全部お送りしていいですか　勝手に
決めていいですか
22：46　TELあり「ごめん　電話と離れたところにいた」

六月二十六日
8：22　M　今日は暑い　二十八日の検査に向け脱水ご注意ください
16：42　M　今週はスケジュール　ハードですね　お大事に　明日は何時からですか
16：43　TELあり「癌研断る　今から電話する」（何か事務的だった）

六月二十七日
6：44　M　山葵ってかいて　わさびと読む　初めて知った　笑うな
7：55　M　どれだけ軽くても　今日から　術後退院するまで　たばこ吸わないこと　タバ
コは　小中動脈の攣縮を起こすから　虚血防止
9：01　M　ひそかに　行ってらっしゃい
14：11　M　キングでお仕事中かな　病院はいかがでしたか　まあ何もなかったか　仕事中
お邪魔しました

15：24　TELあり「今キング終わった　酒もたばこも　きょうは絶対ダメだって言われた　会合あるんだけどな」

六月二十八日
8：24　M　検査何時予定ですか　行ってらっしゃい　頑張れ　漢字だな
11：57　M　もう病院ですか
11：59　TELあり「病院にいるよ　1時半からだって」
18：08　M　お疲れ様　凹たれていませんか　まいったなぁかな　明日無事退院できますように

六月二十九日
8：47　M　お早うございます　退院できそうですか
10：49　TELあり「今から退院する　今のは楽だねぇ　比べものにならない」
12：18　TELあり「飲んでいいかな　手術してからステント入れるって……」
コルネットで飲んだよう

六月三十日
TELあり「本ありがとう　やばいことになった　保険のこと……」

七月一日

10：38　M　しないとは思いますが　本日3時半から5時ごろまで電話出られません
記録：ぐにゃっとなり転んだ　雨の路上で　また膝傷つき
七月二日
16：07　M　蒸し暑い　台風が発生　もう沖縄接近だって　五日ごろ北陸辺りに上陸か　宮崎無事終わりましたか
18：38　TELあり「今宮崎空港　……」
七月三日
16：25　M　疲れとれましたか
16：26　TELあり「疲れたよ～　あしたともしび　あさって入院だ」
七月四日　歌のひろば　ともしび新宿店
ひろば後　**アサヒスーパードライへ**
4時30分過ぎから　ハーフ&ハーフ四杯くらい　キュウリパリパリ漬け　ピリ辛ソーセージ
海藻とアボガドのサラダ
帰り雨が降っていて　西脇さんの折り畳み使う
七月五日
9：46　M　雨　やみましたか　行ってらっしゃい　術後24時間はかなりひどい　痛みは我慢しないでください

16：11　M　手術時間決まりましたか

16：12　TELあり「朝8時30分からだって　6時間　ベイビーブーがお守り札もってきてくれた　久しいの久に伊豆　久伊豆神社　越谷の方だって……」

七月六日　　西脇さんの手術日

7：21　M　お早うございます　頭の中で手術室前　行ってらっしゃいするからね　またね

16：35　M　お疲れ様　息していますか　頑張れ

20：03　M　お休み安らかに　今宵もまた　眠れ良い子よ　シュラシュララ

七月七日

7：11　M　お早うございます　いかがですか　昨夜は十三夜？　今朝は快晴　心はどんより　後晴れにならないかなぁ

7：21　M　左見右見　とみこうみと読む

13：36　M　酸素中？

16：00　TELあり「全部とれたって」

七月八日

12：52　M　いかがですか　食事は食べていますか　面会時間は何時からですか　何病棟何号室ですか

13：13　TELあり「中央病棟　555」

七月九日　　お見舞いに
　8：53　M　お早うございます　新幹線に乗りました　東京駅着11時20分です
渋谷駅からタクシーに乗った　暑いし本重い（西脇さん　丁寧にバスの乗り方教えてくださったが）ごめんなさい
12：10　病院着
本（辻堂魁の風の市兵衛　十四～十五冊）持ってお見舞いに
西脇さん　あの赤いタオル持っている（備前市で持っていたタオル）
西脇さん次々にお喋り　ベイビーブーからもらった久伊豆神社のお札見せてもらった「これっ」と
「これ（弾力靴下）じゃまだねぇ
ＩＣＵの看護師は大変だ　立派なのが多い
俺は元気だったから　世話かけなかったが　大変な患者に声かけ　どうすればいい……　なんて聞いて　体位変えてやったり……　ひっきりなし
ＩＣＵ出るとき　さっさ　と歩いて　看護師に褒められた『そんなにさっさと一人で歩く人いませんよ』ってさ　１００メートル歩いた　この棒（点滴棒）は持っていたけど　看護師びっくりしていた……」　嬉しそう
「病院の食事まずい　食べられないよー

ドレーン抜いたら痛い　誰も来ない　娘が　洗濯物は？　と取りにきただけ　ないって言ったら　黙って帰った……

本（先に送った）読んだよ　ありがとう」

いっしょに80ｍを　往復する　私より歩行しっかりしている

「テレビカード買ってきて　買い方わからない」テレビカード購入しに行く

西脇さんシャンプーしてもらっている間　売店へお昼買いに行く（221円）

「ここ　いろいろ外見えていい　消灯9時眠れないから　病室出て本読んでいる」（四人部屋の窓側のベッド　入院しているのは　西脇さんのみ）

15：00過ぎ「じゃあ　帰るね」

「独りで飲んで帰れよ　絶対に飲んで帰れよ」「バスは病院の前から出るからな」

エレベーターの前まで見送ってくれた　すいすい歩いて

ごめん　足がおかしくてタクシーで渋谷駅まで行った

16：15　M　新宿駅西口エルタワー地下ライオンで飲んでる　6時24分の新幹線で帰る

　お大事に

七月十日

15：34　M　昨日は長居しました　お疲れ様です　本日はいかがですか

七月十一日

08：59　Ｍ　お早うございます　目含めいかがですか
23：33　Ｍ　癌ではありませんように千八百羽　手術の成功と元の元気に千八百羽　熱のあった時回復する千羽折れた　手術の分　今折り終わった

七月十二日
13：02　Ｍ　元気になられましたか
13：23　Ｍ　何も連絡ないと心配
13：26　ＴＥＬあり「本読んでいる　消灯後は広いところへ出て読んでいる　看護師懐中電灯持って　見回りに来るけど　何も言わない」

七月十三日
13：46　Ｍ　おやかまし　今週中に退院できるかな
18：37　Ｍ　ちょっとわがまま　元気な声聞きたいな
18：40　ＴＥＬあり……

七月十四日
7：56　Ｍ　夏の朝！
8：23　Ｍ　青空と緑と涼しい風に蝉の声　そして今日も暑くなる予感
18：24　ＴＥＬあり　**「今説明聞き終わった　やっぱりがんだって　腺癌　Ⅱｂ　何とかって　かな……」**　Ⅰｂだったのだが

19：47　M　説明の結果用紙　詳細をまた見せて下さい　Ⅱbの分類の詳細見たいです　ガクンとこないでね　嫌じゃなければ杖になるから

七月十五日

8：50　M　さあ　また　仕事　頑張れ

11：23　TELあり「退院した　今病院出た　ガラガラ（旅行トランクのこと）引いてタクシーで帰ります」（一人なんだよな）

七月十六日

15：55　M　いかがですか　明日の仕事何時から？　私も明日は仕事です

七月十七日

16：53　M　声はでましたか　もう少しで帰るかな　5時半ごろ病院出る　腺癌なら　できるなら化学療法したい

17：27　TELあり「今終わった……　声出たよ……　歌えたよ」

七月十八日

16：43　M　まあ　変わりないでしょうが

16：43　TELあり「重いズドンとした痛み……おっぱいの回りしびれている」

七月十九日

16：59　M　会社にファックス（開胸術後疼痛症候群）お送りしました　変わりないでしょ

うが　いかがですか
18：07　ＴＥＬあり「今　キング終わった……」
七月二十日
18：40　Ｍ　お聞きとは思いますが　痛みは肋間神経痛なので冷やさないで下さい
七月二十一日
6：43　Ｍ　ラジオ体操が始まった　夏休みなのだ
11：23　Ｍ　病院ですか
17：23　ＴＥＬあり「終わった……」

七月二十三日（日）　ボニーと歌声の仲間たち　ともしび新宿店
ともしび終わってから　**アサヒスーパードライへ**
西脇さんノンアルコールで我慢
ハーフ小2　ドライゼロ４３０　キュウリのパリパリ漬け１　アボガドと海苔のサラダ１
２９１０円　　（日帰り）
七月二十五日
7：21　Ｍ　豪雨です　昨日午後から　カバンの中も水浸し
8：26　Ｍ　携帯の一斉になる朝の電車　緊急災害情報　……

12：36　M　松林先生から　結果いただきました

17：05　M　いかがですか

18：32　TELあり……

七月二十六日

18：18　M　今日も痛いですね　お互いに　お天気は青空で　風の冷たいいい日です

七月二十七日

15：00　M　今日は会社ですか　練習？　明日からお大事に

18：57　M　いかがですか

18：58　TELあり「今からコンサート　与野で」

21：05　M　歌えましたか　空咳ですね　いつからですか　アレルギーか調べてみますがトラムセットの副作用か

七月二十八日　山形コンサート

7：38　M　お早うございます　咳というか　むせはいかがですか　お大事に　行ってらっしゃい

16：41　M　飲まなくても歌えるなら　トラムセット飲まない方がいいかな

19：44　TELあり「今ホテルに着いた　痛い　すぐ寝る　あなたはいつ来るの　何時ごろ……」

七月二十九日
７：41　Ｍ　金沢駅でモーニング食べています　山形着　13時44分です　ホテルはクラウンヒルズ　チェックインしたら　連絡します
打ち上げ後　夜　**友**（山形の飲み屋）で　お通し２　友のおすすめ焼きセット１　冷やしトマト１　生ビール３（１６５０）　４５３６円　西脇さん食欲なし

七月三十日　山形コンサート
９：08　Ｍ　痛みいかがですか
９：57　ＴＥＬあり　……

七月三十一日
９：59　Ｍ　お早うございます　10時チェックアウトだったのでグランドホテルのロビーにいます
10：08　ＴＥＬあり「今起きた……待ってて」
山形グランドホテル１階レストランでカレーライス一人分を　半分に分けて食べた　西脇さんの朝食券で
上野駅の**お蕎麦屋**さん　鴨ネギ焼き　そば　枝豆　茄子の塩漬け
中２　小１　小３杯　西脇さん痛そう
八月一日　歌のひろば　ともしび新宿店

13：29 M 冴えない顔しているけれど 気にしないで 昨夕あれから何か哀しくて 眠れなかった
ひろば後は **アサヒスーパードライ**へ
ピリ辛ソーセージ 枝豆 キュウリのパリパリ漬け
19：19 M ご馳走様でした 新宿の空に上限の月
八月二日
TELあり「どうしたの 冴えない顔してって」「昨日のことだよ」「わかっている 眠れないなんて 珍しい……」
八月三日
7：03 M もう秋です 雲量9空一面うろこ雲
19：49 M いかがですか 今仕事真最中 私は帰りの電車に乗ったところ 遅くなるついでに 銀行寄るかも
帰り 20万振り込む（三菱UFJ銀行 西脇久夫口座に）
八月四日
18：12 M 銀行入っていると思います
18：36 M かりん糖まんじゅう 甘いけれど美味しかった

八月六日
10：01　M　お早うございます　一か月　周術期おしまい　痛み重みなどいかがですか
18：36　TELあり「痛いよ重いよ　きのう・きょう　うち　にいる『いかり』なんかと
おとといはジャズ歌ってきた　声出ていたと思う」
八月七日
16：36　M　いかがですか　明日は飲み会前　レバミピド飲むと良いかな
17：30　TELあり「病院に行ったよ　保険書いてもらった」
八月十一日
17：13　M　いかがですか　東京はもう夕暮れかな？　私はあと30分
21：42　M　ストレートの紅茶が美味しい　二杯も飲んだ
21：45　M　もちろん温かい紅茶　ダルイという時飲んでみたら
八月十二日
21：09　M　少しは良くなった？
21：09　TELあり「仕事のあと　ともしびで飲んだ　ゴーヤチャンプル食べビール二杯
ちょい　食欲ない」
八月十三日

17：55　M　どう　今食事　たいの尾頭付き（西脇さんの）退院祝い　墓参りした後　きょうだいで飲んでる（午後）7時30分の小浜線で帰る

八月十四日
16：34　M　コルネットのビールが美味しければいいんだけれど
17：53　TELあり「コルネット行ってみる」（休みじゃないかな）
19：50　M　明日はまた　早い仕事でしょ　術後痛くても病気は今はなくなったんだから痛いけれど　痛いこと気にしない気にしない

八月十五日
7：35　M　八月十五日朝の二両編成の電車　乗客四人のまま　増えもせず減りもせず　進む
12：21　M　歌えていますか　　山形の落合さんが　西脇さんの電話番号聞くかもしれないからって　聞いてきたら教えていいですか
12：25　TELあり「いいよいいよ　今仕事終わった　これから事務所へ行く　食欲ない」
13：02　M　落合さんの電話番号……です　かかってきた時わかるように
17：53　TELあり「二十五日に行く」
19：14　TELあり「コルネット休み　権八で飲んでる」

八月十六日
18：05　M　今日はいかがですか　落合さんに　私　とし子の会で困った時西脇さんに相談

かけてみて　きちんと考えてくれるよって言ったからだ
18：46　M　余計な事言ったかな　ごめんなさい
八月十七日
16：46　M　いかがですか？　咳は？
17：55　TELあり……
十八日も　16：31　M　変わりなしですか　吐き気続きますか

八月十九日　ボニージャックス＆ベイビーブー　ジョイントコンサート
府中の森芸術劇場　ふるさとホール
コンサート後　東府中駅近くの　**はなの華**
ラムジンギスカン陶板焼き　生中キリン一番搾り９　４３２０円　あさりのバター焼き　辛口
冷酒３　お通し　エシャレット　冷やしトマト　五種串焼き盛り合わせ　ねぎ塩牛タン　９
０９５円
八月二十日　**権八**　おごってもらった「きょうは　俺が支払う」
八月二十一日
15：43　M　昨夜はご馳走様でした　お腹の痛みいかがでしょうか
18：00　TELあり……

18：26　M　言い忘れ　私のお腹は治った

八月二十二日

17：01　M　お薬いかがでしたか

17：07　TELあり「朝　吐き気」（吐き気は　府中・権八でもあったが）

17：30　M　でも気持ち悪い　吐き気にはプリンペラン一番効くのですが

八月二十三日

17：32　TELあり「プリンペランにする」

20：02　M　今日は合唱　気分少しいいかな

八月二十四日

12：54　TELあり（事務所からのTELで）「ありがとう梨」

19：06　TEL「コルネットで飲んでる　あした行ってきます　あなたからの手紙手渡すからね……　行ってきまーす（病院と南風　南風は仕事）最悪の日だ」

20：58　TELあり「言い忘れ　梨ありがとう　今食べている」（家の分だね）

八月二十五日

9：05　M　お早うございます　改めて行ってらっしゃい

16：30　M　そろそろ終わりかな　一日お疲れ様でした

17：50　M　今日何か言われましたか

八月二十六日（土）　ボニージャックス　夏のディナーライブ

　　アルテリーベ　　　ベイビーブーも出演

10：56　Ｍ　お早うございます　そろそろお目覚めでしょうか　ただ今大宮

12：11　Ｍ　チェックインした

17：13　電話いれる「アルテリーベにいる」（電話かかるかためしにかけたらすぐ出た）

全員　居残り食べる飲む話す

八月二十七日

午後5時から　**権八**　イカ刺し美味しかった

権八からの道のりは　暗い道歩き　階段上って　広い道　西脇さんタクシー拾ってくれる

さよなら　　タクシー乗る場所は西脇さんのマンション近く

新宿駅までタクシー　そこからはＪＲ中央線　東京駅へ

21：10　Ｍ　東京駅出た

八月二十八日

16：41　Ｍ　昨夜はご馳走様でした　飲み過ぎたでしょう

18：33　ＴＥＬあり「飲み過ぎた　でもコルネットで飲んでる　この喧騒わかる　誰かの

誕生日だって……」

八月三十日
17：40　M　松林先生からの所見見ると　危機一髪　手術して正解　腹痛下痢は発熱なければ自律神経も関与かな　紅茶のタンニンでもいいとおもう
20：36　M　ビールは便通よくするから飲んだ後　翌日でも　ちょっとお腹おかしい時はストレートの紅茶お勧め　中身単純な漢方薬か　お大事に
21：05　M　痛みは少なくとも二か月間は緩解増悪繰り返しあり　手術から時間がたつと離れたところにも　ピリピリ痛み締め付けられる痛み　さまざま来る　手術した人の八割きます　一年以上続くことも　秋の虫のように　おやかまし
八月三十一日
16：51　M　今日はいかがですか
18：54　M　夕焼けと上弦の月がきれい
19：46　TELあり「きのうのドクターGの腹痛　俺と同じ　食後4時間くらいに起きて胃酸抑える薬駄目で　大建中湯がいい　腹部アン　アン　アン何とか言ってた　胃酸抑える薬は　消化を悪くするから　食事は食べて4時間で小腸の端まで到達　そこで痛くなる　年のせいとか　腸閉塞とかじゃない　アン　アン　忘れた」
九月一日
10：33　M　お早うございます　わかった　腹部アンギーナ　腸の血管の石灰化とか痙攣に

よる虚血　お腹の狭心症
19：05　M　朝のメール　間違いあり　腸管ではなく　腸間膜の動脈でした
19：07　TEL「そう　俺の症状だ　食後4時間で来る　この人は薬が悪かった　胃酸を抑える薬は消化を悪くするからだって　この人はやめて一週間で改善した　大建中湯もいいって……」

九月四日
7：36　M　お早うございます　朝の吐き気などいかがですか
7：43　M　朝からカラスの凄いバトル　刈り取り後の田んぼで餌をついばむカラスの一羽に向かい　空を切って飛んで来たカラスX　危機一髪逃げる　追うX　二羽の凄まじい羽音追いつ追われつ　飛んで行った　どんな遺恨か
19：25　M　いかがですか？　明日は一緒に飲めるかな？　あした満月かな
19：26　TELあり「コルネットで飲んでる　あしたもコルネットで飲もう　予約しておく」

九月五日（火）　歌のひろば　ともしび新宿店
コンサート後　**コルネットへ**　西新宿駅から乗ったか　電車で　どこかで半蔵門線に乗り換えている　私　覚えなかった（乗換駅を）（二度目なのに）

「コルネット5時からだから　ちょうどいい時間になるなあ」と
コルネット　いろんなお喋りしたなあ　西脇さんの　三年五組集合は何回聞いたかな　いい思い出なのでしょう　志賀先生の西脇さんに与えた影響大きいのでしょう　大きな縄文土器掘りだした話　本当に嬉しそうだった
四年三組集合も　何度か「田植えは戦中　刈り取りは戦後なんだよなあ　田んぼに入るの嫌だった　泥の中に入るの嫌だった　お坊ちゃまだからな　でも　田んぼに入ったら　大好きなゲンゴロウが　もう泥んこ　平気だった」
「小学時代　夏休みは会津の大きな家に行ったな一か月　親父もいた」
大屋根　凧あげの話も何回も　スキー　スケート　合宿　クレバスに落ちた話　等々も
コルネット以外でも聞くように　でも権八では話さなかった
「8時20分に出ればじゅうぶん」と　私が泊まらない時は8時20分までお喋り　コルネットからはコルネットの前で　西脇さんタクシー拾ってくれた　西脇さんは半蔵門線
九月六日
19：13　M　昨夜はご馳走様でした　私ピッチ速すぎたようです
23：12　M　楽になってきた
九月七日
7：24　M　お早うございます　昨日も今日も雨　昨日は死んじゃうかもと思ったけれど

（帰りの新幹線の中では　私は酔って　よく眠ってしまった）
7：26　M　十月も楽しみにしているから　よろしく
今朝はふつう　でも仕事はちゃんとしたよ　誰も気づかない
7：30　M　西脇さんのお加減はいかがですか
18：27　M　いかがですか
19：23　M　元気出ましたか
22：43　TELあり「メールたくさん入っていたから　今仕事終わった」
九月八日
7：20　M　お早うございます　雨がやみ　快晴　暑い
明け方　西の空に丸い白い月
19：07　M　今日はいかがですか　今鶴来駅で　電車待っています
九月九日
7：17　M　お早うございます　行ってらっしゃい　今電車に乗っています
17：43　M　終わりましたか　明日は仕事は？
17：53　M　聞き忘れ　西脇さんの三本足のタコは　西脇さんの背丈より大きかったか否か
19：25　TEL「タコってなあに　あれは小学五年か六年　うーん　１３０㎝くらいかな
タコよりは大きかったけど　脚は長かったよ　朝早かったから　今権八で飲んでる　今二

杯目　三杯目飲もうかどうしようか考えている
朝早いの　気持ちいい　でも　眠い」

九月十二日
16：41　M　本日は塩釜高校の集まりですか　飲みすぎ注意!!
九月十三日　TELあり　電車の中で気づかず
18：25　TELあり（電車降りたとき）「どこか遠くへ行っていたの　飲み過ぎたよ（昨夜のこと）これからコルネットで一杯飲んで帰る」
18：57・38秒　19：03・24秒　19：06・35秒　電話気づかず
19：06　切れてすぐTELする
「さっきかなり出なかったから　どこか遠くへ行っていたのかと思った　今タバコ吸いたいんだけど　むしょうに　1㎎でもいい　どうしてこんなに吸いたいのかなぁ　どうしてかなぁ　今吸いたい　ビールは二杯のんだところ」「じゃぁ　半分飲んで　タバコはやめよう　声のために」「わかったよ　そうする　半分飲んで帰る」
どこか遠くへ行っていたのかと思った言葉くり返しあり　寂しく不安だったのかな
九月十四日
19：18　M　コンサート終わり　どこかで誰かと飲んでいるのかな

九月十六日
20：10　M　今娘と二人で飲んでいる
九月十七日
14：08　M　娘と二人だけで飲んだの初めてなのです
九月十八日
17：09　M　お仕事ですか　私は日直　娘研究会に来ていた　昨日専門医の試験受けてさっさと帰った
18：17　TELあり「日直だったの　原稿着いた　……プリンペラン飲め……」
九月二十日
16：33　M　磯部先生の生誕百年の合唱祭ですね　二十五日ですか
22：22　TELあり「娘と二人で飲んだって　いいことだ　きのう読んだけれど（メールのこと）遅かったから　　俺もビール二日間飲まないと胃がおかしい　プリンペラン飲めっていっただろう変な医者　俺おかしい　鼻がぐすぐす　わかったフェキソフェナジン飲む」
九月二十一日

19：33　M　鼻ぐずぐず　いかがですか

九月二十三日
19：48　M　お変わりありませんか　明日は磯部先生の歌　歌うのでしょ　またいつかお聞
かせください

九月二十四日
7：12　M　お早うございます　行ってらっしゃい

九月二十五日
17：12　M　疲れた　けど　これから症例検討会
17：13　TEL　「これからやるの……」
そして
「ちいさな水たまり」の原稿送り　左記の質問をした　ことに対しての返事続けてあり

宇宙の章
紫色の字　消した方がいいものありますか
紫色の字以外でも　消した方がいいものありますか

地球の章〜ホモ・サピエンスの章〜最終章
　いらない・余計だと考えられるものがあったら　ご指摘下さい
　紫色　消そうかなと考えていますが　一連の中に　入りにくい？
ホモ・サピエンスの章　肩の力……〜最終章「大切なもの」まで
　順序どうするか　いろいろ変化させて考えていますが
　どう考えられますか？

「今いい？　紫色全部あった方がいい　息抜きになる　最終章地球のメッセージ入れた方がいい　大切なもの　いらない　十月の日付のこと　順に
原稿西村にこのまま渡す」（かなり喋りました）（このころから　電話で喋る時間長くなった）
症例検討会　遅刻してしまった

九月二十六日
18：18　M　四日行けなくてごめんなさい　夜だと五日も休むことになるし　二十四日二十
　五日休み取っているし　今回は行けない
九月二十七日
　　　　「希望　凧に乗せて」ファックスした

16:07　TEL「良かったよ　良かったよ　俺の事?……」
20:31　M　希望　夙にのせて　最後に持っていくのがいいかな
九月二十九日
9:12　M　お早うございます　突然寒くなりました
19:04　TELあり「原稿西村　全部読んだって　面白かったって　……俺の名前出せっていうけど　西村でいいなぁ　三日どこへ行く　その時の気分でいいか」(結局　アサヒへ行った)

十月三日　歌のひろば　ともしび新宿店
ともしびで西村氏からの「ちいさな水たまり　あとがき」もらう
ともしびの後**アサヒスーパードライ**へ　お喋りいっぱい
ピリ辛ソーセージ　枝豆　ガーリックトースト　キュウリのパリパリ漬け
ハーフ&ハーフ小8　7080円
きゅうりのパリパリ漬けは西脇さんの大好物
十月四日　アルテリーべの長谷川さんと山越さんが　西脇さん作曲の歌を　歌ってくださる日
(アルテリーべにて)
21:55　M　今日は満月　楽しい時間中かな　帰りはお月様も愛でてみて

十月五日
15：40　M　昨日は飲み過ぎでしょうね　明日は何時からですか　何かあったらお知らせ下さい　ただし　1時過ぎから山へ巡回診療に行くので　3時ごろまで携帯通じないかも　何もないとは思いますが　原稿今朝出版社に送りました　西村様へのお礼状　西脇さん宛に送ります

十月六日
9：01　M　行ってらっしゃい
16：33　M　いかがでしたか
18：34　TELあり「西村から　何か俺宛に書いてきていた　何か　書いてある　気が付かなかった　アルテリーべ良かったよ　三曲も初めての歌歌ってくれた　二人とも　かちんかちん上がっていた　四杯飲んでしまった」

十月十日　（塩高の有志会の日）
16：48　M　飲み過ぎないように　とは思いますが　今日は少しはいいかな

十月十一日
7：19　M　お早うございます　下弦の月がきれいな秋晴れが続きます　まあお元気で

十月十二日

22：24　ＴＥＬあり　35秒間
22：45　ＴＥＬかけなおし「西村への礼状渡しておいた　お礼は出版社に聞いてみたら？」
（かなり喋ったかな）

十月十六日
18：16　Ｍ　本日は当直　ＣＴが点検で使用できないから　救急車は来ない可能性高い
22：43　ＴＥＬあり「きょう葬式に行った　キングの俺たちのディレクター　七十七歳
肺がんだって　三年前手術したんだって　俺もあと三年かなぁ　ｅｔｃ」かなり喋った

十月十九日
7：05　Ｍ　お早うございます　寒さご用心　西脇さんの読まれたホツマツタヱ是非とも読
みたいものですが

十月二十一日
22：19　Ｍ　天を突き抜けた夫　久しく天を突き抜けた夫　何て名だ　今気が付いた

十月二十二日
16：10　ＴＥＬあり「講評（ちいさな水たまりの文芸社の書評）読んだ　俺の言った通り

だろう　一つにしてよかった　今度は売ろうや　この雨の中練習だった　etc」かなり喋った

十月二十四日　ボニージャックス&ベイビーブー　ジョイントコンサート
アミュゼ柏　クリスタルホール

12：05　M　ただ今上野　いつ着くか不明
12：28　M　松戸停車中
コンサート後　**コルネットへ**
常磐線から千代田線に入り　半蔵門線乗り換え
コルネットでは　いつものお喋り

十月二十七日
7：08　M　青空と緑の中　白壁の櫓　素敵です
7：18　M　書き忘れ　素敵です　早朝の金沢の城

十月二十八日　（私高校の同期会中　東京での）
13：50　TEL　47秒呼び出し　かけなおす　かけなおし切れる
14：08　TELあり「きょうも会津会　抜けてきた　帰る」
14：25　TELあり「何しろダルい」

16：56　M　どうですか　　　　メールいっぱい入れた
18：20　M　お大事に

十月二十九日
6：09　M　いかがですか　西脇さんがいつも先に調子悪いと言ってくれない　寂しい気がした　西脇さんは　私の元気の元だけど
6：25　M　昨日調子悪いと聞いた途端　消しゴムの君がなくなったって聞いた時と同じ感じに　笑って話できなくなり　さっさと帰り泣きながら先のメール
8：07　M　風塵もう一度読みたいから
8：36　M　体調悪いときは早めに教えてください　言ってしまうと楽になることあるから
9：54　TELあり「たくさんメール来てたけど　酸欠って言われた　台風で気圧が下がったから　四時ごろ行ってる」どこかで会っているようだが記録なし

十月三十日
9：17　TELあり「2時　終わる予定」
12：05　TELあり「終わった　コロラドで……」
16：12　M　お昼ご馳走様でした　16時24分発のかがやきに乗る
（大宮で5分遅れに）

16：42　M　夕日がまぶしい　きれいな夕焼け見られそう
16：50　M　大宮から　富士山見える
17：01　M　日没
17：54　長野駅停車中　TELあり「もう乗った?……ああ　そうか」
（勘違いしたみたい5分遅れのため電話通じた）
十月三十一日
18：47　M　いかがですか　……
十一月一日
20：29　M　今夜は十三夜　栗の収穫の祝　縄文のころからかな　なんて考えて
十一月二日
16：41　M　酸素不足いかがですか　忙しいけど　給料内　明日は日直

十一月四日（土）　ボニージャックスコンサートinさいたま2017　ベイビーブーと
コンサート後　**アサヒスーパードライへ**　行くことに
与野駅で電車待つ間　**息　ハーハー言っていた**（西脇さんの）
アサヒスーパードライ
枝豆　ガーリックトースト　コールドビーフ　ハーフ&ハーフ小4

十一月五日
昼コロラドでサンドウィッチ
　14：21　M　ご馳走様でした　14時52分東京発のかがやきありました　一席空きに乗ります
十一月六日
　7：19　M　息が白くなる朝　白い月がきれい
十一月七日　歌のひろば　ともしび新宿店
　9：48　M　雪化粧した白山　朝日とお早う（白山は立山のまちがい）
　9：56　M　やさしく　お早うに　訂正
ひろば後　アサヒスーパードライへ
「この四日～七日　調子悪い　息すえない」
コールドビーフ　さつま揚げ＋α　小三杯ずつ　美味しかった
西脇さんおごり「きょうは俺が払う」
　20：01　M　19時56分発に乗った
西脇さん調子悪そう　癌転移なにか出てきたか
十一月八日
　16：57　M　昨夜はご馳走様でした　飲み方食べ方　丁度良かった（アサヒスーパードライで　飲んだ）いかがですか　6時過ぎまで　術後腎不全になった方の透析療法中です

十一月九日
16：19　M　十八日　十九日いかがですか　十九日日帰りでもいいよ
17：29　TELあり……

十一月十三日
9：19　M　お早うございます　体調は変わりないですか　朝日　白い逆三日月　吐く息も白い
18：50　TELあり「十八日はいいけど　十九日は……」
十一月十四日
16：32　M　本日は飲み過ぎ注意　日曜日は帰るから
十一月十五日
6：48　M　お早うございます　私は十八日土曜日だけでいいよ　西脇さん私のために無理しなくていいよ　逆はあり　バスが来る
7：07　M　十八日は17時20分東京駅着　ホテルは新宿サンルート
20：49　M　ゲリラ雨とともに稲光　雷に家が揺れる　静かな雨音　くり返し　冷たい空気が流れてくる　冬が来る　雪が来る　雷を連れて
23：11　M　あられの中を稲光　雷鳴が頭の上を走り回る

十一月十六日
7：27　M　道の端々　落ち葉の中に　白い雪がいる朝　一晩中暴れていた雷　ひと眠りか
雲　様々な色混じりあって激しく流れ
十一月十七日
TELあり「あしたどうする　アサヒスーパードライ午後6時30分に」
十一月十八日
14：42　M　この雨の中　金沢駅は　人人人　午前中忙しかった
午後6時30分　少し前　アサヒスーパードライへの道を歩く西脇さんの後ろ姿を見かける　声をかける「一緒になったね」と言いながら「ホイッ」と腕を出してくれる　**アサヒスーパードライ**へ　一緒に入る
午後8時過ぎまで　飲みお喋り　ハーフ&ハーフ三杯飲んだ　この時「Tさん俺のこと愛しているよう」だって
それから歩いて**蛾王**へ　二杯半飲んで
午後11時過ぎ　**花園神社**へ　酉の市で賑わっている　ごった返す人々の中を通り　拝殿で拝礼
「いつも　毎年しているんだ　次の年の暦　買うんだ」　平成三十年の暦（高島歴も）を買い
私も買った　買う間も腕は離さず　離したら迷子になりそう　大通りまで腕組んで歩いていく
足フラフラ　西脇さんもかなり酔っている　大通りに出ると　西脇さん酔っぱらった勢いで

（酔うと陽気に）「美人がいる　美男がいる」と握手して歩く　腕組んだまま私を引っ張りながら「うわっ美人だ」　時に「うわっ美男だ」と握手　みなさん（ほとんどがアベック）ニコニコ笑いながら握手してくださった　いい人達だ　連れの方々もみんなニコニコ　あるカップルに「ごめんね　不美人がついているもので」というと　相手の男性に「あなたも美人ですよ」といわれてしまった　西脇さん「あなたも美人だってさ　良かったね」（意味いやみ）タクシーに乗る時「俺何人と握手した？　十三人かな」覚えているのがすごい　タクシーでホテルまで送ってくれた

十一月十九日

11：29　M　飲み過ぎでした　プリンペランとレバミピドが効くよ

12：06　M　新宿にいる

12：10　ＴＥＬあり「電話かと思ったらメールできた」

12：30　ＴＥＬあり「鹿島が服持ってきた　今どこもう着いた？」

12時30分過ぎ　コロラドで朝兼昼食べて　さようなら

「俺きのう　何人と握手した　十二人か十三人か　一度　あなたを酉の市へ連れて行きたかった　あの喧騒見せたかった」　水色のとっくりセーター着ていた（伊東で着ていたものかな　私のカーディガンの襟の色と同じでした）

15：57　M　16時24分発に乗ります　Ｅ席なくてＡ席直接日没見られない　まあいいや

十一月二十日
10：13　M　いかがですか　仕事はじまったら　だるさなくなった
十一月二十一日
19：54　M　三日月が冷たい夜
19：55　TELあり「冷たい三日月だって　コルネットで飲んでた　三日月みえないよ」
十一月二十二日
16：09　M　合唱終わりましたか　伊吹おろしは冷たいから　行ってらっしゃい

十一月二十四日
7：24　M　北風吹きぬく寒い朝　空は晴れたり曇ったり　極めつけ横殴りあられ
13：29　M　強風と雷の朝　静かになったと思った昼　窓の向こう　白いものひっきりなしに　黙って落ちる
19：24　TEL　38秒　気づかず　20：33TELする「今飲んでいる　メール読んでいる　いいよ　詩になっている　京都は寒いな　マイクが冷たい　黒いハンカチで包もうと思っている　足の裏温めるといいそうだね　何か用意してくれているみたい　etc」

十一月二十六日（BS11生出演）

14：35　M　冷気に負けない　いい声　楽しみにしている
20：58　M　お疲れ様でした　写真は去年の方が抜群　いい声だったけど　ソロのときは風景でした
20：59　TELあり「どうだった　感想聞きたくて　やはり黒の方がよかったな　中庭もみじ一本しかないんだもんｅｔｃ」

十一月二十九日
17：08　M　鸕鷀草葺不合尊　ホツマツタヱにかなり載っている　最近　何か物寂しいというか　頼りないというか変な感じ
17：10　TELあり「身体が悪いんじゃないの　心か　気があるからうつったんじゃない　俺もホツマツタヱ読んでるとき　おかしくなった　神社に行くといい　鳥居くぐって　下界と離れることも　俺神社巡りしたって言ったじゃない……ｅｔｃ」（かなり喋った）

十二月一日
19：18　M　西脇さんと話したら少し楽になったかな　明日は天草ですね　お土産話楽しみにしています

十二月二日

21：43　M　今宵は月が出ているよ　もうすぐ満月かな

十二月三日

9：59　M　小春日和　続く

10：01　TELあり「俺はこれからコンサート」

16：35　M　もう終わってますね　お疲れ様でした　西の空の青暗い夕焼けは寂しいかな

あしたは　雨かな

17：14　TELあり「終わったよ　五日どうする　この間の蛾王（酉の市含め）面白かったね……etc　今福岡空港　あしたは降らないよ　晴れるよetc」（かなり喋った）

十二月四日

14：19　M　朝　東晴れて　西　どんより　かなり降ってきた

十二月五日　歌のひろば　ともしび新宿店

9：49　M　暗雲が目の高さに垂れ込んでいる　長野辺り　新幹線がかなり高いんだ

ひろば後　**アサヒスーパードライ**へ

小4杯ずつ　キュウリパリパリ漬け　豚　コールドビーフ　さつま揚げ

帰り道「薄紫のマフラーに紺のオーバー　ネクタイ水色　一番似合うんだ　な　いいだろう」

「写真撮ろうか」　撮りました　いい写真だよ

十二月六日
7：24　M　午前6時　遠い国からやってきた雪　白い世界　でも　もうみぞれ　昨夜はご馳走様でした
十二月七日
6：45　M　十七夜じゃないな　朝だから　きれいに輝いている　南西の空高く
7：10　M　金沢城の白壁の櫓の上空　白くなった月　おやかまし
十二月八日
16：17　M　みぞれ　夜雪に変わるかな　今日は病院の忘年会　明日会場出るころお電話します　それでいいでしょうか
16：19　TELあり「あした　どうするｅｔｃ　新橋アルテリーベの前午後5時に」ということに
十二月九日　（私　灘尾ホールで研究会）
9：05　M　車窓から　雪の雄大な立山　今大宮近く　遠くに雪の富士山　青空の中
16：51　M　着いた
「どこだ」とか　電話やり取りあり　新橋アルテリーベの前で落ち合う
新橋の **ROSE&CROWN**　に
ハーフ&ハーフ　ＨＰローズ　ＲＢおつまみ　ガーデンサラダ　ＨＰハーフ4　シェパーズ1

ハギス1　　6874円　食べ物美味しかった　カード作った
その後　椿屋（新橋駅前）でコーヒー飲んで　20：51支払い　銀座線から東西線　落合まで
タクシーに乗る　西脇さん降り　私そのままタクシーでホテルへ

十二月十日

10：56　M　お早うございます　妹と待ち合わせまで時間あって　昨日欲しいなといってい
た　水色のコート（BOSCHのコート　裏シマ地）買ってしまった　買えるとき買う　十
年着ましょう
16：54　M　入って待っているよ（新宿　**アサヒスーパードライ**）
16：56　TELあり「どこにいるの少し店の前で待ってた」（この間　中で待てと言われた
ので入ってしまったのだが）
「コートの色　俺の好きな色だ」お喋りいっぱい　帰りも「コート似合うよ」
西脇さんに服装褒められたの初めて
支払い西脇さん　　店出て腕組んでルミネのエスカレーターで降りて　新宿駅中央東口に着く
新宿駅中央東口の構内にあるエレベーターで私は中央線へ　西脇さんエレベーター動き出すま
で見送ってくれる　そして山手線へ　歩いていく後ろ姿　動くエレベーターの中から見える
（アサヒスーパードライはこのパターンで帰った）
（後日　西脇さん私がエレベーターに乗ると「行ってらっしゃい」と言ってくれた　私も

「行ってきます」　と返した）

十二月十一日
19：27　M　朝から大荒れ　だんだん冷えてきて　雨からあられ　今雪　積もりそう

十二月十二日
14：18　M　強い風は一休みですが　細かいあられ　時に雪が降り続いています　今夜は塩釜高校の　お集りかな

十二月十四日
7：23　M　朝　真っ白

十二月十五日
6：47　M　雪の上歩く音　サクサク

十二月十六日
18：14　M　帰り（ずぶぬれになって）何かまた暗い気持ちになって　もう一枚コート買ってしまった　同じような色　今暴風雨　帰ったところ

十二月十七日
9：09　M　真冬に突入　積もる雪　降り続いている　真っ白です
10：01　M　家の前　40㎝以上　降り続く

12:37　M　雪の中　兼六園　行ってきた　雪の降る街です　観光客でいっぱい　六十五歳以上は無料
17:43　TELあり「元気　南風に携帯忘れていった　今届いた　メール一杯入ってた」

十二月十九日
21:24　M　プリンターが修理必要になった
23:22　M　夜遅く申し訳ありませんが　鯖着きましたか

十二月二十日
14:12　TELあり「きのう　渋川でコンサート　帰ったら　魚臭かった」

十二月二十一日
19:24　M　昨日は当直　今日帰ったら奥様からのお礼状来てました　私　奥様に惚れそう　もう雪はほとんど溶けましたとお伝えください

十二月二十三日
20:28　M　よくではなく　ちょっと考えてみると　60周年は来年のイブに祝うべき　ようやるわ一年間　尊敬している　秘かに　一人ぼっちのKより

十二月二十四日

7：09　M　葉室麟さん　死んじゃった　朝からごめんなさい
8：44　M　ボニージャックス六十一歳誕生日おめでとうございます
13：48　TELあり「おめでとうメール入っていたから　これから事務所で練習　葉室麟死んだって　俺好きだった作家だ」
14：21　M　皆様によろしく
十二月二十五日
ニュー西北エンタープライズに電話したら　西脇さんが出た「**きのうあれから　肋骨が痛くて　気分悪くなるくらい痛くて……もういいや八十二になるんだから**」　かなり喋った
十二月二十六日
15：26　TELあり「今夜　テレビ　俺見られないから　DVD録っておいて　誰かに頼んで」
23：30　M　テレビ　良かったよ　DVDは妹が録ってくれたはず
十二月二十七日
10：32　M　合唱の忘年会ですか　寒いから　帰り首温かくして　金沢は吹雪いたり　晴れたり忙しい
20：34　M　楽しかった？　ブレーカー落ちて大変だった
十二月二十八日

18：29　M　痛みいかがですか
18：56　TELあり「きのう　飲み過ぎて　合唱終わった後　アルテリーベへ十一人ほど行って　俺酔っ払って　歩けなくなり　中城先生に送ってもらった　あっ　電話　かけなおす」
即かけなおしあり　すぐ「電池ない　切れる」　切れた
ごめんね　肋骨の痛み　不安で仕方なかったんでしょうね　癌に対し　平気な顔しているけど
不安寂しさ　大きかったんでしょうね
そばに　何も云わず　聴いてくれる人いない

十二月三十一日
7：15　M　桃栗三年柿八年　柚子は九年で花が咲く　梨の大馬鹿十八年　葉室麟『柚子の花咲く』より

㈧　平成三十年　還年

三月　『ちいさな水たまり』（文芸社　藤田恭子著）刊行

一月一日

0：03　M　あけましておめでとうございます

6：00　M　電話待っていたのに

8：17　M　私にゃいつもと同じ夜と朝だから　でも　少し違ってもいいかな　とても疲れていたので　声聞きたかっただけ　メールしないと忘れてるようだから　まあそんなものか

新年最初に話するのが看護師さんかぁ

13：08　TEL「夕べ遅くまで飲んでたんだよー　一人でうちで　行くとこないもん」「電話くれればいいのに」そんな気になれなかった

（肋骨・背骨のなんとも言えない痛み　癌進行疑い　不安　言い切れない気持ち　一人で耐えていた……）

一月二日

18：57　M　年賀状書き　はかどっていますか　肋骨背骨の痛みは？

18：58　TEL「書いてるよ　三百枚ほど書いた　後三百枚かな　背中痛いよｅｔｃ」

一月三日

17：49　M　書けてるかな　直虎の最期　何回見ても泣ける　十一日東京に着いたら事務所寄っていいですか　船橋のチケットいただきに

17：49　TEL　「あと四十枚ほど　楽しくないよ　十一日会社にいるよ　もう電池がないって」（携帯のこと）「携帯買い替えしなよ」「面倒くさい　etc」

一月四日

18：02　M　7時30分までつなぎ当直中　雪積もっているので夜道ちょっと怖い　帰ったら年賀状着いているかな

21：13　M　まだ　来ない

一月五日

19：28　M　朝バリバリの日でした　年賀状来ました　還年　60周年　歌い続けるって馬鹿みたいだけど　すごい事だ　うらやましい

一月六日

7：04　M　おぼろ下弦の朝の月　地震大丈夫？　星野仙一死んじゃった

一月八日

18：39　M　日直帰り　乗り換えバス待っている

一月九日

7：25　M　お元気ですか　今夜夜明けが　一番遅い時　7時10分過ぎ　雨の朝は夜道みたい　お騒がせ　松倉さんからメールが来た

一月十日　山形　松倉とし子　ニューイヤーコンサート
メール　いっぱい入れていたが
一月十一日
13：33　M　まもなく郡山
13：59　TEL　「飲み過ぎて倒れている　吐き気すごくて　動けない」
15：31　TEL　「食べ物通らない……朝4時まで蛾王で飲んでた」（ごたごた喋っていた吐き気強いこと強調　私は症状聞いたり文句言ったり）（タクシーのなか　かなり喋った）
17：28　M　お大事に
19：23　M　病人に鞭打って悪いけど野田へ行った時のこと　まだ許していない　私が先に約束したのにあのときの態度　許せないから　俺今日は野田へ行くから
19：28　M　馬鹿野郎　泣けたからね
20：22　M　糸魚川大雪　徐行運転中　すぐ病人になる人だから　私やはり邪魔なんだメールは心のメモがわりだから　続けるかも
21：14　M　金沢猛吹雪　家に入れるかな
一月十二日
13：42　M　いかがですか　大雪で通勤に4時間かかった　これから山へ巡回診療　今日新規入院三人　入院中二十人　透析もあり　今外来終わり

一月十三日
6：49　M　昨日は新年会　雪でお流れ　頭も身体もクッタクタ　二十二日空いている　携帯買いに行かないなんて行かないね　明日の朝まで　雪多い　電車待ち中
15：41　M　寒いですね　いかがですか
16：43　TEL「まあまあいいよ　あれは二日酔いだよ　朝4時まで蛾王で飲んでた」

一月十四日
10：35　M　兼六園の霞が池　凍っていた
11：48　M　朝10時前晴れた日の雪吊り撮りに兼六園行った　疲れた
18：54　TEL「仕事終わった?」「日曜日だよ」「あそうか　こもっている?　今練習終わった　鹿島　松倉におされている　ベイビーブー使うとかｅｔｃ」

一月十五日
18：54　TEL「今コルネットで飲んで帰る予定　仕事終わった?　木下さんがヘルペスだって　なんの薬いいの?」

一月十七日
20：07　M　今夜は雨に霧　プリンターが新しくなった　使い方これから
1万5000円

一月十八日
17：03　ＴＥＬ「あした病院へ行く　また電話する　寒い？」「あたたかいよ」「それはいい」
一月十九日
７：28　Ｍ　お早うございます　きのうとはうってかわって寒い朝です
行ってらっしゃい
16：44　Ｍ　まだ　練習中？
16：44　ＴＥＬ「今練習終わった　血液検査ほめられた　ＣＴ何もなかった　今度は四月」
（痛かったこと言ったのかな　転移心配）
一月二十日　船橋コンサート（チラシなどなし）
コンサート後　**海味小屋　京成船橋店**　サントリー・ザ・モルツ６　お通し　ネギまスキ焼き鍋　たこわさび　たたき胡瓜　６８６６円
一月二十一日（日）　ボニージャックス新年会　新春の宴　アルテリーベ
一月二十二日（私　ブラッサム新宿に泊まっている　東京雪降り続いていた日）
15：40　ＴＥＬ「家の前　大雪だ　今から出かけるブーツ履いたから大丈夫」（西脇さん宮城県人会か？）
18：40　ＴＥＬ「今ぬけだした　大江戸線に乗る」

19：11　TEL「電車なかなか動かない」（5分止まっているよう）
19：33　M　無理しなくてもいいよ　家帰れる？　それが心配
19：32　TEL「あっ今A1出口に向かっている……」
迎えにホテル出る　西脇さん　間断なく降り続く雪の中　傘さして雪道歩いてくる「大丈夫
俺ブーツ履いているから　滑らない　雪の中平気だよ　あなたこそ大丈夫？」（雪の中歩く西
脇さんの姿美しい）
「うまや」で食事する（宮城県大使の名刺もらう）「うまや」に入るとすぐ　西脇さん　携帯
電話充電を頼む（うまやのスタッフの方に）
ドライプレミアム6　お通し2　皮2　砂ずり2　ハツ2　豚ばら串2
豆酪（とうべい）1　10289円
「旨かったけど　やはりホテルは高いな」
「送らなくていいよ　危ない　タクシー拾って帰るから」「拾えるかな」「拾えるよ」
部屋に帰り夜中　西脇さん携帯「うまや」に置きっぱなしに気づく
一月二十三日　New Year Concert　ボニージャックス　港北童謡の会　港北公会堂
午前6時　フロントで聞き「うまや」へ　電話もらいに行く
7：00過ぎ　西脇さんから西脇さんの携帯に電話あり「西脇と申しますが……」「うまやで
貰ってきてあるよ　持っていくから」「あれから　道の角曲がったところで　すぐタクシー

拾えた」
控室で携帯渡す
コンサート終了後
大倉山の駅まで歩く　雪は往きより減っていた
みなとみらい線　渋谷で降りて（終点だった）　西新宿3丁目行きに乗換　「**アサヒスーパードライ**」へ　お喋りいつも通り
琥珀のビール　西脇さん四杯　私三杯　西脇さんのおごり
一月二十四日
20：09　M　昨夜はご馳走様でした　寒くて吹雪　なんだか怖いです　二十六日行けるか不安　帰ったとき部屋の温度1度
21：09　M　ホテルから送った荷物届いてほっとした　56豪雪の時は真冬日三週間以上続いていたのに　年とったかな

一月二十六日（金）　ボニージャックス　ベイビーブー　ジョイントコンサート
清瀬けやきホール
7：51　M　駅までのタクシーの中　ラジオからボニージャックスの雪の降る街を　流れた
8：10　M　雪の鉄道126　感じの世界

コンサート後
清瀬　**華の舞**で食べ飲み
その後　新宿サンルートプラザ1階　イタリアンレストラン：**ヴィラッツア**で　ビール一杯ずつ　つまみと（私西脇さんと別れ辛くて　西脇さん疲れていただろうに　ごめんなさい）
一月二十七日
12：00　コロラドで昼食　サンドウィッチ一皿二人で　コーヒー二杯（二人とも）　電車に乗り　事務所へ　西脇さんドコモに電話　何とか話ついた「3時予約とれた待ってもらうけれど」って　CD二枚私の持っていない物　聴く　ロシア民謡（キング）
タクシーでドコモへ　四谷一丁目
15：00から17：00　携帯買い替え
1時間ほど待たされる　窓際腰かけておしゃべりしながら待つ
「一緒に聞いてよ」と説明聞く　ガラホに買い替え
「きれいな人だったな」なんて「みんなきれいだよ」と返事
17：11　空メール
この後　タクシーで新橋　西新橋 **ROSE&CROWN** へ
ビール四杯＋食べる　話いっぱい
HPハーフ8　CDスティックサラダ1　OFFレバーパテシェパーズ1

ＲＢおつまみ１　ソーセージ１　９０９７円
地下鉄乗り継いで落合　そこから　タクシー
一月二十八日
11：34　ＴＥＬ「帰り遅くなる　帰れ」
13：47　ＴＥＬ（新幹線に乗ったところで）「今帰りの時間判った」「新幹線に乗ったところ」

一月二十九日
０：12　Ｍ　お誕生日おめでとうございます
『マイナス六度』の詩　ファックス
16：00　ＴＥＬ「いいよいいよ　俺そのままだ　いい詩だよ　何かにいれてよ　あなたの書いたものの中に」
「マイナス六度にしようか　八度にしようか迷った　六度でよかった?」「六度で池凍る温度計とにらめっこし　マイナス六度になったら　しめた滑れる　と家飛び出した」と
ｅｔｃ　かなり喋った

一月三十日
17：04　Ｍ　二日酔いは大丈夫ですか　今日は当直です

17：30　ＴＥＬ　「二日酔いはないよ　三杯しか飲んでいない　船の仲間も来てくれた　楽しかったよ」「マイナス六度の『の』ない方がいいあった方がいい？」「うーん　そうだなやっぱり『の』あった方がいいよ」

二月一日
17：31　Ｍ　氷った池か　凍った池か
17：55　ＴＥＬ　「曲できたよ（『マイナス六度』の）　凍った　東のほうだ　かわいい童謡だ　どこに入れる？　最後だね　いいね……　俺が歌う」
（『ちいさな水たまり』の最後と『オウムアムア』にいれた）

二月二日
7：21　Ｍ　お早うございます　金沢快晴　朝早く丸い月が居ました

二月四日
0：07　Ｍ　静かに雪が降り始めている　積もりそう　お休みなさい
17：11　Ｍ　寒い　荒れてて　ＢＳうつらない

二月五日
16：35　Ｍ　あした行けるかな　金沢駅まで行けるかな不安　循環器入院はいつですか

20：26　ＴＥＬ「どうした　今稲門会でコマーシャル中　飲んでる」

二月六日　歌のひろば　　ともしび新宿店

12：16　Ｍ　ブリザードの中1時間待ち　バスが来た　寒いバスの中また1時間　予定の新幹線には乗れず　寒い中並んで乗った新幹線自由席　富山快晴何だこれ（富山でやっとあたたまった）

ともしび後　**アサヒスーパードライ**へ

琥珀美味しい　きゅうりパリパリ漬け　豚肉のグリル焼き　かわりさつま揚げ1　アボガドと海苔のサラダ　コールドビーフ　枝豆　琥珀3杯　西脇さんは4杯だが4杯目二人で分けた（琥珀の時間７００×２　琥珀　５４０×５）　８８４０円

20：00過ぎ

酔っている二人　ふらふら腕組んで歩き　ルミネエスカレーターで　中央東口へ　改札し私　中央線に乗るから新宿中央東口エレベーターに乗ってバイバイ　エレベーター閉まって動き出すまで見送ってくれる　西脇さんは山手線　ゆっくり歩き出す　後ろ姿　しゃんとしている（東口から帰る時のパターンになった）

金沢駅45分待ってタクシーに乗れた（大雪のため）（日付変わった）

二月十日

15：00　M　お元気ですか　七日は病院へ行けず（雪のため交通機関ほとんどストップ）散々な目に遭いながら昼過ぎ帰り　八日九日は3時間以上かかり　仕事に行き　帰りやっと乗ったバス　タクシー

15：14　M　渋滞で動かない　休んだ先生もいた　先生院長以外金沢市内　今日は日当直休みの日は渋滞なし　インフルエンザデイ

二月十一日

9：27　M　お早うございます　24時間勤務終わった　バス待っている　みぞれ雪にかわるかな　大混乱の日々続くけれどイライラ感全くなし

19：45　M　今　家の前ブルが除雪に入っているけれど　猛吹雪　どんどん積もってくる車線が減り凹凸ガタガタ道　至る所で車が嵌(はま)り大渋滞です

二月十二日

15：40　TEL　「事務所にいる　手紙書いている　コマーシャルとか　きのうは練習三人だ　俺はタクトふっていた　別のところで　磯部俶の音楽やるというので」

二月十五日

13：31　TEL　「『フェ……』なんとか　ピンクの薬　一日何回飲めるの　鼻水止まらない　9時半ごろ飲んだ　今飲んでいい？」

18：23（こちらからTEL）
「鼻水止まったよ　ビール飲んでる　転ぶなよ　転ぶなよ」

二月十六日
16：38　M　いかがですか　今日は南風ですね　ビール飲んだら鼻水止まるかな　雪の影響はまだまだ　いつも乗ってる電車が運休のまま　朝も帰りもバス乗り換え三回　いつもは一回なのに

二月十八日
15：24　M　太陽が顔を出した　いつまで続くかな

二月十九日
7：20　M　お早うございます　バスも電車も今日はまとも　足元はバリバリ　ツルツルだけれど

二月二十日
16：34　M　風邪ひきになった　インフルエンザじゃないよ　声がガラガラ
19：15　TEL「風邪ひいたって　ここにあした来るんでしょ」

二月二十一日　ボニージャックス60周年記念コンサート　昭和歌暦　成城ホール
11：38　M　東京駅

12：33　M　会場にいる
12：35　TEL　「楽屋へおいで」
あと　どこかへ行ったはずだが　記録なし　西脇さんのおごりかな　とするとコルネットか
（コルネットは西脇さんの癒しの場）
日帰りだったよう　コルネットだと8時20分まで　飲めるから

二月二十二日
18：23　TEL　気づかず
19：03　TEL　「寒いけど大丈夫かと思って　めちゃ寒いけど」
21：25　M　三日月とオリオン座がくっきり

二月二十三日
6：44　M　雪が降る翌朝
7：34　M　一転上天気　電車の屋根雪がしずくになって落ちている　予報は午後から雨か
雪　でも寒い

二月二十四日　ボニージャックス結成60周年記念コンサートin志木・新座
　　　　with ベイビーブー
ここの打ち上げ　ベイビーブーと九人で「遥かな友に」歌った　ものすごく良かった　圧巻
このあと　どこかへまた行ったかな（ゴジラのいるホテルに泊まっている）

二月二十五日（帰りの新幹線に乗る前ですね）
20：56　M　ご馳走様でした　昨日今日飲み過ぎかな　気をつけて　寒くなるから

二月二十七日
19：49　M　風邪うつっていませんか　やっと少し元気でました　食欲出てきた　雪がないって生活楽々です　消えてわかりました

三月一日
15：23　M　（『ちいさな水たまり』の）カバーできた　三日持っていく　三日は無理しないでください　四日でもいいから
16：10　M　最終校正も出した
18：05　TEL　「四日練習2時から4時　練習後に」

三月二日
7：25　M　昨夜は（午後）7時半までつなぎ当直　今朝は雪　晴れてきそう　隣の公園の土が顔を出してきた
23：29　M　お月様まるい

三月三日（この日新宿で泊まっている　以前というか　かなり近い日　西脇さんと行った西口のパスタの店で　一人で　飲んで食べている）

20：09　M　終わった？（ホテルに帰ってメール）

20：16　TEL「今終わった　もう帰った」

21：03　M　終わった疲れたから帰る　一言欲しかった　まあ奥さんでも恋人でも娘でもないから仕方ないか　メールしなかったら連絡するつもりなかったでしょ　あしたでいいやって　わかっているからメール入れたんだけれど

三月四日（日）

0：27　M　Tさん好きでしょ　私と飲むより楽しいでしょ　だって権八のご亭主　Tさんにお知らせするんでしょ　やっぱり私はお邪魔虫

0：33　M　私に声かけたこと後悔しているでしょう　西脇さんに逢いたいと思えばみんな近くに住んでいる　なんか時々もうやめたって思う　わからん　（この後から　今帰ったTEL入るようになった）

0：56　M　眠れない　三月二十四日二十五日よろしく　四月ひろばとアルテリーべだけだからご安心あれ

16：36　TEL「どこにいる　今終わったから　事務所の前で待つ」

コルネット休み　タクシーで新橋へ　ROSE&CROWNも　休み

西脇さん「行ってみたい店あるんだけど　京都へ行ったとき　一人で飲みに行った店　俺ほっつき歩くの好きだから　そこでみつけた　京都駅新幹線側の近くにある店　気に入ったと言ったら　東京にもあるから行ってみてと紹介された　名刺もらってる」

名刺の住所みながら　道行く人に聞いたり　わからず「もうやっていないかも」京都の店に名刺に載っているお店に電話「やっています」との返事　探しまわって　西脇さん「あった！　やっと見つけた」

新橋　**Man in the Moon**　新橋3‐15‐4　西脇さんの大好きな店になる　ここは支払ってから飲み食べる　昼は銀座でアルバイトという店員さん（可愛い女の人）もいてにぎやかに　お店の人ほとんど外人（窓の向こう　軒下でタバコ吸う姿　目に浮かぶ　少年のようなちょっとはずかしそうな（はにかんだ）笑顔でこっち見ている）

金沢へ　最終で帰っている

三月五日

16：12　M　大荒れ　あした行けるかな

20：56　TELあり「あした　これそう？　今千代田稲門会終わった　俺一人　たばこ吸ってる　片付けしている　バーテンダーだったんだから　俺の食べたあと　きれいだろう　etc」

三月六日　歌のひろば　　ともしび新宿店

ひろば後**アサヒスーパードライ**へ

希望の大麦（生ビール）750×4　大山鶏のハム仕立て　キュウリのパリパリ漬け　アボガドサラダ　琥珀の時間730×2　コールドビーフ　7056円

東京駅まで送ってくれた（JR中央線に乗って）

19:38　東京駅中央口構内　本&コーヒーのお店で　コーヒー飲んだ　760円（一人380円）サウスコートの前でバイバイ

三月七日

7:08　M　午前5時　下弦の月輝く　美しくも冷たい朝　神々しい冷たさ美しさ

三月十日（土）

18:33　TEL「仕事終わった?」「今日は休み」「今練習終わった　きのう久しぶりにエカのコンサートに行ってきた　良かったよ　良かったよ」

「きょうこれからどこで飲もうか……　コルネット休みだし　あしたも練習だ」

三月十二日

13:13　M　宮城谷昌光　管仲と香乱記ほか持っていた　平成十六年ごろ　全然覚えていない（新風舎の山本さんという若い編集の人に　宮城谷昌光の本紹介された　かなり読んでい

たよう　楽毅だけ記憶があった）

三月十四日

6：46　M　お早うございます　温かい朝です　手袋はいるけれど

18：34　TEL「あたたかい？　夜寒いからオーバー着ているよ　加治さんの本読んだ　面白いけどこじつけ多いや　孫子よむといい　俺史記読み返すかな　etc」

三月十五日

19：31　M　寒くなってきている　あしたは寒のもどり

三月十七日

17：16　TEL「二十四日はいいよ　二十五日仕事入った　与野でサロン　本（『ちいさな水たまり』）着いた面白いよ　半分読んだ」

三月二十日

17：59　TEL「仕事終わった？　寒いね……etc」

三月二十一日

8：06　M　お早うございます　寒いお気をつけて　行ってらっしゃい　私も今日は仕事です

20：18　TEL「今　帰ってきた　ガンガン歌ってきた　上野　蕎麦屋で飲んでる　変わってしまったよ……　もう（上野駅の蕎麦屋のこと）　香乱記の話……いっぱいいろいろ

雪だ！　きのう一人でシャンパーニュ行ってきた（MIKAKO）　曲三つあげた　オリジナル初めてって喜ばれた　めちゃ上手かった　二十四日練習になった」

三月二十四日

10：47　M　お早うございます　東京着午後1時52分予定　それなりの時間になりそう

16：05　M　着いた（事務所に行った）

事務所から　タクシーで四谷　JR山手線で新宿へ

アサヒスーパードライへ

琥珀の時間730×4　キュウリのパリパリ漬け　大山鶏のハム仕立て　フリーフード　アサリバター　7480円

三月二十五日

5：53　TEL「大宮から帰れば　北与野に荷物置いて　それがいいなあ……etc」

6：07　TEL「8時45分か9時　コロラドで朝めし食べよう　etc」

コロラドで待ち合わせ　朝食食べる　コーヒー二杯

西脇さんに「志賀先生書いてみたら」と言われる

北与野へ（荷物ずっと　持ってくれた　預けるところなく）駅から歩いて会場へ
終了後打ち上げ　地ビール　ハーフ&ハーフにして　後　大宮駅　切符　買い替えして　**大宮駅近くのビル　?階　ワインの広場**
モルツ一杯ずつ　チュリーキー……
大宮駅から帰る（大宮駅新幹線改札口でバイバイ）
（『オウムアムア』に志賀先生を書いた「三年五組集合」を載せた）
三月二十六日
7：25　M　お早うございます　一週間ぶりの晴れ　快晴です　オーバークリーニングに朝出した
19：11　TEL「メール消えてしまった　何だった　大宮のワイン何とか……よかったね　大宮にあんなところあるなんて　etc」
三月二十八日
17：34　M　合唱のあとはアルテリーべかな　これから当直　医局誰もいなくなった
三月二十九日
20：11　M　本が来た（おそらく宮城谷の本　このころから　西脇さんが亡くなるまで　読み合っている　他に史記　春秋左氏伝も　これは私は結局読んでいないが）

三月三十日
6：45　M　お早うございます　朝夕は寒い　けさ公園の桜がちらほら咲き始めています
ちらほらじゃなくて　まだぽっつりぽつりかな
三月三十一日
22：48　TEL「もう寝てた？　本（ちいさな水たまり）今読んだ　ななめに　いいよ
最初がいい　人は生きる　別れと出会いをくり返しなど　いいよ」（いろいろお喋りする）

四月三日　歌のひろば　ともしび新宿店
7：45　M　お早うございます　夜明けの月　雲が凹凸にしてしまった
7：52　M　大雪の中静かに咲いていた山茶花が散ってしまった　でも緑の葉は　朝日に輝き　八分咲きの桜と美しさ競っている　きれいだよ
午後5：00
ひろば後　**アサヒスーパードライへ**
琥珀の時間730×8（私3　西脇さん5杯）　ジンギスカン1　キュウリのパリパリ漬け
トマトマリネ　7940円
午後8時10分過ぎまで　美味しかった
帰り中央線行の　エレベーターに乗ったとき「**行ってらっしゃい**」と言ってくれた「行ってき

ます」と　返した（東口へのいつものパターンの時）

四月四日

9：57　M　お早うございます　昨日はありがとうございました　楽しかった

四月七日

7：08　M　今日は前橋ですね　行ってらっしゃい

四月八日

11：53　M　お早うございます　雷鳴が頭上を走り　みぞれがうれしそうに舞い降りる　昨日今日お元気でしょうね

12：25　25秒電話気づかず

13：45　かけた

四月十一日

7：21　M　お早うございます　寒さ一変　朝から生暖かい風　空はどんより　飲み過ぎた朝のよう

四月十三日

7：30　M　お早うございます　東邦大の仕事は？　昨日当直した朝　医局の中でぐにゃっとなり　右ひざひねった　痛くて曲がらない　腫れはない
12：25　TEL　「もう昼休みかと思って　気管支に風邪はいった　ムコブリンいい？……etc」
13：12　M　今外来終わった　お大事に
四月十四日（京都で内科学会）
10：53　M　お早うございます　風邪いかがですか　今京都駅　会場行きの　シャトルバス待ち　長蛇の列
10：54　TEL　「声が出ない　仕事だよ」「何時から」「午後7時から……etc」（会場に着いてから　また電話入れた）
19：12　M　今　Man in the Moon　にいる
21：28　M　終わった？　弟夫婦と飲んできた　混んでた
21：56　TEL　「デカドロン飲んだ　昔　貰ったもの　残っていたから」
四月十五日
15：23　M　いかがですか？　これから帰ります
四月十六日
17：39　M　いかがですか？　これから当直です

18：05　ＴＥＬ　「あした咽喉科へ行く　行きつけのところ」
四月十七日
12：39　Ｍ　咽喉科　いかがでしたか
四月十九日　　西脇久夫　宛　送金30万
四月二十日（金）
17：18　ＴＥＬ　「何もなかったよ　転移もありませんって　今南風終わって飲んでる　ガンガン歌ったｅｔｃ」

四月二十二日（日）　ボニージャックス春のディナーライブ　アルテリーベ

四月二十三日
9：52　ＴＥＬ　「事務所の下の喫茶店　11時半に」
10：01　ＴＥＬ　「やっぱり10時半にコロラドにしよう」
コロラド　バークレーとコーヒー
その後？　記録なし　帰ったかな
四月二十四日（「三年五組集合」の詩　ＦＡＸした）
16：53　ＴＥＬ　「よかったよ　よかったよ　志賀先生に捧ぐなんて　送ってやろうかな

中学に　……etc」　とても喜んでくれた

四月二十七日
21：05　M　風邪もうよいですか　田んぼでげろげろカエルの季節
四月二十八日
22：16　M　送信済み容量いっぱいになりそう　消去します
23：54　TEL　「寝てた？　詩（志賀先生の）みんなに見せている」
四月二十九日
17：38　こちらから電話　旧約聖書買った　文語訳
TELあり　「聖書研究会に栄子姉さん入っていて　夜　それについて行っていた　欠伸することもあったけどね
聖書って　上からものを見ている　俯瞰している　選ばれた者のみが　あとは　虫けら同然の扱いだ　おかしくなるかもよ　仏教も同じだな……etc」

五月一日　歌のひろば　ともしび新宿店
ひろば後　**アサヒスーパードライへ**
「今朝おかしかった　何か心臓の辺りが　池が凍る　風があれば白く　風がなければ真っ

黒　最初に滑る人の滑走路が白くつく」
琥珀の時間730×7　ジンギスカン1　キュウリのパリパリ漬け　トマトマリネ　炙り焼豚
7840円
帰りは
中央線行のエレベーターまで　もちろん歩くときはしっかり腕組んでくれている（中央東口までのいつものコース）

五月三日
9：39　M　お早うございます　朝のおかしい感じあれからありませんか
五月四日
18：40　M　金沢昨日今日寒い　本日休み　明日から　ボニーさんが沖縄　終わるまで　私は休みなし

五月七日
5：23　M　お早うございます　今日から沖縄ですか　行ってらっしゃい
12：26　M　元気ですか　へこみそう
13：25　TEL「今沖縄に着いた」

15：23　Ｍ　一週間お楽しみください
21：32　ＴＥＬ「今　飲んで帰ってきた　変なところへ連れていかれた　行ったことあるのに初めてですって顔していて大変だった　飲み足りない気分　朝から荷物詰めてきたからもう寝る　コンサートあしたなし……　ｅｔｃ」
五月八日
14：22　Ｍ　コンサート真っ最中かな　もうへこんでいない　他の先生もバージョンダウンだったと叫んでいるから
21：52　ＴＥＬ「今　終わった　沖縄から那覇へ帰るタクシーのなか　夕めし食べていない……」
五月九日
0：17　Ｍ　飲めたかな？　お疲れ様　明日また　おやすみなさい
五月十日
0：14　ＴＥＬ「もう寝た？　大盛況だった　若いですね!!　と言われた　玉田と飲んできた　オリオンビール　沖縄のビール　美味しい　……」
楽しそうで　よかった
7：22　Ｍ　お早うございます　バスも電車も暖房が入り　冷たい風　太陽が照って雨が降る　天気雨　虹が出るかな

五月十一日
7：22　M　お早うございます　寒い朝ですが　暖かくなりそう　今日のコンサートは何時ごろかな
五月十二日
15：12　TEL「今全部終わった　大盛況だった　これから空港へ行く」
17：43　M　沖縄コンサート盛況に乾杯　お疲れさまでした　若返れたんじゃない？
五月十三日
13：36　M　創世記だけれどヤハウェと訳した口語訳の本見つけた
五月十五日
7：25　M　お早うございます　お疲れ取れましたか？　蝦夷の夷　大きな弓　が重なった字　蝦夷　大きな弓を使う人か
五月十九日
12：20　M　チェックイン3時　ホテル周辺かロビーで時間つぶせそう　池袋メトロポリタンホテル
12：35　35秒電話あり気づかず　かけなおし「午後5時芸術劇場の噴水の所」

15：41 ＴＥＬ「はやく終わりそう」
16：15 ＴＥＬ「着いたよ」 それからが大変
16：22 16：24 電話かけながら探しまわり「ここ ここ うしろ うしろ」
西脇さん野外劇場の裏にいた「(野外劇場で) 何かやっているから 知っている奴いると面倒
だから 隠れてた」
午後5時前から **池袋ライオン**で飲む (ギネス貸し切りのため)
後 タクシーで**蛾王**へ
「みんな練習だったが俺インタビュー入った 大阪で九月コンサートやるシンフォニーホール
ボニーさん三百枚売ってくれって言われた」「協力するよ」「ありがとう 頼む……ｅｔｃ」
五月二十日
午後1時 コロラドでバークレーとコーヒー
帝釈天へ (電車乗り継いで ややこしかった) (柴又駅)
柴又駅広場にある 寅さんの銅像を見ながら歩く
西脇さん「さくらがいる……」 さくらさんと一緒に西脇さんの写真撮る 話しながら歩き
帝釈天へ 「中まで 入らなくていいだろう」と中には入らず まわりを廻って 裏から外へ
出たところで 西脇さん裏門見上げながら「これ写真撮らなくていいの?」と 裏門撮る
帰り 駅へ向かって歩く 「休むか少し」と **川千家**(かわちや)へ入り 飲み食べ始める 午後4時30

分ごろから　そんなにお腹すいていない　でも疲れている「ここでいいや　もう　ここにしよう」 川千家で沈没

板わさ５４０　うなぎ蒲焼　梅２５００　生ビール５９０×２　骨せんべい４４０

６４３０円

〜

新橋へ行き　椿屋でコーヒー（コーヒー　一人９８０円もした）西脇さんこそっと一言「高いな」

ＪＲで　東京駅へ　私は降り　西脇さんはそのまま電車で帰っていった

五月二十一日

16：07　Ｍ　お早うございます　十九日　二十日ありがとうございました　手紙書いていますか

17：28　ＴＥＬ「きのう　疲れた？　椿屋のコーヒー高かったな　ｅｔｃ」

五月二十二日

14：57　Ｍ　手先のしびれいかがですか　もう少し歩けるようになったつもりだけれど　鍛えます

五月二十五日

16：41　Ｍ　疲れた　頭くらくら

17：19　TEL　「どうした　頭くらくら？　合唱上手くなったよ」

五月二十六日　響けみんなのうたごえ！　市民コンサート　船橋

12：05　M　今新宿　総武線に乗った

13：15　M　着いた

13：29　TEL　「通じた」

コンサート後

船橋の？？？　ビル3階　**やきとり番長**　美味しかった

ここに決めるまでに　西脇さん　以前行った店探したがわからず　あるビルの前　1階でお兄さんに「どうぞ」とすすめられ「このビルにするか」と3階へ

西脇さんお疲れ気味　コンサートで疲れている　＋　重いカバンとステージの服持ち　私と腕組んで大変

席に着くと　西脇さん「両肩重い」と言い出したが　飲みはじめると元気にとても美味しかったので飲み過ぎ

西脇さんの小中高の話　他いろいろ

山でスキー中？　登山中？　クレバスに落ちた　遭難した　リーダーがしっかりしていて助かった（これは高校時代か　高二か高一）「この時は死ぬと思った」　何の部活かよくわからなかった

もう二つ　何の部活か？　十数km走らされ　びりになると食事がなかった　寮のおばさんよく
わかっていて　残しておいてくれた
一年生の時（大学？）ビール買いにやらされて　両手にぶら下げて買って帰った（片手に十
本）重かった　ｅｔｃ
これらの話も数回聞いているが　何回聞いても新鮮
（なんか　メタあるのか　肋骨痛かったり　心臓の辺り変な感じしたり　肩重かったり　気に
なるが）
五月二十七日
午後1時　コロラド
〜
高田馬場駅正面　ビル3階　**キリンシティ**
ホツマツタヱとか九鬼文書（くかみもんじょ）　竹内文書　聖書　ラーマヤナの話（西脇さんは　九鬼（くき）と言っていた）
私　腹痛あり
ハーフ&ハーフ2杯ずつ　アスパラサラダ　タコマリネ2016　3190円　15時25分
まで
16：30　M　今発車　東京駅着いたのは4時だった
16：36　M　お腹　全く痛くない　自律神経障害かな

五月二十九日
16：18　M　九鬼文書は本がない　ネットに何か神代系図として誰かが書いたサイトから引っ張り出したのがあった　面白そう　蘇我氏がイエスキリストの子孫とか
16：19　TEL　「九鬼なかった？　……」

五月三十一日
18：21　M　1995年初版の竹内文書きた　著者怪しげ？
18：30　M　高坂和導『竹内文書』と『竹内文書でわかった太古の地球共通文化は』原田実の『古史古伝異端の神々』　ここに九鬼文書出ている
19：16　M　旧約聖書　口語訳で読むことにした
19：44　M　あと読むのは　ラーマヤナ？
22：23　TEL　「ラーマヤナ　読まなくていいよ　竹内文書などの話……」

六月四日
19：28　M　本　着きました？（ちいさな水たまり）
23：05　TEL　「着いてるよ　根来さんが早速一冊買ってくれた」

六月五日　歌のひろば　　　ともしび新宿店
ひろば後
アサヒスーパードライへ
琥珀の時間　730×8　キュウリのパリパリ漬け　牛もつアラビアータ980
シーザーサラダ900　8720円
帰りは中央東口からいつものパターン　腕はしっかり組んでくれる

六月六日
15：04　M　二日酔いにならなかった　本あしたかな　不在連絡病がはいっていた
15：06　TEL「何だよ　不在連絡病って……」「票の間違い」
「こっちは二日酔いだ……」

六月七日
16：50　M　本着いています　肆　読み判りますか　ほしいまま
時間？　TELあり「西永話が違うと怒っている　だまされたとも　言っていたが　俺に
南風にちゃんと聞けって言う　確かにおかしい　安すぎる」（沖縄での　お金問題の話）

六月八日
16：50　M　南風　話終わった？　八月アルテリーべありますか　九月の大阪は連休ですね

切符が大変だ
22：53　TEL　「今帰った　彼女（南風のママのこと）はツワモノだね　まわりに悪く言われたくないし……　バランスシート出してくれとは言った　食べて飲んできた」

六月十一日
18：42　M　お元気ですか　雨いかがですか　只今当直中
19：34　TEL　「コルネットで飲んでる　当直だって」（大変だなとの喋り方）

六月十二日
16：13　TELあり

六月十三日
16：17　TEL　「ごめん　トイレに行っていた」

六月十四日
7：23　M　お早うございます　毎朝毎晩寒い　めちゃめちゃ風が冷たい　今朝は久し振りの青空　風はやっぱり冷たい

六月十五日
16：33　M　明日東京へ行きます　六行会までいます　お時間あればよろしくお願いいたします

17：46　ＴＥＬあり
六月十六日（私高校の同期会　おそらく帝国ホテル）
15：42　こちらからＴＥＬ　今終わった　あと1時間で着くかな？
アサヒスーパードライへ
琥珀の時間７３０×6　枝豆　キュウリのパリパリ漬け　大山鶏のハム仕立て
６０８０円
六月十七日
17：03　ＴＥＬ「いま終わった　もう飲み疲れた　ホテルまで行く」（ブラッサム新宿　東京は　私はこのころは主にここで宿泊）
18：08　ＴＥＬ「あと2分くらいで着く」
エレベーターおりたら　エレベーターの前にいてくれた　笑い顔で「ホイッ」と腕出してくれた　ホテル近くの　**肉バル　MANZO**
狭い店内だった　西脇さんに無理させたみたい　ごめんね
ハッピーアワービール３２４円×３　コペルト２７０円×２　タコのカルパッチョ５７２円
タルタルサラダ１０５８円　熟成肉チャックフラップステーキ２１３８円　生ビール６２６円
六月十八日　ボニージャックス　歌のひろば　六行会ホール
13：31　Ｍ　着いた

13：33　ＴＥＬ「早着いたの　俺くたばっている」
コンサート後　ROSE&CROWNへ　ビール美味しかった
ＨＰハーフ×2　１２０８円　ＯＦＦフライドチキン1　ＯＦＦレバーパテ2
ＨＰ香るエール　２１６０円
21：04　Ｍ　すごく酔っているけれど　タクシーで八重洲降りると新幹線乗りやすい
21：14　Ｍ　東海道新幹線　待ち合わせのため　10分遅れになるそう
六月十九日
7：24　Ｍ　お早うございます　くたばってますか　少々二日酔いですが　昼ごろにはなおるかな　お邪魔しました
10：16　Ｍ　夜中にムカデ出て　今日は睡眠不足
19：14　ＴＥＬ「ムカデ　俺飼ってたこともある　何だってムカデ殺したらいかん　はしでつまんで捨てなさい……」「もちろん　そうしている」
「面白いね『史記の風景』　漢字書き出して人名辞典で意味調べるといい　へぇパソコンも役立つねぇ　ｅｔｃ
きのう　ビール美味しかったね……　地下鉄で帰って疲れた　脚つった」
（『史記の風景』　返してもらっていない）
六月二十日

7：07　M　お早うございます　ナイロン袋の中でガサガサ生きていた　ムカデ　田んぼに放した　袋に噛みついてなかなか離れなかった

六月二十二日

21：47　M　脚はもうつりませんか　明日もふつうに

豊田でコンサート　倍賞千恵子さんも

六月二十三日

16：13　M　そろそろ終わりかな　一日お疲れさまでした　脚お大切に

18：09　M　ごめんなさい　時間間違えていた　今夜はゆっくり飲んでお泊りですか？

21：35　M　肆　お疲れ様　電車くれないか（うちまちがいだが）

23：35　TEL「中野の駅のベンチに坐っている　死にそうだ　下腹いてぇ　倍賞に写真（さくらさんと西脇さんの）見せた　喜んでくれたよー」

六月二十四日

13：29　M　お早うございます　ぶっ倒れているかな

20：36　M　お腹いかがですか

22：35　TEL「あのメールどういう意味だ」（二十三日のメール　肆）

六月二十八日　（私　神戸の学会へ）

12：52　M　お早うございます　ぶっ倒れていませんね　昨日はいい日だったでしょ　五月蠅の電話もなくて　今　金沢駅へ向かう電車に乗った　暑いですね

18：38　M　京都駅で新幹線待っている　駅弁神戸で買おうかなんて考えながら

18：57　TEL（新幹線の中）「どこへ行くの　フーン　コルネットで飲んでいる」

六月二十九日

18：03　M　疲れた　頭くらくら　4時ごろから嵐　ホテルに帰って生ビール飲んでる　雷すごい

20：08　TEL「今うち　飲んで帰ってきた……」

六月三十日

18：54　M　本日嵐は1時間で終わり　布引の滝行こうとした　手すりのない階段なので中止　ホテルからすぐそこなのに　ほんとうに　足がおかしくて歩けない

七月一日

13：09　M　お早うございます　鹿島さんいかがですか　これから金沢へ帰ります　いい学会でした　東邦の循環器すごいよ

七月二日（月）　ボニージャックスコンサート2018　～昭和歌暦～

みなとみらいホール　小ホール

8：53　Ｍ　お早うございます　もう少しで長野　今日一緒に帰れますか　帰れない場合お
早めに　お知らせください
10：34　ＴＥＬ　「一緒に帰れるよ　小ホールややこしいから楽屋口で待ってて」
暑くて　会場までタクシーで行ってしまった　喉も渇き足も痛い
コンサート後
みなとみらい線に乗り池袋へ　**池袋ギネスへ**
ギネスのハーフ＆ハーフ　唐揚げなど（西脇さんのおごりかな）
七月三日　歌のひろば　ともしび新宿店
ひろば後　**アサヒスーパードライへ**
西脇さんのおごりか
七月四日
17：48　Ｍ　ぶっ倒れていませんか
17：54　Ｍ　しゅうさんからのお菓子　おいしいからと金沢で売ってないか調べた看護師が
いる　デパートにあり　休みに買いに行くそう
18：43　ＴＥＬ　**「きのうは楽しかった　ありがとう　元気が出た　寝ているつもりだった
けど　出川先生のところへ行ってきた**　ヘルベッサーとかもらってきた　胸も心臓も異常な
しと言われた……ｅｔｃ」

七月五日
8：58　M　お早うございます　プティタ・プティ：一口サイズのクッキー詰め合わせ（しゅうさんからのおかし）　大雨です
19：54　TEL「**コルネットでたばこ吸いに出て今電話している　三杯目飲んでる　そろそろ出ておいでよ　話し相手がいない　おまえはおかしなやつだよなぁ「おまえ」としか言いようがないよー！**　ｅｔｃ」
七月六日
18：04　M　夕方からまた大雨だ　今朝は小雨だったのに

七月八日（日）　ボニーと歌声の仲間たち
ともしび新宿店　（エカも）　日帰りだった
8：41　M　久し振りに朝霧がかかっていた　もう晴れた　新幹線の中　外の気温が上がってくるのがわかる窓側の席
ともしびで歌っている間　携帯預かる
打ち上げ後
午後6時ちょい前から　**アサヒスーパードライへ**
「作曲が趣味かな　速い曲作った　弾けもしないのに　娘に華がないっていわれた　音合わせ

で　ともしびでピアノ弾いたらみんなびっくりしていた　はじめて聴いたって　……ｅｔｃ」
ハーフ&ハーフ小５４０×２　キュウリのパリパリ漬け　水タコカルパッチョ１０００
２５８０円
午後６時45分くらいまで
23：26　ＴＥＬ　「寝た？」「今着いたところ」「そうか　疲れたね　two stage は疲れるｅｔｃ」
七月九日
７：25　Ｍ　お早うございます　ぶっ倒れているかな　昨夜はお電話ありがとうございました　元気出ました　昼は食事できそう
19：00　Ｍ　医局のクーラー壊れて蒸し風呂　本体の老朽化だって　大変だ
22：27　ＴＥＬ　30秒呼び出しあり
23：11　かけなおした
「ともしびへ行っていた　メール入っていたから何だと思って　ベイビーブーのともしびのショー聴いていた　ベイビーブー　インタビュー受けていた　帰りベイビーブー五人タクシーまで送ってくれた　十三日何してる？」「仕事」「そうかシャンパーニュ行こうと思ってそうか　十五日ゆっくり来いよ　俺寝てるから」
七月十日

7：25　M　お早うございます　すじ雲が綺麗な快晴

七月十二日
16：47　M　明後日　東京暑いそう　医局のクーラーなおって蒸し風呂から解放された　明日はお楽しみくださぃ
17：09　TEL　「東京めちゃ暑いよ　毎日　十三日お楽しみって？」「シャンパーニュ行くんでしょ」「あぁそうか　十五日どこ行こう」　アレコレ話して
目白1時15分

七月十四日
17：33　M　強い日射し　麦わら帽子　ワンピース　そうして蝉の声　夏実感
七月十五日　日帰り
13：15　**目白駅**で落ち合う　「見ぃつけた」って　病院からの電話受けていた　「仕事の話か医者の仕事している顔だ」　西脇さん咳している
バスに乗り三番目停留所　降りて　お蕎麦屋さんへ（老舗）　西脇さんお知り合いみたい「お久しぶりですね」なんて言われていた
西脇さんのおふくろ談義の本（２００７年　えくせれんと6月号）もらう　「おふくろ　いつ

もシャキッとして　子どもの前で姿勢くずさなかった」（以前か後か　女房もいつもきちんとしている　ごみ捨てに行く時だって）　お母さん二十歳くらいの写真　西脇さんに似ている
西脇さんの咳が気になるが
「蕎麦は　そのままがいい　天ぷらソバなんて駄目」　西脇さん日本蕎麦大好き　でも味にうるさい「蕎麦だけはまずいと食べられない」
バスに乗り再び　目白駅　バス停向かいのビルの地下の喫茶店（後日名前ＯＫ　バンチャム伴茶夢）へ（目白駅側）「コーヒー飲みに昔よく来た　喫茶店　つくりが昔のまま　向こうにカウンターがあり　こっちはテーブル席　久しぶりに来た」　ここのテーブル席で　コーヒー飲む
　　　　　　　　　バンチャム　地下の喫茶店　豊島区目白3-14-3
15：40　目白駅で山手線　池袋へ行く予定が混んでいたので　新宿方面に変更　これも混んでいたが
電車待つ時間「このシャツ　アロハだよ　ワイシャツみたいだろう　自分で選んだ……etc」（山形のシャボン玉コンサートで着ていたシャツ　いいシャツだ　好きなシャツ）
新宿　**アサヒスーパードライ**へ　西脇さん本日空咳　多かった
ハーフ＆ハーフ小５４０×６　枝豆　生ハム盛り合わせ　水タコカルパッチョ　¥５９４０
23：52　M　20時12分発　はくたか各駅停車に乗った　14分いつもより早い　今着いた　今

日はありがとうございました

七月十六日
11：28　M　今日の金沢は暑い　昨日の東京より暑い

七月十八日
16：12　M　この間のシャツ　アロハで納得　変わった色使いだったから　どこで購入？
価格は？　聞きたかった（形見に頂戴とは言えなかった　欲しかった）
17：54　TEL「微熱がある　咳止まらないｅｔｃ」

十五日気になった咳　その後微熱も出現　　MAX37度8分
食欲も低下　　メール電話やり取りし
七月二十日　　東邦へ
7：07　M　今朝も蝉の大合唱　暑くなりそう　あらためて行ってらっしゃい
15：16　TEL「一日一回の薬もらった　肺炎ではない　気管支炎って言われた　飲んで
（ビールのこと）いいかな？」　南風の日（あと「ボニーみんなで南風で飲んだ　そのあと吐
いた」そう）
21：43　M　のびていませんか　薬効けば　いいですね

七月二十一日
14：00　M　いかがですか
15：16　20：32　TEL「食欲まだない　ビールは飲めるけど美味しくない」
七月二十二日
8：23　M　お早うございます　ぶっ倒れているかな　プリンペラン朝夕食前か後か　レバミピド2～3回　服用お勧めです
18：11　M　終わりましたか　体が回復するまでは上手にタクシー使いましょう　釈迦に説法かな
18：22　TEL「脚がつる　痛い　食欲まだ」　脚が痛いと言い出した
脱水かと考えたが　点滴受けて　西永さん　梅干し買って来てくれたりも　足の痛み変化なし
山形へ　点滴山形でも受けたが　改善なし
脚　痛そう脱水ではないよう　神経痛　？？　足背動脈は触知可
七月三十日　　山形からの帰り
上野駅の蕎麦屋いろり庵　で飲む
板わさ美味しかった　西脇さん脚痛そう

生小400×5　鴨ねぎ焼き880×2　鈴廣のかまぼこ580×2　4920円
（上野駅で切符買い替えた）

山形から帰り　整形外科も受診　筋肉の使い過ぎ　背骨はきれいですって

八月四日
22：46　TEL　「急に左脚のくるぶしのところが腫れてきた」
八月五日
12：38　M　いかがですか
14：28　M　うまく病院いけましたか　仕事は？
八月六日　東邦へ
15：47　M　いかがですか
18：06　TEL　「今病院出た」
18：39　TEL　「血管綺麗ですって　足首のところにもやもやがある」
八月七日　歌のひろば　ともしび新宿店
ひろば後
アサヒスーパードライ　ハーフ&ハーフ小540×5　キュウリのパリパリ漬け　アボガドサ

ラダ　ジンギスカン１０００　５２８０円
18時31分まで　西脇さん足の痛み　ひどい
19：14　Ｍ　19：24発に乗れる
19：15　ＴＥＬ「乗れた？」
22：23　Ｍ　無事帰りました
八月八日
16：07　ＴＥＬ「今終わった　薬貰った　一日二回
どうも　細菌がついたみたいだって」
19：47　Ｍ　お金送った　明日入金かな　もうないよ　儲けましょう
会社へ　２００万　送金
八月九日
17：05　Ｍ　台風　脚いかがですか
17：38　ＴＥＬ「まだわからない」
八月十一日
19：10　こちらからＴＥＬ「少しいいかな」
八月十二日

18：31　M　いかがですか
18：34　TEL「よくなってきた　今七十通手紙書いたｅｔｃ」

八月十三日
18：45　M　いかがですか　悪くなっていなければいい

八月十四日
6：53　M　お早うございます　今日は朝早くからめちゃめちゃ暑い
16：26　M　いかがですか
17：52　M　夕立　虹が出ている　雷こわい帰り道
18：32　M　電車おりて　バスに乗っている　虹まだ消えない

八月十六日
6：43　M　お早うございます　今日も暑い
19：34　M　朝一雨欲しい暑さ　天から大きすぎるプレゼント大雨
20：47　TEL「コルネットの外で涼んでいる」

八月十七日
6：58　M　涼しい
21：52　M　あかあかと日はつれなくも秋の風　の一日でした

23：56　ＴＥＬ「寝た？　今帰った」

八月十九日
10：28　Ｍ　暑くなりました　ご注意

八月二十日
18：50　ＴＥＬ「最近静かだから……」電車降りてかけなおす

八月二十一日
16：53　Ｍ　今日は当直です
ベイビーブーの住所聞くのに電話したら　西脇さんが出た
20：37　ＴＥＬ「今鳴っていたので出た」「私鳴らした？」の電話

八月二十二日
23：22　29秒　ＴＥＬ　寝ていて気付かなかった
（今帰ったの電話だったのかな）

八月二十三日
0：58　Ｍ　ぐっすり寝ていた
1：03　Ｍ　携帯隣の部屋だった　ひと眠りが深かったか
8：26　Ｍ　お早うございます　めちゃめちゃ暑い日ですが　青空高くなりました　昨日は

金沢今夏最高の暑さだったとか　今日はさらに暑い予定　行ってらっしゃい
19：08　M　さいたま　終わった？
八月二十四日
7：04　M　お早うございます　笹の木　ボキボキ道路に飛ぶよの朝です　行ってらっしゃい
17：10　M　終わった？　鹿島さん　いかがですか
22：42　TEL「今　帰った　鹿島またぶっ倒れた　俺は大丈夫」

八月二十六日（日）　ボニージャックス夏のディナーライブ
〜夏に歌う　60年の愛唱歌〜　アルテリーベ
打ち上げは　十人くらい　残るボニーは西脇さんのみ　西脇さん皆さんと楽しそうに　飲んでお喋りしている　いつもハーフ＆ハーフ三杯くらい飲んでいる　食事は本番より美味しい
八月二十七日
10：03　TEL「コロラドで12時」
コロラドでハニートーストとアイスコーヒー
「5時まで時間つぶせ」「大江戸線で早めに事務所に来てもいいよ」とも言いながら
16：50ごろ　**事務所**へ　ミカコさんの「あなたの笑顔」きかせてもらい
17：30　**コルネット**へ（窓側の席だった　稲光すごかった）

19：50ごろから稲光と雷と大雨　　稲光・雷・雨　少し治まってきていたが
20：15　西脇さん　コルネットの前から一緒にタクシーに乗って東京駅まで　八重洲から入り
ロッカーまで付き合ってくれて　サウスコートの前でさようなら　　互いにかなり濡れている
西脇さんは　さようならしてから絶対振り向かない　あぶないから
八月二十八日
7：24　M　お早うございます　昨夜はご馳走様でした　今日は雨かな　二日　またよろしくお願いいたします
八月二十九日
12：31　M　保険証新しくなっていませんか　またコピーお願いします
12：39　TEL　「コピーでいいの」
八月三十日
19：41　M　コルネットの日のような雷と雨です　コルネットでは稲光りも怖いって感じなかったのは？？？
八月三十一日
20：05　M　お元気ですか
20：35　TEL　「元気だよ」

九月二日　昭和歌暦　西新井文化ホール　ベイビーブーも
8：51　M　お早うございます　新幹線に乗りました　昨夜鹿島さんの奥さまから電話いただきました
コンサート後
17：00過ぎ　西新井文化ホールから　東口まで歩き西口へ　食べるところを探す
「ああ　中華がいいな」　酔香園（中華料理店）
「旨い！　水ぎょうざ　食うか　台湾豆腐てなんだ　たのむか　旨いな」
本当に美味しかった　まあすべて美味しい店でした　台湾豆腐美味しい
生ビール380×6　蒸し鶏380　西紅柿280　水餃子380　焼売380　台湾豆腐380　4406円　足立区西新井栄町1-17-1　パサージオ4F
九月三日
21：12　M　もう帰りましたか　新幹線東京出ました　日曜日は満席
7：22　M　お早うございます　昨夜はお疲れ様でした　楽しみました　今朝は陽射しがきつい　中華料理も楽しかった
九月四日　歌のひろば　ともしび新宿店
7：51　M　空が刻々不気味な色に変化しています　お早うございます　ホテル確保しました　明日朝一に帰ります　1時間遅刻かな

（新宿ブラッサムでタクシー予約した時だ　電車がなくて）
ともしび後　**アサヒスーパードライ**へ
ハーフ＆ハーフ小５４０×８　ジンギスカン１１００　キュウリのパリパリ漬け
水タコカルパッチョ１０００　６９２０円
「やはり　**金沢にいろ　俺金沢に行く　金沢で作曲する**」
（七月五日には　コルネットからＴＥＬくれた　「早く出てこい」って）
九月五日
16：08　Ｍ　お早うございます　仕事はじめています（9：00にメールしたが送信できなかったもの）
16：09　Ｍ　保険証コピーお願いします
16：10　Ｍ　先のメールは朝のもの　送信できなかったよう
九月六日
6：43　Ｍ　お早うございます　今回の台風実害なし　東京にいてよかった　午後6時以降タクシー含め　交通機関すべてストップしたそう
17：13　Ｍ　大阪の帰りの列車時間　わかったらお教えください
17：15　ＴＥＬ　「今病院？　今から保険証ファックスする」

九月八日
7：57　M　お早うございます　今日は越谷ですね　鹿島さんいかがですか　金沢は雨
時々大雨　行ってらっしゃい
18：51　M　お疲れさまでした
21：00　TEL「今　帰った……　きょうは武蔵村山だ　遠い」
九月九日
8：31　M　お早うございます　行ってらっしゃい
21：46　M　お疲れさまでした
23：56　TEL「今帰った　武石さんと飲んできた　俺がふられた人」
九月十日
18：39　M　大雨と風　おさまっている　当直中
午後8時過ぎ　こちらから電話　「**背中痛い**　筋肉痛様　女房にバンテリンもらって貼っ
ている」
九月十一日
16：20　M　練習中かな　背中の痛み　いかがですか
16：29　M　背中痛い　バンテリン少しいいかな　今日は飲む日　ボルタレンもいいかな
19：27　M　痛みいかがですか

22：40　M　屋根と雨どい直しに80万かかる

九月十三日

0：15　TEL　「寝てたか　さっきというか『半分、青い。』の前に帰ったのだけれど　何だって80万　やめとけ　シャンパーニュ一人で行ってきた　すげえよ　ミカコ」

19：48　M　居残り当直　今電車に乗った　後ろ車両　私一人

九月十四日

7：39　M　お早うございます　今日は相模大野ですか　行ってらっしゃい　相模女子大前バス停　何回か通過した記憶あり　娘が若松に住んでいたから

19：23　M　お疲れさまでした　この次は明日？　明後日？

九月十五日

0：14　TEL　「寝てた？………」

17：00　M　当直終わり　暇だった

九月十六日

8：15　M　お早うございます　行ってらっしゃい　東京夜降るかもって

9：56　TELあり

18：24　M　終わってますか　お疲れ様　明日はお休みですか

九月十八日
8：21　M　お早うございます　久しぶりのすじ雲綺麗な朝です
15：53　M　アルテリーベ　十月まだわかりませんね　明日　合唱のあと飲み過ぎないように　盛岡にはいつ発つのですか
19：25（バスの中）コルネットから電話あり　バス降りて　こちらから電話したら「俺今電車の中」
21：01　TEL「今　帰り着いたよ」
九月十九日
8：47　M　お早うございます　最高に近い秋晴れ
18：35　M　上弦の月
19：47　M　書き忘れ　彼岸花が咲き始めている
20：57　TEL「孔子また読んでみようと思っている　ヘブライ語どうして縦文字にしたか……　etc」
九月二十日
16：41　TEL（詩三篇送ったら）「何だよ暇か　あんなもの書いて　かき集めてためて本にすればいい……　あー銀行から電話　あとで電話する」

17：25　TEL「銀行終わった　三井住友　みずほはこの間終わった　こっちがうつだ
今管仲　読んでいる　というか読み返している」

九月二十二日

10：22　M　お早うございます　今日は雨の中　病院の大規模災害訓練でした　明後日は日
直（足は　ものすごくおかしいが　誰にも言えず　何とかなるかな）

九月二十四日

19：43　M　お元気ですか　今帰った

九月二十五日

8：20　M　お早うございます　言い忘れ　昨日中秋の十五夜　雲で見えなかった
19：42　M　明日は朝早いのかな　久しぶりに転んだ　地面の割れ目に引っかかって　坂降
り中　怒らないでよ　ちょっと情けないって落ち込んでいるから

九月二十六日

5：17　M　お早うございます　西の空に十六夜月　静かに輝いている　行ってらっしゃい
5：19　TEL「お早う　晴れてるの？　こちらは雨だ……」
7：14　M　快晴

8：18　M　書き忘れ　昨日雨傘　今日日傘
22：40　M　お疲れさまでした　雨になっている

九月二十七日（木）　昭和歌暦　ザ・シンフォニーホール（大阪）
大阪シンフォニーホール　コンサート

コンサート後　打ち上げ　二か所で
午後8時　西脇さんと　タクシーで新大阪駅へ　西脇さん切符買い替え　改札　後ろからついていこうとしたらここは新幹線だけと言われ
西脇さんさっさと前へ歩いて行った
20：59　M　乗ったよ
TEL「どうした　改札ついてこなかった」「新幹線改札口なので　ついていけなかった」
「そうか」

九月二十八日
0：02　TEL「今着いたよ　着いた？」「大丈夫だった？」「寝てたから元気」
9：27　M　お早うございます　昨日はお疲れ様でした　今朝は月が綺麗でした
17：14　M　HTさんって方　藤田先生の紹介で来ました　と言ってCD買って　サインしてもらって　握手したって
17：20　TEL「いたよ　CD買ってくれた　　もう帰るの？」

18：40　Ｍ　送ってくれる先生早く帰るから早かった　何か言いたかったけど　まあいいか

十月一日

7：23　Ｍ　お早うございます　台風一過　何もなかったように　人も車も動いている

16：57　Ｍ　本日は当直　二日三日仕事？

16：58　ＴＥＬ　「あした　ムサシ……　次は岐阜だ　『かにし』とかいうところ」

十月二日

8：59　Ｍ　お早うございます　くもり　夜中午前2時に外来　眠れず　行ってらっしゃい

十月三日

5：56　Ｍ　お早うございます　今朝は早いのかな　もう岐阜出かける　行ってらっしゃい

20：02　Ｍ　お疲れ様　帰りですか　本着いています　太公望　管仲は持っていて下さいよ

（私の送った文庫本の管仲はなかった　事務所に　単行本あったが　太公望も返してもらっていない）

21：42　ＴＥＬ　「今高山線に乗って美濃太田についた　ノボさんと飲んでる　あした8時電話して　目覚まし忘れた」

十月四日

8：00　西脇さんに電話「起きてますか8時ですよ」「ありがとう　起きてるよ」

19：56　M　お疲れさまでした　ガンガン歌えた？
19：59　TEL　「今　帰ったよ　うち」

十月五日（金）　世界の歌を美しい日本語で　ゲスト出演　代々木上原のけやきホール

コンサート後　コルネット中止して　**代々木上原の居酒屋さんで飲む**　帰り道にあったので
生美味しい　水ぎょうざ　ピータン　茹で豚肉ともやしのポン酢炒め　生ビール　西脇さん
4杯　私3杯　　新宿駅で　ばいばい

十月六日
14：14　TEL　「きょう午後6時　現地で　西口かな」
17：04　M　早く着きすぎた　メトロポリタンホテルのロビーにいる　　ライオンの看板の
ある所でいいんだね
17：19　TEL　「先に行ってて　裏にエレベーターある」
午後6時少し前　　**池袋ギネス**
「メールじゃなくて電話にして　チカチカだけで気がつかない」
即席の作曲してくれる　本当にすごい　すぐ曲作ってしまう「こういうのはこの感じで　でも
こうもできる　プロの歌手が歌うのなら　プロならではの表現部分つくらなきゃいけない　水
平にしたり　谷や剣をつくったり　ｅｔｃ」　大プロだ　　その他　お喋りいっぱい（宮城谷
の話も）

ハーフ&ハーフ900×4　1100×1　Fried Chiken　オニオンリング　グリーンサラダ
6850円
午後9時半ごろ　支払い
十月七日
13：56　TEL「早めに終わった　ニュートーキョーわかるなー」
ニュートーキョーで食事　（ニュートーキョーの入り口で待ち合わせ）
ハーフ&ハーフ（ジョッキ）700×4　キャベツの塩辛炒め　ローストビーフ　枝豆　麻婆豆腐　6037円　美味しかった
十月八日
13：05　M　お早うございます　お疲れいかがですか　金沢カンカン照り
16：59　TEL「今終わった　一人だ　夕べ電話しようと思っていたのに　寝てしまった　何時ごろ着いた？　そう11時ごろ　**話し相手がいない**……etc（台風でかがやき遅れた）」
十月九日
12：20　TEL「20万貸して」
12：53　TEL「つぶれる」
昼休み　痛い脚　引きずって　鶴来信用金庫　二回往復し　送金する
疲れた　西脇さんには　言わなかったけれど

23：37　M　朝ドラマ　まんぷく　おもしろいよ
十月十日
23：47　M　コズミックフロント　太陽系外からの物体している　できればみておいて
十月十一日
0：29　M　オウムアムア
0：45　M　BZ509　45億年前太陽の重力に引き寄せられてとどまったけれど　木星の重力には影響されない
16：26　TEL「診療終わった？　みたよ　コズミックフロント　書けよこれ」
十月十二日
18：15過ぎ　こちらからTEL「何を書くの？」
「書くこと決めたか　スピードだよスピード　人間のスピード　歩く　ハイハイするから始まって　歩く　走る　自転車　馬車　飛行機　新幹線
長くなりそうだから　今　コルネット　灰皿もらって外へ出る」
18：45分くらいまで話
20：15　43秒呼び出しあり　↓　こちらからかけた
「宮城谷読んでて　女性が出てこない　日本では古代で額田王が出てくる　政治に関与していた　これも書け　人生を走ったというか　人生にスピードがあって」

十月十四日
20：56　TEL「今お通夜の帰り　キングのディレクター　また一人いなくなった　七十六歳　書く気起きたか……」

十月十六日
17：05　M　今日は仕事ですか　今朝まで調子悪かったけれど　少し元気出てきた
17：06　TELあり

十月十七日
18：19　TEL「書けてるか　書くか？」

十月十八日
15：30　M　少し楽になってきた　美味しいものは　美味しくなった

十月十九日
7：20　M　お早うございます　曇り空　一晩中遠雷　午前6時　もこもこ雷雲　あっという間に消え　午前7時　青空の中お城気持ちよさそう

十月二十日
17：21　M　東京荒れてますか　晴れてきた　日直終わり　今から帰る

（天気予報で東京荒れるってあったから）
17：23　ＴＥＬ「東京荒れてるよ」（すぐ切れる）
十月二十一日
7：57　Ｍ　お早うございます　昨夜は明るい月夜　今朝は快晴　行ってらっしゃい
十月二十二日
14：17　ＴＥＬ「50　会社に貸して」
15：42　ＴＥＬ「やっぱりよくなった」
16：20ごろ　こちらからＴＥＬ「何故　額田王か　次は明治だ　あなたの物は飛ぶから
ちいさな水たまり　古事記　額田王　次は明治維新　尾張徳川でも会津でもいい」
十月二十五日
7：02　Ｍ　お早うございます　明け方　まるい月が西の空にいました　今夜あたり満月か
大阪行ってらっしゃい
08：41　ＴＥＬ「行ってきます　まだ新幹線には乗っていないよ」
19：23　Ｍ　お疲れ様でした　今新幹線の中かな　お月様まん丸　昇り始めた
22：10　ＴＥＬ「今帰った　新幹線では　月見えなかった　ちょっと今から見てみるかな」

十月二十九日
10：50　M　お早うございます　夕方～朝にかけ大雨　昼は晴れたり曇ったり　晩秋の気配
十月三十日
0：18　M　寝た？　眠れない　お邪魔しました
12：33　TEL　「昼休みか？　やっぱり50貸して　会社へ」
17：02　TEL　「会社へ」
帰り　50万　振り込む　会社へ

十一月一日
18：24　TEL　「今　何してる」「バスの中」「あと何分？　また電話する」
18：27　TEL　「やっぱり降りたら電話して」
バス降りて　電話する　「いろは歌のこと　調べてみて」　主に　いろは歌のことといろいろ　お喋りする

十一月三日　ボニージャックスコンサートinさいたま2018
昭和歌暦　Bonny Jacks　60th Anniversary
ボニージャックス　フォーシーズンハーモニー

彩の国　さいたま芸術劇場

14：59　M　池袋から埼京線に乗った
コンサート後　与野からの帰りの電車　オウムアムア下書き読んでもらう
電車の中で　テレビ関係の方から「もしかして西脇さん」と声かけられ話してもいる
池袋　ギネス休み　**ライオン**へ
ハーフ&ハーフ　カキフライ　もろみ焼き　ぶりのカルパッチョ　大根サラダ
6313円
十一月四日
10：26　TEL「1時にコロラド　ひるめし食べよう」
午後1時　コロラド　コーヒー　シナモントースト
二人で大江戸線へ　中井→東中野　東中野切符買い替え　17：24までかがやきなし
東京駅へ
あまりお腹すいていないが　**ニュートーキョー**に入り
ビール　カキフライ　枝豆　美味しかった
ハーフ&ハーフ（ジョッキ）700×3　枝豆　牡蠣フライ1100　3974円
十一月五日
7：18　M　お早うございます　吐く息が白い朝になりました

18：15　M　送ってもらった　もう帰れた　喉いかがですか　昨日傘忘れませんでしたか
TELあり「俺が忘れると思う　ちゃんとポケットに入れてあったよ」
「ポケットに入るんだ」　驚き

十一月六日（火）　歌のひろば　ともしび新宿店

ひろば後
アサヒスーパードライへ
ハーフ&ハーフ小540×7　キュウリのパリパリ漬け　ジンギスカン　枝豆　5880円

十一月十日
13：49　M　山茶花咲き始めた　今年は　金沢の秋　紅が綺麗です

十一月十一日
池袋ライオン（ギネス休み）
11月3日と同じコース　ハーフ&ハーフ　カキフライ　もろみ焼き　ぶりのカルパッチョ　サラダのみちがうアボカドとトマトにした
カキフライが美味しい
西脇さんの落語上手い（寿限無）の独演会だ
ビール飲みながら　面白かった　すべて覚えていることがまたすごい

広沢虎造の浪曲も　数回聞いた「駿河の国に～」　琵琶の語りも　すごい低音で（時折　浪曲・琵琶は聴いていたが　落語は今日が初めてだった）
20：41　M　東京駅着きました
十一月十二日
19：46　M　今夜はどこで飲んでいるのかな　昨日はありがとうございました

十一月十四日
こちらからTEL　「オウムアムア縦がいい　横がいい？」
「二日酔いで会社行っていない　うち　あした会社へ行く　FAX送れ」
十一月十五日　縦横FAX送る
17：18　TEL　「きょうは大阪の議員さんと玉田と飲む」
十一月十六日
14：43　TEL　「オウムアムア読んで　あっ電話かかった　後でもう一度」
14：47　TEL　「オウムアムア読んだ　やっぱり縦だな」
14：57　TEL　「やっぱり　今　また二度目読んでるetc」
十一月十七日
9：45　M　お早うございます　昨夜はお月様も星も美しい夜　今は雨　日直中

十一月十九日
　7：23　M　昨夜遅くから雨　お早うございます　山口行ってらっしゃい
午後9時過ぎかな　電池買いに　行き帰り歩きながら　電話かけた
「三人で飲んでる　玉田と女の歌手さんと」
「何かあったら逃げろ　その脚じゃ無理だな　護身術　いつも言ってるだろ
右手首つかめ上から　家へ帰る迄電話切るな」

十一月二十一日
　18：04　M　終わった？　お疲れ様　でも楽しかったのかな
　19：22　TEL「今から飛行機で帰る」

十一月二十四日
　10：34　M　はくたかに変更しました　3時ごろ東京着　東京駅にいます
　12：20　TEL「着いたらやっぱり事務所へおいで」
午後5時過ぎ　タクシーで ROSE&CROWN へ
HPハーフ7　4228円　OFFレバーパテ　RB180g　2786円　ガーデンサラダ

20：14まで
二人で新橋からタクシーで東京駅へ　西脇さん新幹線の改札口まで送ってくれた
十一月二十五日
20：57　M　昨日はありがとうございました　今年は京都はなかったのですね
十一月二十六日
9：06　M　お早うございます　午前6時　雨あがり　雲間から丸い月お早うだって
9：50　M　卯の時雨に傘いらずの日々が続きます
十一月二十八日
19：27　M　合唱のあと　飲み過ぎないように

十二月一日
昼過ぎ　電話する　文芸社からの報告
14：15　TEL　やっぱり塩竈小はいらないかな
十二月二日　冬のディナーライブ　　アルテリーベ
十二月三日
昼　コロラド　地下鉄に乗り　事務所へ
夕　**コルネット**

豚　キャベツ　スズキのカルパッチョ
西脇さんのおごり　安い　5800円だった
十二月四日（火）　歌のひろば　ともしび新宿店
ひろば後
アサヒスーパードライへ
ハーフ&ハーフ小540×7　キュウリのパリパリ漬け　枝豆　ジンギスカン1100
5880円（19：55）
十二月五日
17：30　TEL「中城先生からお誘い　アルテリーベへ行く」
十二月六日
16：24　M　秋田は明日出発かな　かなりお天気悪いかも
十二月七日
22：10ごろ　TEL「吉田が事故に遭った　三人でやる　あしたから雪　帰れないかな」
十二月八日
22：22　こちらからTEL　「今　ホテルに着いたところ」
十二月九日
17：14　M　お疲れ様　そろそろ終わりかな　帰れそう？　西脇さんのいない東京は淋しい

ね　金沢にいるときも同じようなものだけれど
20：00　TEL「これから帰る　雪だけれど　飛行機飛ぶ」
十二月十日
～結成60周年　記念公演～
ボニージャックスコンサート　～昭和歌暦～　なかのZEROホール
13：29　こちらからTEL「着いてるよ」
コンサート後　なかのZEROホール近くのお店で飲んで　食べた　チーズフォンデュ　美味しい
タクシーでシャンパーニュへ　タクシーなかなか　来なかったが　あわてず待った　腕組んで
シャンパーニュからは　タクシーで帰る（夜遅かったから）
十二月十一日　会わずに帰る
16：05　M　昨夜はご馳走様でした　今　家に着いた
16：18　TEL「何だ　うちにいるのか　仕事に行かなかったのか」

十二月十三日
M　お早うございます　朝早くすみません　午前6時15分　まだ明けない冬の朝　金星きれいに光ってましたが　空気は超冷たい

十二月十四日

8：20　M　電車を降りて　めちゃ雪だ
十二月十五日
17：18　TEL「元気か　今　西武線で電車待っている　コズミックフロントで　ちいさな水たまりって　言っていたから　海では紫外線届かないから生命は生まれない　ちいさな水たまりで生まれる」
十二月十六日
17：43　M　昨夕はお電話ありがとうございました　今日は日直　終わって電車待ってる
めちゃめちゃ疲れた
十二月十七日
16：32　TELあり
十二月二十一日
17：00ごろ　TEL「小田原に着いて電話している　今からリハーサルだ」
十二月二十四日　ボニージャックス＆ベイビーブー　クリスマスコンサート
小田原小堀端　コンベンションホール
小田原

打ち上げ後　**小田原駅の蕎麦屋さんへ**　西脇さん「ここの蕎麦　好き」と言いながら　ビール＋α（ゴマ豆腐美味しかったよ）でいっぱいに
午後8時27分発　小田急線　ロマンスカーで帰る
十二月二十五日
午後3時30分から　**事務所**
午後5時30分から　**コルネット**　西脇さんのおごり
午後8時15分　コルネットの前からタクシー　東京駅へ　八重洲口
ロッカーまで付き合ってくれる　サウスコートの前で　バイバイ
十二月二十六日
8：24　M　お早うございます　昨夜はご馳走様でした　雨です　声が出ない　楽しかったぁ
十二月二十七日
16：30　M　お菓子どちらも美味しかった
19：06　TEL「泊まりか？（マルエー　買い物袋に入れ始めたとき電話）
今　コルネットで飲んでいる　コズミックフロント見たか　すごい男がいたもんだ（伊能忠敬のこと）　俺は金もうけへただ　あなたを送ったあと……買った　刻んだパンだ（ラスクのことか）　それ買って夜中にバリバリ食った　旨かった　あなたを送ってあそこへ（サウ

スコートのこと）行くと　何か買いたくなるんだなぁ」

十二月二十八日　早稲田大学　グリークラブ　第66回定期演奏会

8：48　M　冬が居座りそう

8：54　M　平成三十年　歌い納めですね　ステージの

十二月三十日

7：02　M　お早うございます　真上のスカイブルーの空　下弦の月くっきり浮かんでいる

西の空　真っ黒

十二月三十一日

7：06　M　電車のお客は一人だよ

（九）平成三十一年一月から四月　令和元年五月から十二月　眞年

一月一日

8：57　M　明けましておめでとうございます　鼻水はいかがですか　午後は雨のようです

が　朝日さしています

17：31　M　年賀状書き　いかがですか

17：34　TEL「明けおめ　鼻水よくなってきた　今は明けおめだけ　書くのはあしたから」

一月二日
17：34　M　進んでいますか
19：52　TEL「書いているよ　二百枚書いた　もう少しやる　腹減った」

一月四日
20：23　TELする「きょうは会社開き　練習だ」

一月五日
14：45　M　年賀状　着いています　眞年
17：13　M　年賀状の言葉も字もすごくいい　名前が少々いつもの年に比しおとなしいかなだけどな
21：31　TEL「年賀状着いたってメール入っていたから　そうかなぁ名前いつもと同じ（「ごめん　最初にもらった平成二十一年に比してでした　以後は同じ感じ」　この返事は令和三年にした　年賀状の一覧表見せて「本当だな　平成二十二年からは同じだな」）

高橋さんに電話しても　出ない　楽屋で今豆腐頼んだ」

一月八日　歌のひろば　ともしび新宿店

ひろば後
30分くらい「どう行けばいいかなあ　……」　サブナード歩き回り　東口~西口　数回行ったり来たり　結局「大江戸線にするか」　西口へ向かい　大江戸線に乗り　飯田橋で降りてタクシー　九段下パレスホテルへ　23階　塩釜高校有志会に　西脇さんはサロンマスター
午後8時過ぎ　タクシーで東京駅へ（西脇さん　東京駅まで送ってくれた）
一月九日
ＴＥＬ「ミカコ　今終わったところ　楽しかった」

一月十一日
ＴＥＬする「二十七日大丈夫」

一月十三日
18：42　ＴＥＬ「今事務所　年賀状百五十枚余った　おかしい……」「数え間違いじゃない」「そんなはずない　根来さんとちゃんと数えた……ｅｔｃ　おかしい……」
一月十四日
13：13　Ｍ　お天気いいけれど寒い　インフルエンザオンパレード　忙しい

一月十六日　わたし　山形の帰り
午後4時30分ごろ　事務所へ
西脇さん元気ない「十五日から調子おかしい　だるい　中心が定まらない」
午後5時30分　**コルネット**（CORNET）
西脇さん元気なく「中心が定まらない」「ピシッと来ない」　何度もくり返していた
ビールも2杯＋αのみ　カルパッチョ880　アンチョビキャベツ480　豚肩グリエ1200
0　お通し300×2　早割りビール300×4　一番搾り580×2　5520円
一月十七日
13：08　M　昨日はありがとうございました　まだ中心定まりませんか
19：36　TEL「まだ　ダメ……」
一月十八日
6：43　M　お早うございます　金沢雪がちらついています　行ってらっしゃい
17：51　TEL「調子悪くて　病院キャンセルした　うちにいる」
一月十九日
17：11　M　良い方向に向いていますか
17：12　TEL「だいぶ良くなった　アルテリーベに誘われた」
一月二十日

17：25　M　改善具合いかが　陳舜臣の諸葛孔明読まれますか
19：16　TEL「読む読む」
一月二十四日
7：19　M　昨夜は雷　早朝　静かだな　今降り始めた
ニュー西北エンタープライズにTEL　西脇さんが出た「なんともないよ　背中は痛い」
一月二十五日（金）
7：19　M　お早うございます　雲間に下弦の月　屋根や田んぼが白く染まった朝です
行ってらっしゃい
15：44　M　いかがでしたか
16：13　TEL「検査で　何か扁平何とかが高いと言われた（シフラのこと）背中痛いのわからんって　今　出川先生のところにいる」
22：45　TEL「さっきから悪寒　鼻水　咳　熱7度7分　あれからアルテリーべ行ったけど　だるくて　ワンステージで帰ってきた」
一月二十六日
9：15　M　お早うございます　いかがですか　日直なのですぐ電話出られないかもしれませんが　変りなどあれば　ご連絡ください

17：50　ＴＥＬ「8度3分あったのが　7度8分まで下がった」

20：23　ＴＥＬ「熱7度まで下がった」

一月二十七日

8：10　Ｍ　お早うございます　いかがですか　明け方降り積もりましたが　今はちらちら雪です　青空あり　11時20分東京着予定　着き次第電話します

11：58　ＴＥＬ「コロラドやっていればコロラド」

12：01　ＴＥＬ「中井の橋あたりで待つ」

12：30　中井駅改札口で待っていてくれた　中井の舘（やかた）という喫茶室　2階にある　階段結構きつい

「けさ寒気　発熱　悪寒あった　ボルタレンでおさまっている」

インフルエンザ疑い　タミフル渡す　すぐ飲む

コーヒー二人とも二杯　西脇さんトースト　私チキンピラフ

★コロラドやがて閉店となり　ここ舘が西脇さん行きつけの喫茶店になった　ここではブラックコーヒー飲まされたみたい　西脇さん「コーヒーの指南をオヤジからうけた　でもコーヒーはブレンドがいちばん美味しい」と★

13：40　舘支払い
14：49　M　4時20分発に乗ります
18：28　TEL　「また熱が出た　ボルタレン飲んでいいかな」
一月二十八日
8：40　M　お早うございます　寒気きましたか
11：49　TEL　「寒気は出なかった」
14：30　TEL　「きょうはボルタレンは飲んでいない」
20：30　M　いかがですか
一月二十九日
9：39　M　誕生日おめでとう♪　たんおめ　だ　いかがですか
熱　寒気　痛み　ボルタレンの必要度など
14：11　M　歌のひろばまで　胃ぐすりありますか
14：14　TEL　「あるよ　ボルタレンはあれから飲んでいない」
20：15　M　何か怒ってる？　昼　電話よそよそしかった　まいいか
21：35　TEL　「怒ってないよ　うちだから」
一月三十一日

15：26 M 咳とか出ていますか
17：39 TELあり
二月一日
14：29 TEL 「熱7度　青い薬　いつまで飲むの」
二月二日
17：48 TEL 「熱まだ37度ある」
二月三日
21：09 M いかがですか
22：49 TEL 「寒気するけど　熱は6度8分　あした　早いからもう寝る」
二月四日
18：11 M 終わりましたか
二月五日　歌のひろば　　ともしび新宿店
ひろば後　17：00　**アサヒスーパードライへ**
お喋りは　いろいろ
ハーフ&ハーフ小540×6杯　キュウリのパリパリ漬け　枝豆　大山鶏のハム仕立て700
若鶏のから揚げ　　5920円
19：25ごろまで

新宿中央東口　いつものお別れパターン（中央線行エレベーター昇っていくまで見送ってくれる）

二月六日

17：06　Ｍ　お元気ですか

19：39　Ｍ　肩重い　おさまりましたか

二月七日

22：28　Ｍ　赤い雨の正体は　シアノバクテリアだったよね

22：30　Ｍ　こぶが　前にも見たことがある気がするけれど

二月八日

18：34　ＴＥＬ「赤い雨って　シアノバクテリア　地球に惑星がぶつかって……ｅｔｃ」

（私　タクシーの中だった）

二月十日（日）　ボニージャックス春のディナーライブ　アルテリーベ

9：52　Ｍ　窓の向こう　あちら　こちら　みな雪景色

11：14　Ｍ　上田から大宮まで雪なし　東京は屋根うっすら

いつもの打ち上げ　西脇さん飲み喋り　皆さんに挨拶して回る

打ち上げ後　ふたりで腕組んで歩いて　西脇さん突然　私を引っ張って　途中にあるビルの階

段上り始め　鳥良商店に入る　二人だけのお喋り
水餃子ラー油　揚げなす　生中1杯ずつ　ドリンク一人539　2156円
午後11時ごろまで　それから　タクシー
二月十一日
12：44　TEL「ボチンにいる」
〜　ボチン　コーヒー二杯ずつ　ジャムトースト
〜　**浅草へ**
往きは　仲見世通り　歩きながらお喋り　西脇さんいろいろなお店の説明してくれる　靴屋さんとか　よく知っているよう　ある靴屋さんで「ここで買うと安い　買ったことある」「なぜ安いだろう」（ガラス越しに値段表見て）
浅草寺お詣り　初詣「俺も初詣だ」
帰り道　私のカバン　ボロボロ　チャック閉まらないのを　黙って気にしていたよう
西脇さん　突然「あっ　あのかばんどうだ　あれ　あの赤いの」ウインドー越しにリボン付きの赤いかばん　指さして「どうだ　もっと探してもいいぞ」「ちょっと　小さいかな　でもこれにする」「詰めかえて　古いの捨ててもらえ　俺自分のカバンちょっと探してくる」「詰めかえたか　俺のは気に入ったものなかった」
少々横道に入り

「とんかつ　食べてみるか　旨そうだな」　とんかつ　タツ吉に入る
西脇さん　席に着くと　かばんを手にとって「チャックで閉まるから安心安心　危ないからな
かばんの開けっぱなしは」と　カバンを眺めたり　なでたり　チャック閉めたり開けたり　嬉
しそう　本当に嬉しそう
とんかつ　ビール　今一つだった　二人で「旨くなかったな　失敗だったな」
西脇さん　道の角近くにあるボックスでタバコ吸い　その近くのバス停で
「バスないな」　地下鉄で新橋へ（バスがなかったので）　Man in the Moon　チーズ美味し
かった　Cheese Platter　１０００　ハーフ&ハーフ１８００　２８００円　ハーフ&
ハーフ１８００　（支払い方法の違い）
新橋駅からＪＲ東京駅で私だけ降りる
二月十二日
　15：26　M　昨日はありがとうございます　楽しかった
二月十六日
　8：27　M　お早うございます　［倭］は中華から呼ばれた呼称？　自分のこと「わ」と
　言っていたからかな
二月十七日

8：58　M　行ってらっしゃい　日帰り？　一泊？
19：36　TEL　「日帰り　今東京駅着いて　たばこ吸っている」
二月十八日
19：31　M　お月様きれいな夜です
二月十九日
21：34　M　まん丸お月さま昇ってきた　なんて帰ってきたら北海道また揺れていた　寒いだろうな
21：34　M　停電　復帰　それは良い事
23：09　TEL　「寝たか？　あしたは大変だ　病院へ行って……　免許の書き換えいって警察2時までに来いって　まあ行ける　8時30分か9時には病院に着かなきゃいけないし……」
二月二十二日
7：01　M　お早うございます　今朝はゆうべのお月さま　眺め眺め歩き!!　行ってらっしゃい
17：41　M　どうでしたか
17：41　TEL　「今電車降りたとこ　数値半分になって　でもまだ高い　一か月後また

来るな日帰りなんて」

二月二十三日
19：01　ＴＥＬする「うちにいる　会社の資金繰り大変だ……」

二月二十四日
8：21　Ｍ　お早うございます　下弦の月が　くっきりの朝　明るくなると雲のように浮いて動いていく

二月二十七日
6：29　Ｍ　お早うございます　毎朝お月様きれいですが　放射冷却寒い
冷たい　指先　ジンジン
17：56　Ｍ　学び続ける者は老いぬ　四知とは　天知る　地知る　我知る　子（なんじ）知る　宮城谷昌光読んでいて　今電車の中
21：56　ＴＥＬ「何だよあのメールは　きょうは合唱の練習のあと　合唱の連中と飲んで帰った　四知って何だ　天知る　地知る……は俺知っている　免許証来たよ」

三月一日
19：01　ＴＥＬ「今　何している？」（マルエーにいた　ベンチにすわって　このころ歩け

なくなってきている）「マーケットにいる　買い物し休んでいる」「あなたもそんなとこ行くの　コルネットでひとりで食べてる　**終の棲家見つけたい**　どこかにあるかな」「東京じゃないの」「そうか　やっぱり　東京か　**免許一発で受かった**　１００点満点　実地も失敗なし　三年連続運転していないのに　大したもんだ　眼でひっかかったけど　ハズキルーぺで見えて　一発で通った　ｅｔｃ」（寂しさと嬉しさ　ごっちゃまぜだったみたい）（私足がものすごく悪い）

三月五日　歌のひろば　　ともしび新宿店
ひろば後　**アサヒスーパードライへ**
お喋りいろいろ　中央東口の　バイバイもいつも通り（西脇さんおごりか）
三月六日
16：12　Ｍ　昨日はありがとうございました
三月八日
7：36　Ｍ　おはようございます　朝早くは雪が散らついていましたが　晴れてきました
7：39　Ｍ　オウムアムアのカバーデザイン　西脇さんならを考えて
14：52　ＴＥＬ「今診療中？　カバー宇宙がいいよｅｔｃ」

三月十日

16：09　M　生ビールの向こう思い出がよみがえる　自分ながらいい　読んでいて涙が出そう

16：10　TEL「さっき大阪の連中と会ってきた　ヤマトタケルやるって　ボニージャックス西脇久夫の発案って　発案じゃない　企画構成なんだけど　ｅｔｃ　東京の合唱団も五十人助っ人だ　いくらだ　Ｓ席４０００円　大阪シンフォニーホール　行くか」「行きたいけど　足がもうだめ　危ないやめとく」

三月十一日

18：32　TEL　38秒　こちらからかけなおし

「きょう額田（ぬかた）　ちょっと読んでて思った　接着剤だ　天智と大海人（おおあま）の接着剤だ　にかわだ　額田がいなかったら大海人ぶっこわされていた……ｅｔｃ」

（後日もこの接着剤の話　何回か出た　アサヒスーパードライで飲んだ時も）

三月十三日

19：30　M　戻り寒波　突風と吹雪の一日でした

三月十六日　十七日

「本　売ってやる　送れ」と言われ　古事記送った　などメールしている

日付不詳　ＴＥＬあり

「十六日転んで　意識失って転んだ　頭打って　都庁前の乗り換えの時　田代美代子聴きに
行って　いつも通り飲んで　帰り　きちんと階段降りていたんだよ　駅員に診てもらった」

三月二十一日

11：27　Ｍ　お早うございます　日直中です　頭うったこと明日松林先生に相談されること
お勧めします

11：30　Ｍ　今の状態知るため　心臓は出川先生　お大事に

18：04　Ｍ　四杯以上飲んだら水少し飲むようにしたらいかがでしょうか

19：58　ＴＥＬ　「あした　病院へ行く」

三月二十二日

8：50　Ｍ　お早うございます　金沢雨　行ってらっしゃい

9：08　Ｍ　検査項目は　シフラとＬＤＨ

09：34　ＴＥＬ　「これから出かける」

14：10　ＴＥＬ　「やはり高いって　四月十日ＰＥＴするって　新橋にしよう」

22：55　TEL「データ言ってくれた」

三月二十三日

12：36　TEL「やっぱり新宿にしよう
何時に着くんだっけ……etc」

16：30　M　中央線に乗った　発車

新宿　中央東口に出て歩き始めたら　目の前を西脇さんが歩いている　グレーのオーバー「西脇さん」と肩をたたくと「すごい　何だきっちり会った　寒くてコート引っ張り出してきた」とすぐ腕をかしてくれた

午後5時少し前

アサヒスーパードライへ入る（大テーブルの壁に向かって右端の席　私が外側）

西脇さん　本日はピッチゆっくり　コールドビーフと鶏のハム　美味しい　定番は枝豆とキュウリのパリパリ漬け

まず　意識なくなった時の話から「たばこ吸って　店を出て　みんな先に帰っていて……一人で地下鉄に　都庁前乗り換え　階段しっかり降りていたのに……転んでいた　こちらへと案内され　駅員が手当してくれた　よくあることですよって　手慣れたものだった」

額田の話もしたな　接着剤も　お喋りいっぱい

午後8時5分ごろ　支払い

ハーフ&ハーフ小540×6　キュウリのパリパリ漬け　枝豆　コールドビーフ1200　大
山鶏のハム仕立て700
東京駅まで送ってもらっている　サウスコートの前か改札口までか?
三月二十四日
8:12　M　お早うございます　屋根　畑　田んぼ　真っ白な朝です　無事お帰りになりま
したか
三月二十五日
19:22　TEL　「一人でコルネットで飲んでる　暗誦の「しょう」ってどんな字だっけ
伝承は……」
19:50　M　伝誦:1、代々読み伝えること　2、人から人へと唱えつたえること
伝承:1、伝え聞くこと　2、伝え受け継ぐこと

三月二十九日
20:09　M　明日　京都は泊りですか　香林坊バス待ってる
20:47　TEL　「バスに乗った?　権八一人で飲んでる」
三月三十日
7:31　M　お早うございます　行ってらっしゃい(京都　サントロペ音楽祭)　夕方カ

バーデザインが来る予定です
三月三十一日
　ＴＥＬかける「これから秋田の打ち合わせ　あさって来るのに何だ」

四月二日　歌のひろば　　ともしび新宿店
　８：54　Ｍ　吹雪だよ
歌のひろば始まる前　オウムアムアのカバーデザインみてもらう
「Ｂがいい　このままでいい」
はじまる前　休憩時間　わりと私のそばに立ってるか　私のそばを行ったり来たり
ひろば後　**アサヒスーパードライへ**
校正ゲラ読んでもらう「きちんと読んで　俺が出版社に送っておく」
肩　指圧してくれた「俺　武道やっていたから上手いだろう」
自慢するだけあり　すごく上手い　ものすごく軽くなった
オウムアムア書いたお礼かな　西脇さんのこと書いたもんね
漢文の話もあり　少年易老……　二人とも最後？？？
コールドビーフ　生ハム三色盛り合わせ　枝豆　キュウリのパリパリ漬け
ハーフ＆ハーフ５４０×６　６６４０円

東京駅まで送ってもらった　改札口まで
「出版社へきちんと送るからな　あしたか　あさって……」
23：14　Ｍ（新幹線の中から）　思い出した　漢字？　かいぜんのこよう既に秋声（しゅうせい）

四月三日
12：23　Ｍ　お早うございます　今朝も雪でした　昨夜はありがとうございました　原稿送
付　よろしくお願いいたします　お忙しいところ申し訳ございません
12：33　Ｍ　階前梧葉已秋声
13：09　Ｍ　指圧ありがとうございました　すごく楽になっている
16：19　ＴＥＬする　「秋の声だよね」「あきのこえだよ」

四月六日
ＴＥＬする　「きょうは一人で事務所にいた　ともしびで飲んでる　一本松葉杖がいいって
カイロの先生が言ってた　松葉杖にしたら」
（ありがとう　いろいろ考えてくれて）

四月八日
20：08　ＴＥＬした　出ず

20：32　ＴＥＬ「さっきはごめん　合唱団の会議　合唱団の会合のあとだ　騒がしいでしょう」
四月九日
19：55　ＴＥＬする　宅急便が来て　一度　やめる「今なんだったの　宅急便って」「米2kg　四～五月分だ　松葉杖練習してるよ」「額田だけど　もっと朝鮮調べて　高句麗中国と戦っていた　三国志時代……」
四月十二日
15：36　ＴＥＬ（リハ開始時）「俺もどうなるか　わからん　やろう　やれ」
（リハ後　足出血し　リハ中止に）
四月十三日
17：00ごろ　17：27　二回　電話あり　ＴＥＬする
「転ぶことで落ち込むな　障害なんだから　俺も心配だよ」
四月十五日
18：53　ＴＥＬ「どうしてるかと思って」
四月十六日

19：？　TELする「今ともしびで人と会って飲んでる　一緒に暮らすか？」
四月十八日
17：18　TEL「今忙しい？」「転んで処置中」「俺も二十六日だ」
四月十九日
19：41　TELする「南風の帰り　目白駅　甲骨文字　亀甲文字　も始めた」
四月二十日
15：11　M　手術することにした　限界
四月二十一日　ボニージャックス　春のディナーライブ　アルテリーベ
アルテリーベ打ち上げ後　午後11時
西脇さんと二人　アルテリーベで　ハーフ＆ハーフ一杯ずつ飲む
二人きりでゆっくり話をし　タクシーで帰る　荷物持ってくれ腕をかしてくれる　ホテル（新宿ブラッサムホテル）のエレベーター前まで送ってくれた
（タクシー待たせて）ありがとう（新宿ブラッサムホテル泊だった）
四月二十二日
午前10時55分　新宿ブラッサムホテル　エスカレーター扉開いたら　前で笑顔で待っていてくれ　すぐ「ホイッ」と腕を出してくれ　バッグも一つ持ってくれた

近所のパン屋さんへ（葵通り右の角モスバーガーの前の道路（サンルートの前を通る道）はさんだ向こう側にある）

サンド＋コーヒー（卵＋ツナ　私　卵＋ハム　西脇さん）

「何故か　ご　五　が好きでね　雄鶏ゴンタ　赤犬雑種だけどね　ゴロウ

ゴンタ　ゴロウの背に乗って　ゴロウ大きかったからな　爪をたてたりしてた　ゴロウ痛かったろうな　ゴンタ朝4時か5時庭で鳴くんだ　大きな声で　そのゴンタ　一日一〜二台しか車通らない家の前の道路で車にはねられて死んだんだな　俺を捜しに道路に出たのかな　俺が学校から帰る時間だったかな

そしてゲンゴロウも大好き　水槽で飼っていたら　母に「可哀そう」と言われ　池に放した

（この五の話は初めて）

〜車道わたり反対側へ（ホテル側）

タクシーを待つ（なかなかタクシー来なかったが）「すぐ来るよ　大丈夫か　立っていられるか　もっとつかまっていいよ」

〜　東京駅へ　歩くときカバン持ってくれ腕かしてくれ　歩きやすい（私右に松葉杖）

西脇さん入場券買って待合室で二人で待って　エスカレーターに乗る　西脇さん　一二三と声かけてくれ　松葉杖で　乗れた　新幹線ホームで腕組んで待つ

荷物棚に載せて　坐るの手伝ってくれ　「立たなくていい　座ってろ」　新幹線動き出すまで

送ってくれた（ドア閉まる寸前まで車内にいてくれた）

四月二十三日

16：36　会社へ電話　コンサート断り　西脇さんにつないでもらう

「今電話押したところだ　どうだったかと思って……　ｅｔｃ」

★令和四年十月十七日　ここまで書いて来て……　ありがとう西脇さん　私西脇さんに何してあげられたかな　平成三十一年書いていて　寂しくて　泣けて　ごめんね西脇さん　わがままばかり言っていたね　心配ばかりさせてたね　きょう「の」へ行った　錆びたライターママが磨いてくれた　ママに使ってと言ったら「持っていてあげて」って　持ってるよでも私の知ってる西脇さんのライターは百円ライター★

四月二十四日

19：18　ＴＥＬ「今合唱団と飲んでる　アルテリーベ　七日いいよ　おいで　気を付けて　一緒に飲もう」

四月二十六日

7：50　Ｍ　お早うございます　金沢雨　行ってらっしゃい

16：39　ＴＥＬする　「どうだった」「今　病院あとで電話する　十日に食道と胃の検査」
19：28　Ｍ　電話　待ってます
20：04　ＴＥＬする　「どこで沈没していますか」「東中野の会津の蕎麦屋」
四月二十七日
14：31　ＴＥＬする　「事務所いつ行かれますか　テレビ見た」（ＢＳ・ＴＢＳボニーのインタビュー　大したことなかった）「つまんないテレビだったな　ついたちか　ふつかは事務所にいる　２時過ぎ」
四月二十九日
22：02　ＴＥＬ　38秒　こちらから電話かけなおしする
「どうだ？　きょう練習だったたｅｔｃ」
五月一日
16：30ごろ　ＴＥＬする
「着いてるよ　もう三冊売った　よく書くなぁと言ってた……」
22：51　Ｍ　また一人が続く
22：52　Ｍ　明後日から仕事

五月四日
22：23　ＴＥＬ「どうだ　寝てたか　ごめん　**オウムアムア面白い　俺の幼少期そのままだ**　ｅｔｃ」

五月七日　歌のひろば　ともしび新宿店
歌のひろばで　そばによく来てくれた
ひろば後　アサヒスーパードライへ
いろんな話　ゴンタ（にわとり）ゴロウ（犬）ゲンゴロウ　の話　またあり　甲骨文字など　やっている　また　私の松葉杖のポッチの赤い部分なでて「赤いのいいねェ　かわいい」
ｅｔｃ
午後八時十五分　東京駅へ　列車入線まで並んでお喋り　しっかり腕組み続けてくれ　新幹線の中まで送ってくれた「席に坐れ」となど
発車間際に降りてバイバイ　笑顔素敵だった（頭に焼き付いているよ）
私側の原因で　なにか最後のお別れのような気がした
五月八日
0：13　Ｍ　無事着きました
0：15　ＴＥＬ「どうだ着いたか　俺もちゃんと帰った」

五月九日
16：57　ＴＥＬ「あした　俺胃カメラ　9時から胸の写真とってそれからだ　額田むずかしいよ　それを書けっていったのは俺だから　次は小さなものだけにしよう　ｅｔｃ」
五月十日
8：15　Ｍ　お早うございます　もう病院かな
11：42　ＴＥＬ「忙しい？　胃なんともなかったよ　骨折も痛みひいてきているのなら癌性ではないでしょう　七月ＣＴ」
五月十三日
18：41　ＴＥＬ「どうだ　これから人に会う　たちばなという奴　仕事のこと」
五月十五日
20：20　こちらから電話「今電話しようと思っていたところ　佐々木から長電話　背中はシップで痛みないｅｔｃ　野田に来る気ないか　迎えに行ってやる　遠いか　そうか」
五月十七日
14：55　ＴＥＬ「きのう夜電話しようと思っていたのに　中央公論の人と話して　読売会

館で食事して　飲みすぎか　帰り足がもつれてひっくり返りそうになったｅｔｃ」
五月十八日
22：25　ＴＥＬ「電話から離れたところにいた　あしたは吉岡さんがエスコートしてくれるって……」
五月十九日
22：16　ＴＥＬ
「まだ太助にいる……」（野田の居酒屋さん　西脇さんのお気に入りの一つ）
五月二十日
14：33　ＴＥＬ「きのうは疲れた　かなりセーブしてたよ……」
五月二十一日
18：50　ＴＥＬ「今どこだ　きょう練習みんな集まった　先生の手術みんな心配している
西永なんかオタオタだ」
五月二十三日
17：34　ＴＥＬ「きょう練習　みんな心配している　そんな大きな手術なんか　西脇に任せるって　きのうは合唱でカラオケ行った」
五月二十五日

17：30　ＴＥＬ「今練習終わった　病院か」「家」「どうだ……　電話する　いつでもそっちからもくれよ」

五月二十六日

13：56　ＴＥＬ「これから青少年交○○集まりに行く　……　また電話する　頭おかしくなるなよ　まあなったりなおったりするけどな……」

23：26　ＴＥＬ「今帰った　高校の同級生の集まり」

五月二十七日

16：51　ＴＥＬ「きょうは忙しいかと思い　……　春秋左氏伝おもしろいよ　今は　風の市兵衛だな」

五月二十八日

16：28　ＴＥＬ「どうだ」

20：16　ＴＥＬ「今ともしびにいる　祈っているから　祈るって『示すへん』と『おの』だからな　ぜんかいのぜんは全くじゃないぞ　冉（しなやか　ゆっくりといく）だぞ」

五月二十九日　私　手術　全10時間

手術報告は由紀が西脇さんにメールしてくれた

五月三十日

何て書いてあるか　はっきりしないが

19：00　TEL「今根来さんと話していた　個室か　ICUか」

21：11　TEL「どうだ」（以後　毎日どうだと電話くれた　ありがとう）

五月三十一日

17：19　TEL「どうだ　あさっては豊田だ」

六月一日

17：16　TEL「どうだ　はずれそうか　そうか　眠れなければどこかで寝るから大丈夫」

六月二日

20：31　TEL「もうすぐ　横浜　缶ビール二杯にスルメイカ食ってた　どうだ　取れたか　俺みたい知らない方が心配すくないいなぁ……（途中で横浜停車）」

六月三日

12：13　TEL「どうだ　そうだ大事にしろ」

19：16　TEL「コルネットで一人で飲んでる　四文字漢字などの話　ゆうべは帰ってすぐ寝た……etc」

六月四日

17：26　TELする「ともしび　居残りしている」

六月五日

14：12　TEL「どうだ　変わりないか」

六月六日
13：57　TEL「**背骨痛くて　うちにいる**」
（私の心配してくれていたけど　西脇さんも調子決して良くなかったんでしょうね　背中の痛み　増減していたのでしょうね）
六月七日
13：50　TEL「ボルタレン飲んだら痛いのとれた　身体だるい　大橋病院行く　そっちはどう……」
六月八日
TEL「小田原（板わさと何とか　何かわからないこと書いてある）で帰ったところ」
六月九日
17：15　29秒　17：45　39秒　かかっていたが出られず
TEL　昨日の小田原の話　行きから帰りまでの話　7分くらい喋った
六月十日
13：07　TEL「ボルタレン欲しい」
18：39　TEL　あり
21：19　TEL「沙中の回廊読んでる　三国志……」
六月十一日　ボニージャックスコンサート　幸せのハーモニー　なかのZEROホール

18：24　ＴＥＬする
「デカドロン飲んだ　　今かけようと思っていたんだよ　ｅｔｃ」
六月十二日
10：56　ＴＥＬ「どうだ　きょうは歌詞協会　いちにち」
19：24　ＴＥＬ「歌詞協会会議　今終わった　今から帰る　どう？　まっすぐ歩くのが一番いいんだが」
六月十三日
14：06　ＴＥＬ「十日間酒禁止だって寂しいね　そっちはどう？」
六月十四・十五日　ＴＥＬ　十六日　本厚木コンサート
六月十七日
12：27　ＴＥＬ「ひるめしか　食べろよ」
18：39　ＴＥＬ「三井と返済でやりあって　まけろといった　若い奴だったｅｔｃ」
六月十八日
17：38　ＴＥＬ「今リハーサル終わった」「突然貧血進んでいるので　検査だった輸血も必要かと　言われた」「そうか　声出なかった　あしたはデカドロン飲む　男は役に立たないんだよなあ」　私輸血した
六月十九日

14：28　ＴＥＬ「今から六行会始まる」どうだったｅｔｃ
21：42　ＴＥＬ　47秒　ＴＥＬ「今帰った　ミカコ　田代さん来てくれた　一緒に飲んで
いた　ミカコは帰った　ｅｔｃ」かなり長く喋った　気分すっきりした
六月二十日
19：13　ＴＥＬ「朝からだけど　腹痛い　飲んだつもりない」
六月二十一日
11：01　ＴＥＬ「まだ　痛い　1時から会議で　あした行く」
六月二十二日
17：52　ＴＥＬ「まだだるい　1時からの会議は出た　アルテリーベ長谷川さんが　また
俺の歌うたってくれるって　演歌ぽいの持って行った」
六月二十三日
18：36　ＴＥＬする「今電話しようと思っていたところ　今……のコンサート終わり打ち
上げ終わってビール飲んだらよくなってきた　これから帰って寝る」
六月二十四日
16：51　24秒
16：54　ＴＥＬする「今大手町駅　紅茶やなんや飲んで腸はいいが　きのうビール飲んだ
あと　またおかしかった　**背中は　ギャッということはないけど痛い**」

六月二十五日

16：37　TEL　「身体がおかしい　練習終わった」

16：43　TEL　「黒い便出てる」

16：55　TEL　「あした出川先生のところへ行く」

六月二十六日

14：01　TEL　「これから合唱

きょうは黄色というか茶色い便出た　終わったら医者へ行く　長内さんにお帰りくださいと言われた」

19：51　TEL　「あした医療センターで飯田先生に　胃カメラもあるかも　etc」

六月二十七日

14：33　TEL　「消化器内科でみてもらった　異常ないって　四日大腸も検査するって」

16：20　TEL　「データ聞く」

20：16　TEL　「もう消燈か……　飲めないと何食べていいか　親子どんぶり食べた　そうかとろろか　新宿行かないとないかな　etc」（古事記書いている時二人で新宿のねぎしでとろろ食べた）

六月二十八日

19：58　TEL　「今から二杯目　これで終わりにする」

六月二十九日　ボニー山形コンサート行っている
20：58　TEL「……俺だけ先にホテルに今帰った　背中痛い　四日に松林のところへも寄る　東京に帰ったら俺がつっかい棒になるから　etc」
六月三十日（西脇さん山形コンサートの帰り）
15：23　TEL「新幹線に乗った　背中痛い　ロキソニン飲んだ　肩痛い　あっトンネルだ」
18：47　TEL「熱っぽい　**背中痛くて　きのう眠れなかった**　飲まない　飲まない」（かなり喋った）
七月一日
14：17　TEL「ロキソニン飲んでる　熱は7度3分　松倉が何しようが　俺は関係ないよ　俺今　新しい曲歌ってくれるひと　いっぱいいるから　etc」
17：49　TEL「着いたよ　いらついてきた？　額田だけは仕上げろよ」
七月二日（火曜日）歌のひろばの日
18：14　TEL「終わったよ　今ちょっぴり　ちょっぴり飲んでいる　あしたからみそぎだから（三日四日の話）また……　etc」
七月三日（水）
16：17　TEL　16：19（かけなおしTEL）「あした　何食えばいいんだ　行ってきます結果また連絡する　四日中にわかると思う」

七月四日
17：23　ＴＥＬ　「今終わった　大腸は何もなし　**やはり『がん』だって**　針さして組織とった　今度は十二日　放射線やったことありますかって　ｅｔｃ」
19：31　ＴＥＬ　「何食べてる？」「小さながん様程度　飲んで蕎麦食べてる　これから帰る」
七月五日
12：53　ＴＥＬ　「昼めし終わったか　これから会社へ行く　**肋骨前も痛い**」
12：58　Ｍ　肋骨が痛いのは　昨日のうつぶせが原因かも
19：37（19：44）　ＴＥＬ　「今ベイビーブーに送る歌録音している　**会いてぇなぁ**　額田仕上げろよ　初めのピアノがいい」
七月六日
15：54　ＴＥＬ　「どうだ？　やっぱり背中も前も痛かったり痛くなかったりこれから新宿へ出て人と会う」
17：58　Ｍ　飲み過ぎ注意しましょう
19：28　Ｍ　今夜の夕日　きれいな赤　朱色
青空に浮かぶ雲も赤紫とオレンジに輝いている
21：26　ＴＥＬ　「今うちの玄関の前　寝る！」

七月七日
15：12　ＴＥＬ「きょうはうち　肋骨前も後ろも痛い　きょうはうちでおとなしくしている」
18：13（少々寂しくて電話した）返事ＴＥＬ「ごめんすこし離れてた　なるようにしかならないさ」
七月八日
記録残ってないが7階にいると宙にいるみたいおかしくなる　というメールをした
18：39　ＴＥＬする「ちょうど今電話しようと思っていた　みんな今帰った　高いところおかしくなる　詩にしろよ　面白いよ　宇宙観など　**今あなたの詩読みなおしてた　いいよね　来秋去夏　……　麦わら帽子**（オウムアムアに載せた）**も俺が曲つけるからな**」
七月九日
20：45　ＴＥＬ「有志会　三杯目楽しんでいるよー　痛いの忘れる　オウムアムア売るよ」
七月十日
16：21　ＴＥＬ「練習終わったところ　これから銀行とドンパチだ　肋骨前も痛い」
七月十一日
19：05　ＴＥＬ「ごめんごめん　外に行ってた　きょうは痛くて休んだ　どうなってるんだ　あした決まる」
七月十二日

7：12　M　お早うございます　行ってらっしゃい
13：08　TEL「今病院　これから薬もらう　あとで詳しく　放射線やるって」
15：04　TEL「データ送る？　腺がん　放射線三十回　毎日　七月二十九日から学校へ行くみたいだ」
20：42　TEL「どう？」「今から帰る　飲むところ探している　46・8kgに体重減った5kg減ってた　etc」
七月十三日
14：22　TEL「どう？」「朝痛み止め飲んで　今効いてる　夕べは痛かったけど　眠れたこれから靖国神社　歌うのは　午後7時半ごろだけどね」
14：52　M　言い忘れた　行ってらっしゃい
七月十四日
18：42　TEL「痛くて　寝ている　背中がゴロゴロしている　きのうは歌えたよ　二曲だけどね　食べてるよ」
七月十五日
19：04　TEL「ごめん　電話から離れてた　二十二日からでも治療してもらえないか電話しようか　考えている　これから晩めし」（痛いんだろうな）
七月十六日

17：39　ＴＥＬ「そろそろめしか？　きょう病院電話しなかった　二十二日行くから痛い　練習だったけど声出せなかった　この間は歌った　長崎の鐘などウワッと声出すけど食欲ない　やせた　二十二日も受診」

七月十七日

2：37　Ｍ　病院の窓　まんまるいお月様がいる　満月

15：43　ＴＥＬ「どうだ？　きょうは痛み少しいい　二十二日まで待つｅｔｃ　そっちも頑張っているから　俺も頑張る

19：27　ＴＥＬ「今となり（コルネットのこと）で飲んでる　飲んだら楽になった　なんだこれ　きょう銀行二つみずほと三井　なんとか解決した　二杯でやめとくよｅｔｃ」

七月十八日

18：56　ＴＥＬ「痛み　変な痛み　**『水たまり』読み返していたけど　あとのほう　やっぱりいいねぇ**　会社潰れそう　コルネットで飲んで帰る」

20：24　ＴＥＬする「もう電車」

七月十九日

20：20分ごろ　ＴＥＬする「今電車一方向に喋って　痛いよ　二十二日からできないか聞いてみる（横浜へ行っていた）」

七月二十日

19：52　TEL　「いてぇ　いてぇ　呼吸するのもいてぇ　なんで二十九日なんだろう」
七月二十一日
14：44　TEL　「痛い　いろんな格好して寝たけど　これから外」
七月二十二日
11：16　TEL　「今病院終わった　大丈夫進んでいないって　二十九日から治療　これから事務所へ行く　治療始まったらアルコールダメだって」
15：09　TEL　「金がない一回1万～2万だって　事務所に置いてあった金　半分使われた　事務所に……」
16：06　TELする　「高額医療病院に聞いてみたら」
七月二十三日
17：04　TEL　「いてぇ　きょうは寝る　そっちはどうだ　松葉杖使いこなせるようになれ」
七月二十四日
16：43　TEL　「きょうは合唱団　今終わったこれから銀行とドンパチやる」
19：58　TEL　「まだ外　あしたは午前中銀行　夕は　しのぶ会『ちさと』という人」
七月二十五日
19：57　TEL　「終わったよ（ちさとさんは）ボニーのためにいろいろしてくれた　童謡

の会とか　俺より一まわり下　仕事終わって　スタッフが帰ろうと　お疲れ様って言ったところ　返事なくて　振り返ったら　死んでたって　動脈瘤か　石黒と同じか　どっちがしあわせかなぁ　ｅｔｃ　　今本読んでる」

七月二十六日　松倉とし子&ボニージャックス　しあわせのハーモニー
　新宿文化センター　小ホール

19：52　ＴＥＬ「今帰った　打ち上げ出ろっていうから　挨拶してビール二杯飲んで中華食べてお先にって帰った　歌えたよ　疲れた『ちいさな水たまり』欲しがっている人がいる」

七月二十七日

15：02　ＴＥＬ「昨日打ち上げ　八十八歳のおばあちゃんに声かけられて疲れて　ミカコのテーブルに行って　山本さん（やまと（大和）さんのこと）という男の人と来ていて　後楽園の元社長とかと話して　いてぇ　いてぇ」

七月二十八日

11：41　Ｍ　高句麗の位置　どう表現すればいい？　朝鮮半島北部　付け根とか

14：02　ＴＥＬ「今シャワーあびたところ　北部でいいよ　中国の狄（てき）に続いたところいてぇ　あした食事していってもいいかな　胃通るかな」

七月二十九日　放射線治療開始

11：07　ＴＥＬ「終わった　いてぇ　何ともない　お金ただだった　０円って機械で出てきた　面倒だから聞いていない」
21：01　ＴＥＬ「今帰った　市長のお祝いの会で歌ってきた　背中痛い　疲れたから電車に乗らず　タクシーで帰った　リリカ75貰ってきた　ふらつくんだって　お休み　消燈だろう」
七年三十日
11：12　ＴＥＬする「電車の中　ふらつきなし　いてぇ　六回目くらいからなくなるって（痛み）」
20：54　ＴＥＬ「今帰った　コルネットで二杯飲んできた　毎朝９時30分に行っている朝早いからつらい　きのうは20分　きょうは12～13分　あしたからは10分くらいだってついたちはステージ　額田　ゆっくり書けよｅｔｃ　あと10分で消燈だな」
七月三十一日
18：38　ＴＥＬ「これからコルネットで飲んで　子ブタちゃん食べて帰る　あしたは合唱団のステージ指揮　一曲歌う　放射線終わってから行く　飲むの気をつける」
八月一日
20：10　ＴＥＬ「今帰った　吉岡さんに送ってもらった　きょうは３４００円払った　いてぇよ」

（この日私1・5kgの重り付けた後　左右足重くて動かなくなった）

八月二日

19：01　こちらからTEL　足の現況話した電話の向こうで怒ってくれた「怒りぶっとばせ　どうしてくれるって　怒っていいぞ!!　お前男だろう　コルネットで飲んで帰る　飯田先生にビール旨ければ　いいよと言われたetc」かなり喋った

八月三日

17：15　TEL「きょうはうち　いてぇ肩甲骨まで痛い　いかりが浅すぎる　もう少し深く怒れ　涙が出ないほど怒れ」（ごめんね　心配かけて）

八月四日

20：44　TELする「どう?」「**いてぇ　ずっといてぇからうち　背中と前が痛い**　そっちはどうだ　焦るなよ」

八月五日（練習日）

12：42　TEL「保坂に電話した　電話くれって　放射線と化学療法するって」

16：16　TEL　マンションの話　足の話「俺額田に惚れてるもん　多嘉子姉さんみたい」

八月六日

18：49　TEL「今　ともしび」

21：12　ＴＥＬする「どうした　何だ　きょうは楽」

八月七日

18：57　ＴＥＬ「今　外　どうだ？」（昨日今日は少しいいのかな）

八月八日

18：21　ＴＥＬ「めし終わったか　きょうは何だ　にしんか　俺のダメな魚だ……17分くらい喋る　また電話する　となり（コルネットのこと）があと10分でビール高くなるから」

19：19　ＴＥＬ「さっきどこまで話したっけ「男と女」そうか　まあ俺男の子かお坊ちゃまだからｅｔｃ　痛みはいっしょ　俺少し　痛みにかなりにぶい　痛み感じにくい防御弱いといわれている　歯医者でガリガリ治療受けているとき寝てしまうｅｔｃ　十六日いろいろやるみたい　だんだん脊髄に近づいているのわかる　骨の痛みがわかるから」

八月九日

20：16　ＴＥＬ「間に合わなかった　賃貸どう　二十年で４８００万　十年で２４００万……　不動産屋に相談した　ｅｔｃ　今　外」

八月十日

13：13　ＴＥＬする「ついてるよ　まだ　読んでいない」（額田王の原稿送った）

19：04　ＴＥＬ「半分読んだ　面白いよ　ヤマトタケルと同じような構成だなぁ　賃貸探しＯＫ」

八月十一日
13：00？　TELする「炎天下歩いている　これから喫茶店へ行く　後で電話する」
17：49　TEL「額田終わりもいい　よくできてる　ヤマトタケルに似ている」
八月十二日
16：40　TEL「どうだ　額田よく書けてる　今三回目読んでいる　人の名にルビふるといい　グレゴリオ暦　天智の亡くなった日を入れるといいかも　宮城谷の話など」25分以上喋る
八月十三日
17：12　TEL「マンション〝ふたみ〟という奴に頼んだ　事務所くらいの大きさで　11万から15万だって　東中野から麹町から四谷もいい　etc」
八月十四日
13：22　TEL　リハビリに行っていて出られず
14：21　TELする「どうだ　歩いて　松葉は？　etc　何しろ毎朝7時起きだから東京は雨だ　きょうは傘さしてきた　天気雨だ　いてぇ　いてぇよ痛みが走る　左のわきの下突っ張る　笑っているだけで」
八月十五日
18：22　TEL「今　三国志読んでる　やっと読む気が出た　どうだ？……　クモがいる

どこへ行くんだ　いてぇ　十九日あしたは忙しい　何だこれ　化学療法についてだ」

八月十六日　化学療法開始か

18:43　ＴＥＬする「晩めし終わったかな　かけようかと思っていたとこ

きょうは朝から大変　ゆうべ眠れず　9時前について　検査して　40分待って　皮膚科

あと急いで放射線科　松林の診察点滴うけ　3時に終わりサンドウィッチ食べた」

八月十七日

17:08　ＴＥＬする「九月半ばまでに部屋捜して　どう?」「食道と胃にものがつかえている感じ　昼　そば食べた」

八月十八日　アルテリーベ　21:00前後　ＴＥＬする

八月十九日

13:11　ＴＥＬする「泣かせて」「**俺も痛い**」

（このころから　私泣き虫になった　帰るところないし　歩けないし　西脇さんの声で　救われている　西脇さん痛いし調子悪いだろうに　気を使ってくれる　ありがとう

私　わがままばかり言っている　ごめんね）

15:16　ＴＥＬ「歩き方　かかとをついて　足先は先につかない」

八月二十日

13:21　ＴＥＬ「どうだ　今終わった　あちこち痛い（骨）と言ったら初めての若い医者

が薬くれた　処方待ってたら今だ　7時10分過ぎに病院へ行って電車に乗って帰るの疲れる　金ないし車乗れないし　やっぱり働け」
八月二十一日
16：25　TEL　「どうだ　いつから来るか決めろや　動きようがない　決まるときはすぐ決まるから　……etc
手術はしてよかったのか　まで考えている！」
八月二十二日
11：33　TEL　「どうだきょうは　今病院終わった　食欲ない　今　牛乳と半熟卵とサンド食べる予定　朝おにぎり一個　体重また減った46・2kgだ　etc」
八月二十三日
11：43　TEL　「今　帰ってきた　病院から　二見が足で探してくれるって　ちょっと時間くれって　条件言っとけ」
18：43　TELする　「仏教勉強しろ　般若意味知ってるか　智慧だ」
八月二十四日
19：57　TEL　「横浜行ってきた　仕事ひとつもらえた　いてぇいてぇ」
19：59　TEL　「梨着いたよ　食べられそう　ありがとう」
八月二十五日

16：06　ＴＥＬする　「全○○会議中　あとで電話する」
16：25　ＴＥＬ　「今終わった　変に落ち込むな　変なはまり方するな　俺も身内だから
身内だけにしろ　バカ！」
八月二十六日
15：20　ＴＥＬ　「三国志４、５（宮城谷昌光の）読んだ　何巻まであるんだ　俺読むの速
い　プリンペラン送ってくれ」
八月二十七日
14：04　ＴＥＬ　「どうだｅｔｃ」
17：53　ＴＥＬする　「二見さんから　五〜六個ファックス送ってきた　ｅｔｃ」
18：35　ＴＥＬ　「全部話してあるよ　コルネットでビール一杯半」
八月二十八日　（合唱の日）
17：17　ＴＥＬする　「書評もらった　西脇さんと同じだった　ｅｔｃ」
（飲んで酔ってる感じ）
八月二十九日
12：59　ＴＥＬ　「きのうはMan in the Moonに行った　吉岡さんに送ってもらった」
八月三十日〜　調子悪そう　ＴＥＬに出ず　出ると「うちにいる　体中痛い」
九月二日には

19：24　TEL「何も食べたくねぇ　牛乳飲んだ　ビールも欲しくない」辛そう
三日には「泣くな！」（と叱られた　西脇さんも泣きたいのにね　泣いて解決はしないけれど
精神上癒しにはなる）
九月四日には
13：50　TEL　リハ中出られず　14：27かけなおし「どうだ？　きのう歌えたぞ　e
tc」
16：40　TELする「オウムアムア送るね」「合唱団の人に買わせるから　欲しがっていた」
九月五日
11：43　TEL「今事務所に着いたところ　あと二回だ　眠い　夜はバタンキューだ　き
のう一杯飲んで帰りスポーツニュースを見た　けさは　女房おにぎり作ってくれた　みそ汁
と　あと二回九日まで　あしたは抗がん剤だ　etc」
九月六日
14：28　TEL「今終わった　ビール飲もうか考えている　そっちはどうだ」
17：41　TEL「シフラ5以下にさがった　放射線効いた　Caの薬ビタミン剤いっぱい
貰った　etc」　化学療法　二回目
九月七日
15：32　TELする「退院したか　これから○○○の芝居見に行く」

九月八日
16：44　ＴＥＬ「きょうはうち　喉がつかえて飲み込みにくい　吐き気はプリンペランでコントロールＯＫ」
九月九日
7：07　Ｍ　お早うございます　台風いかがですか　夜は秋の虫の音　朝はミンミンゼミなつかしい音です　喋る相手はいませんが
11：16　ＴＥＬ「終わったよ　数値正常近くになった　ｅｔｃ　そっちはどうだ」
20：38　ＴＥＬ「疲れる　氷食ってる　俺もカルパッチョとビール一杯　あしたは銀行と秋田の奴に会う」
九月十日
17：43　ＴＥＬ「調子悪くて朝から寝てる　秋田はことわった」
19：41　ＴＥＬ「朝から便が出ない　腸が滑らない感じ」
九月十一日
11：30　11：39　ＴＥＬする「銀行終わった　だるくて何も嫌だ　2時に人に会う」
16：20　ＴＥＬ「うちへ帰ってきた　前回よりひどい」
九月十二日
16：00過ぎ　ＴＥＬ「きょうはうち」

九月十三日
12：00ごろ　こちらからＴＥＬ　「どうですか」「今から事務所へ行く」
13：16　ＴＥＬ　「二見からファックス来てた　秋葉原とかいいとこありそう　ｅｔｃ
きょうは出川先生のところへも行く」
18：30　ＴＥＬあり
九月十四日
15：27　ＴＥＬ　「今から人と会う　便秘がひどい　センノシドもらった」
九月十五日
16：28　ＴＥＬ　「調子悪い　あした仕事行けるかな……ｅｔｃ」
九月十六日
15：30　こちらからＴＥＬ　出ず
16：54　ＴＥＬ　「電話くれたでしょ　電話していた　歌えた　鹿島声出ていたと言ってく
れた　今一人になった　歩け！　何食おうか　食いたくないｅｔｃ」
九月十七日
二回　ＴＥＬする　「寝ていた」　次　二回　ＴＥＬする　「電車の中」
16：10　ＴＥＬ　「今着いた　少しは楽になった　ｅｔｃ」（事務所に行ったよう）
九月十八日

16：30　ＴＥＬする　「どうですか」
「サンドウィッチ塩からい　少しいいかな　ビール飲みたくない」
18：51　ＴＥＬ　「アルテリーベ　誘われた」
21：09　ＴＥＬ　「今終わった　どうした　象牙の舟に金の櫂か」（メール送ったから）
九月十九日
17：15　ＴＥＬ　「孤独を楽しめ　……ｅｔｃ」
九月二十日
19：56　ＴＥＬする
19：57　ＴＥＬ　「どうしてすぐ切る？　今目白についたところ　ｅｔｃ」
九月二十一日
19：26　ＴＥＬ　「今夕めし終わった　だるくて疲れたｅｔｃ」
九月二十二日
15：24　ＴＥＬ　「きょうはどうだ　ｅｔｃ」
九月二十三日
16：04　ＴＥＬ　「これから出かける　人に会う」
21：00すぎ　ＴＥＬ　「電話した？　テレビ見てて」
九月二十四日

16：04　ＴＥＬ「今仕事終わった　どうした」
九月二十五日　　合唱の日
九月二十六日
19：54　ＴＥＬ「帰り（かなり話す）　疲れる　疲れる」
九月二十七日（西脇さん病院の日）ケモしている
15：14　ＴＥＬ「今終わった　飲んでいいか」
17：01　ＴＥＬする
九月二十八日
21：00過ぎ　何度かかけた「今地下鉄降りた」
九月二十九日
20：00　ＴＥＬ「今帰った　ビール　ジョッキ二杯　チョコレート　カカオ72％チョコレート効果　食えと言われた　ｅｔｃ」
九月三十日
16：52　ＴＥＬ「きょうはもうだめだ　三日目から　ダメだ」
十月一日
10：43　ＴＥＬする「行ってらっしゃい」「歌えるかなぁ」と
19：27　ＴＥＬ「今帰った喉がおかしい　ｅｔｃ」

十月四日
13：17　TEL「何とか食べた　今から練習へ行く」
16：26　こちらからTEL「どうした　今こちらも大変になっている　株を返せと言ってきた奴がいる」
18：25　TEL「今何している　ぼーっとしていろ」
十月五日
数回電話
18：29　TEL「どうしたetc」
十月六日
17：59　TEL「三国志（宮城谷昌光の三国志　全巻送った）ありがとう　**お互いに不安の中でやっていこう　それしかない**」
十月七日
16：29　TEL「哲学的なこと考えるな　泣くな」
十月八日
13：02　TEL「どうだ　きょうはまあまあ　有志会行けそう」
19：47　TEL「保坂が喋りたいって　きょうは二杯飲めた　右足腫れるetc」（有志会

中のよう）

十月九日

14：33　ＴＥＬ　「今事務所に着いた　午前中は早稲田の商学部の集まり　ｅｔｃ　何も考えるな」

十月十日

11：08　ＴＥＬ　「どうした　転んだ？……」

17：56　ＴＥＬする

18：10　ＴＥＬ　「今これから大江戸線に乗る　転んだくらいで泣くな！」

十月十一日

16：20　ＴＥＬ　**「どうじゃ　お互い寂しいねぇ　同病相憐れむだ**　足重い　こんな感じははじめてだｅｔｃ　年とは考えない」「そう　ちがうよ　病気だ」

十月十二日

19：57　ＴＥＬ　「予報通りだ　すごい！」（何がか？？）

十月十三日

16：45　ＴＥＬ　「これからある人のライブに行く　身体重い　ものすごく重い」

21：12　ＴＥＬする　「何を読めばいい」「情念のある本を……」

十月十四日

10：05　TELする「朝から何だ」
13：45　TEL「精神的に折れるな　バカやろ」
十月十五日
夜何回かTELする「仕事後玉田と飲んでるところ　尚書の話など」
十月十六日
13：25　TEL「今から事務所へ行く」
16：57　TEL「ぐちるな　ぐちると落ち込んでいくだけだetc」
十月十七日
17：56　TEL「大阪羽曳野市の議員さん　ヤマトタケルやるって十一月十六日　ヤマトタケルや古事記に精通している人　俺の知っていることすべて知っていてくれた　うれしいねぇ　分かってくれるということは」35分くらい喋った
十月十八日
14：57　TEL「次回十一月ついたち　向こうが知っていて（埼玉のコンサート）シフラ1・75まで下がった　etc　これから三三会へ行く」
十月十九日　TELする「うちで寝ていた」
十月二十日
14：02　TEL「今夜俺から電話する」　結局電話くれず

十月二十一日
10：40 西脇さんの自宅へ電話 「携帯店に置いてきた」
12：52 ＴＥＬ 「今携帯取りに来た ごめんごめん ラグビーのことで集まって飲んだ
新宿 何をしようかなんて考えない方がいいのかも ｅｔｃ」
十月二十二日
22：26 ＴＥＬ 「痛み変わらず身体重い あした合唱 お休み」
十月二十三日
16：31 ＴＥＬ 「今 飲み会している 終わったら電話する」
19：56 ＴＥＬ 「今 帰りのタクシー 混んでいて 各国の要人が帰るから」
十月二十四日
16：24 ＴＥＬする 「今終わった電話しようと考えていた ｅｔｃ」
19：26 ＴＥＬ 「今隣（コルネット）で食べた ビール一杯と小一杯 子ブタちゃん食べ
させられたｅｔｃ まっすぐ歩け」
十月二十五日
14：55 ＴＥＬ 「50会社に 50貸してｅｔｃ」 何回かやりとりした
十月二十六日 Bonny Jacks concert in さいたま2019
彩の国さいたま芸術劇場

車椅子で行く
久しぶりに西脇さんに会う「お互いにやせたなぁ」
お金50万手渡しした
コンサート後　ベイビーブーのマネージャー関本さんに車で送ってもらう
車中関本さん　西脇さんのこと「師匠　師匠」と何度も
埼玉パレスホテル　2階バーで飲む
西脇さんチーズ　ガーリックトーストなどよく食べた
「ベルト　いいだろ　最近している　腰締めた方がいいんだろ　誰かに言われた　ｅｔｃ」
西脇さん荷物たくさん持って（ガラガラも引いて）　歩いて　大宮駅へ
十月二十七日
11：54　ＴＥＬ「早いなぁもう帰りか」
12：30　ＴＥＬ「今富山」「きのうはご馳走様ｅｔｃ」
18：52　ＴＥＬする「今電話しようと思っていたのに　よくこういうことあるな　ともしびで吉岡さん玉田と飲んでいる　何かやろうとそろそろ思え！」
十月二十八日
16：07　ＴＥＬ「どうしている　落ち込むなよ　**早く出てこい　おとついのビール美味しかったなぁ　一緒に飲めてよかった**」

十月二十九日
16：06　こちらからTEL　「**ワハハ　今電話しようと電話あけたらかかった**　練習終わり
これから本番　今たばこ吸いに出た　足忘れろ　化けろetc」
21：34　TEL　「今終わった　車いすのおしゃべり四曲　フォルクローレと歌った車椅子
のおしゃべり○○○もできたし　ハナミズキのリハーサルやる　まだ元気だよ」
十月三十日
14：33　TEL　「まずはご機嫌伺い　今事務所　なるべく　ういてろetc」
16：27　16：43　TELする　「今電話しようと　かかった　どうしたetc」
22：29　TEL　「**もう寝たか　生きるだけ生きよう！**　etc」
十月三十一日
14：30　TEL　「マンションの話　あとでまた」
20：59　TEL　「アルテリーベ宣伝中　あしたは11時からだ　また抗がん剤だ　そっちは？
etc」
十一月一日　　西脇さん東邦の日
15：57　TELする　「今かけようと携帯あけたらかかってきた　なんだ　二十四日アルテ
リーベ……また電話する」
21：34　TEL　「今帰った　月見うどん　牛乳　サンドウィッチ　バナナ　事務所で食べ

た　身体昼間より重くなった　ｅｔｃ」
十一月二日
14：25　ＴＥＬ「薬　もう来た　今昼食べに外へ出た　トーストとコーヒーかなｅｔｃ」
20：28　ＴＥＬ「検査報告　あしたも事務所　手紙書く」
十一月三日
19：24　ＴＥＬ「今書き終わった　読むから直して」
（大阪でのヤマトタケルへのメッセージ）
「今書いている途中」
20：50　こちらからＴＥＬ
十一月四日
16：13　ＴＥＬ「これから12チャンネルに行って音合わせ　落ちている」
22：14　ＴＥＬする
22：40　ＴＥＬ「ごめん気が付かなかった　**ゴリラが吐くような息をする**　何だろう　歩くようにしている　ボケっと寝なさい」
十一月五日
16：41　ＴＥＬ「今終わった　これから帰る　うちへ　何か食べるものあるでしょう」
21：56　ＴＥＬ「今保坂からの電話に出ていて終わったところ　**吐く息が熱い**　あしたは

出川先生」
十一月六日
16：06　ＴＥＬ「今地下鉄の駅　これから出川先生のところ　あなたが読んだ本　多賀城なども出てきた　すごい本だった」（小学館　日本の歴史『日本の原像』）
十一月七日
16：05　ＴＥＬ「練習中」
18：16　ＴＥＬ「今終わった」（28分くらい喋った）
十一月八日
20：21　ＴＥＬ「今帰り道　中井でチャーハン食べた　ｅｔｃ」
十一月九日
16：35　ＴＥＬ「今終わった　声全く出なかった　ビール飲めるかな」
21：09　ＴＥＬ「今うちにたどり着いた　あしたは2時から会議」
十一月十日
12：30　ＴＥＬする「今からうち出る　あわてるな　いいリハビリ探す」
23：48　ＴＥＬ「ごめん　マナーになってた　いろんなことしたが」
十一月十一日
22：39　ＴＥＬ「今　帰った　何しているｅｔｃ」

十一月十二日
21：35　ＴＥＬ「マナーモードだよ　中野で長崎の鐘歌って　すぐ有志会へ行った　ビール三杯飲めた　ｅｔｃ」
十一月十三日
15：29　ＴＥＬ「足　具合悪い」
十一月十四日
16：27　ＴＥＬ「どうしてすぐマナーになるかわかった　体調最低だ　あしたやばい気合いれなきゃ　鼻水が多い　ｅｔｃ」
十一月十五日
15：14　ＴＥＬ「ダウン　仕事ないから　うちにいて　4時うち出て途中でくしゃみうちにいるときもくしゃみ　ハウスダストかな」

このころから　私おかしくなっている　携帯が使えない　周りがあかい　宇宙が見える　現実の景色が向こう側にみえる　浦安で由紀と散歩しているが　夏だか冬だかわからなかった　浦安で数回西脇さんと話しているが　記録なし「どうしたおかしい」と言われた　西脇さんに「やっとつながった」と何度か言われた

十一月二十四日　ボニージャックス　フォーシーズンハーモニー
　　　秋のディナーライブ　　　アルテリーベ
浦安から　タクシーで新橋まで
打ち上げは
兄も妹も残る（私がおかしいから）　私は西脇さんの横に座る
帰り道　西脇さん　　タクシー乗るまで腕組んで歩いてくれた　ありがとう
でも　私はどこを歩いていたか　覚えていない

私　三重病院に入院

十二月三日
西脇さんに電話する　「夜が怖いと話す」「喋ること　ともしびで飲んで帰る　書くことしかない　夜をけとばせ　今書いてほしい人がいるｅｔｃ」
十二月四日
11:45　西脇さんから電話（ゆうべも電話入っていたの気が付かなかった）「眠れなかったら何でも書け　字なんかいい　だれにでもいいから手紙書け」
23:47　ＴＥＬする　「声が聴きたかった」「六日（むいか）は俺注射だ　どうかな　前のような金属

（プラチナのこと）はいれないというけれど」

十二月五日

14：35　西脇さんへ結果報告電話　「あした六日注射だ　シフラ毎回測ってほしいといって

いいかな」「いいと思うよ」

十二月六日

17：46　西脇さんから電話　一瞬出られずかけなおし「どうした出方わからなかったか　詩

を書け　作曲してやる　恋愛もの書けないか　無理かな」

十二月七日

16：42　ＴＥＬする「やっぱりだるい　土曜日だから事務所へ行こうと思ったけどやめた

うちだ　あした電車早い９時　横浜へ行く　老人ホームで歌う」

十二月八日

21：09　ＴＥＬあり「きょうは歌えた　あしたからだ　グタッとくるのは　ｅｔｃ　そっ

ちは？　眠れなかったら眠るな　ボケーとしていろ　とにかく書いて　喋れ　声を出せ」

十二月九日

17：33　ＴＥＬあり「ダウンしている　ちょうど四日目だ　食欲はなくもない　腹が痛い

かなぁ　重い」

21：29　ＴＥＬする「ごめんねこんな時間に　眠れない」

「いいよ　眠ろうと考えるな　眠い時に眠ればいい」
十二月十日（火）
14：57　ＴＥＬあり「眠りおかしい　まだ身体重い　今事務所に来たｅｔｃ」
20：00ごろ　ＴＥＬする「塩釜高校の有志会の帰り　少し飲めた　少しいいかな　電車来た」
22：57　西脇さんに電話し　史記の話したら落ち着いた
十二月十一日（水）
14：16　ＴＥＬ「美恵子さんに魚着いた　喜んでいるよ　詩いいよ　こんなの書け」
15：52　ＴＥＬする「何もない　時間もったいない　気力か　司馬遷の話……　プロファイラーで宮城谷昌光やってた　作曲家十年かかって交響曲書くとか　すごいやつがいる　今は煩わしいものがいっぱいありがんじがらめ　今あなたは自由な空間があるんだから　もったいないよ　**俺も何もなくこのまま死んでもいいや　と思ったこともあったし　あるけどね**」
十二月十二日　　金沢へ
20：46前　ＴＥＬする「今タクシー降りる」
20：46　ＴＥＬ「今帰った　事務所に今までいた　食欲ない　サンドウィッチと牛乳とバナナ　食べただけ　いつもと一緒だ」

十二月十三日
16：34　ＴＥＬする　「今淋しい　みんないてくれるけど　アルテリーベ三枚予約（一月二十六日）」「朝　人と会うのに喫茶店入って　コーヒーは飲めたけど　匂いが気持ち悪いというか　何かおかしかった　食欲はない　また牛乳とサンドウィッチとバナナかな　ｅｔｃ」
十二月十四日
20：48　ＴＥＬする　「泣き言いう」「焼肉食いに行ってこい」
十二月十五日
21：32　ＴＥＬする　「今帰った　怒れ　泣くな　上から目線になってない　上から目線になれ」
十二月十六日
昼ごろと21：30　ＴＥＬする　「もう私ダメ　行くところない」
（このころから　自分のいる所　とかはっきりしてきた　変な影も見えなくなった　病室の変な感覚取れた）
十二月十七日
17：19　ＴＥＬ　「今から　だ」
20：37　ＴＥＬ　「今　帰ったよ　神社の話　山田久延彦の話　古事記の話　好きな奴がいて話してきた　ｅｔｃ

目白の『バンチャム』という喫茶店で夕めし食った　ほら　あなたといつか行ったろ　あの喫茶店　カウンターで　トーストとコーヒーのみだけどな」
十二月十八日
16：50　ＴＥＬ「きょうはうちでダウン　終わりはないんだぞ」
十二月十九日
15：00過ぎ　ＴＥＬ「うちにいる　あした南風　泣くな怒れ　嫌われろ　いい子はやめろダメになる」
十二月二十日
「仕事中　電車の中」
19：56　ＴＥＬ「今帰った　目白の例の喫茶店で　夕はジャムトーストとコーヒーとかｅｔｃ　あしたは事務所で編曲する」
十二月二十一日
17：30　ＴＥＬ「腹痛い　昔の痛みのようだけれど」
（午後由紀とコメダコーヒー　ケーキセットとコーヒー二杯　少し自分を取り戻している）
十二月二十二日
16：47　　ＴＥＬする
「今編曲中　　彦とかの話　腹少し良くなった　もう会社やばい　年賀状どうしようか迷っ

ている　食欲まだないｅｔｃ」（27分間くらい喋った）
19：30　西脇氏へ質問ＴＥＬ　皇子　皇族について
十二月二十三日
二回ほどＴＥＬする　いろいろお喋り
十二月二十四日
16：57ごろ　ＴＥＬする「会社のこと　榊原さんマネージャーに　ｅｔｃ　年賀状印刷に出した」　いろいろお喋り
十二月二十五日
21：43　ＴＥＬ「さっき帰った　ビール一杯　みんなカラオケ行ったけど帰ってきた」
十二月二十七日
17：02　ＴＥＬ「今事務所一人　根来さん帰ったところ　ｅｔｃ」
十二月二十七日
7：50　Ｍ　虹二こ　全天にかかっている　看板が倒れる強い風のなか
午前中　Ｍ　また　虹かかっている
16：55　ＴＥＬ「まだ上り調子じゃないよ」
十二月二十八日

17：23　ＴＥＬする「朝から咳が出て寝ていた　きのう作曲や何やかややっていたからかな　喉カサカサ　熱はないよう

年末になると　俺はだめだな　腹痛くなったり　風邪ひいたり　表紙（額田王の）見たい見たい　ｅｔｃ」

三重病院退院した

十二月二十九日（日）私　東京へ行く

16：25　ＴＥＬ「咳少しいい　これからともしびへ行く　小川さんが歌ってくれるって」

十二月三十日

16：48　ＴＥＬ「どうしてる　アルコール一滴も飲んでない　痰が出る」

18：30　ＴＥＬ「きょうもダメ　あしたもダメかも」

十二月三十一日

15：00　ＴＥＬ「今地下鉄で東京駅着いた」「八重洲　今から行く」

ホテルの入り口で待つ「わかりにくかった」と　顔色悪い

妹と三人で喋った

西脇さん　額田王の校正原稿　真剣に読んでくれる　そして

「**よく書いた　よく書いた**」と　ニコニコ笑顔

それから　三人で　部屋で食事

ルームサービスと缶ビール　食事もビールも美味しい
西脇さん「美味しいな」と　少しずつ食べ始め「これ　俺食っていいか?」とか「ビール旨いな」　お喋りに「元気出た」　顔色も良くなった

午後8時ごろまで

☆彡　休憩
平成三十一年　令和元年　本当に心から励ましてくれた　ありがとう
私の手術前　優しい心遣い　優しい言葉　ありがとう
私の手術後は　西脇さんが大変に
肋骨転移　放射線治療　抗がん剤開始　辛かったでしょうね
痛みに・抗がん剤の副作用に耐える　歌えない恐怖　死の恐怖　借金問題　一人で抱えながら　編曲したり　作曲したり　そしてステージに立って歌う

西脇さんの毎日の電話に　私は救われた
西脇さんのやさしさ　いっぱい詰まった　ことば「会いてえな　一緒に住もう　金沢で作曲するから　生きるだけ生きよう　身内だからな　このまま死んでもいいと思うことあるけ

ど　不安を抱えながら　生きようｅｔｃ」　本当に　ありがとう　胸いっぱい
私　何してあげられたか　ごめんなさい　ありがとう　感謝ばかりです

令和四年十月　ずっと残っていたCORNETの看板　取り外され　改装中
事務所のベランダ　そのまんま　西脇さんタバコ吸いに　出て来るかな
窓に　西脇さんの影　映らないかな

(十)令和二年　瑛年

三月『斜め読み　額田王』　十一月『斜め読み　小野小町』（文芸社　藤田恭子著）刊行

一月一日
ＴＥＬする　「寝ていたよー」
一月二日
19：58　ＴＥＬする　「今弁当買ってきた　10時ごろまで頑張る　あと三百枚はあるかな
……」（年賀状書き）
一月三日　私　駒込へ

20：26　ＴＥＬする　「だいぶ書けた　さっき牛乳飲んで　今カップラーメン食べるお湯沸かしている　食べたら帰る　最初そっちのポストに入るの　俺の年賀状かな」（7分くらい喋る）

一月四日

夜　数回　ＴＥＬする　「あと3㎝くらいかな　二百前後だ」

一月五日

16：16　ＴＥＬする　「年賀状着いたか」「まだ」「略が悪かったかな……　ｅｔｃもう一度書く　住所全部きちんと」

20：19　ＴＥＬする　「もうすぐ終わる　きょう何食おうかなぁ」

一月六日

20：06　ＴＥＬする　「終わった　全部書いた　あした　大丈夫か」　27分喋る

一月七日　歌のひろば　ともしび新宿店

ひろば後　**アサヒスーパードライへ**

ハーフ小4杯（二人分）コールドビーフ　キュウリのパリパリ漬け　ガーリックトースト　枝豆　５２００円

帰り「どんなところに住むのか見ておく」と駒込の家に寄ってくれる「うんまあいいんじゃないか」

部屋寒く温まらず　スリッパもない　ごめんね　まだ部屋に馴れていなかった　でも二人で
西脇さん持参のミカコさんのＣＤ聴く　『西脇久夫作品　雨の木曜日　あなたの笑顔　そして
葉桜のとき』「置いていくから　また聴いてやってくれ」
「『西脇久夫作品集　あなたの笑顔～とおいわらべうた』のＣＤが会社に一枚もない」「金沢に
新しいのまだある　今度持ってくる？」「頼む」　私お金払って買ったんだけど　まあいいか
「今度は小野小町書け　**彼女は点だ　線じゃない**」
21：15ごろまで　「大丈夫　さっきタクシーで来たから　道　大体わかる」
窓から歩く後ろ姿にさようなら
寒いところ歩いて電車で帰ったよう　やはり後ろ姿寂しいね
一月八日
ＴＥＬする「きょうなんともないよ　歩いてきちんと帰れた　地下鉄じゃない　ＪＲに
乗った　なっ　すごいだろ俺の方向感覚」（北口使用したよう）
一月九日「きのうは湯豆腐とおでん食べた」
一月十日　　西脇さん東邦の日
一月八日付けの年賀状届く（結局二枚年賀状が来た）
15：00　ＴＥＬする「心臓の後ろに何か見えるって」
16：47　ＴＥＬ「検査結果出てきた　アルブミン低い　貧血あり　ＬＤＨ　シフラ　ＣＥ

Aなど高い」（5分ほど喋る）
一月十一日
18：40過ぎ　TEL　「誰か来てたか　電話なかったから」「娘と妹」
一月十二日
17：04　TELする　「寝ていた？　娘と駒込駅（東口）まで歩いたよ　etc」
一月十三日
15：07　TEL　「今終わった　きょうは誰も来なかったか？　今　八丁堀にいる　これから事務所へ行って書類書く　また電話する」
21：20ごろ　TELする　「東の空に満月かな？」「月齢しらべておいて」「17・9だって」
一月十四日
16：00ごろ　TEL　「5時から会議」
20：30　TELする　「きょうは食べたよ……」
「飲めるところ　探しておいてくれ」と何度か言われ　歩きまわったが良いお店なし
一月十五日（水）
16：35　TEL　「きょうそっちへ行くから飲みに行こう」

18：50ごろ　マンション着　ＴＥＬあり「何号室だっけ」
玄関先で「南北線で来た　なっ　ちゃんと来れたろう　この間　覚えて帰った　上がらなくていい　このまま行こう　コート着て来い」
（狂言の時着ていた）茶色のオーバー着て行こうとしたら「寒いからもっと厚手にしろ」と
達（たっち）で飲む
西脇さんの見つくろいで　美味しかった
いつものような二人だけのお喋りはほとんどなし　七～八席くらいで満席　みんなと喋ることに
20：00ごろまで
行きも帰りも「ほいっ」と腕を組んで歩いてくれる
私がマンションのエレベーターに乗って動き出すまで　見送ってくれた
電車で帰ったよう
21：14　Ｍ　へしこ食べたけれど大丈夫ですか
21：18　ＴＥＬ「あんな形になったら大丈夫なんだよー　生（なま）はダメだけどな」
一月十六日（木）　金沢から
15：30過ぎ（何となく不安と寂しさあり）ＴＥＬする
「落ち込んでいる」「ばか　落ち込むな……」

一月十七日（金）　金沢からの帰り
17：57　TEL「今どこだ　そうか　トンネルか……」（かなりお喋り）
18：32　TEL「着いたか」（東京駅着いたところ）「着いたところ　電話あとで」
あと　タクシーに乗って電話する「まだ会社　手紙書いている　事務所に来るか」「行けないよ」（妹いる）「じゃああしたどこかで逢おう」
19：38　TELする「さっき着いた」「早かったな　あしたどうする　どっか行こう　4時池袋」
一月十八日（土）
16時15分くらい前着く　しばらくして「着いてるよ」とTELする「野外劇場の前にいる」
16：00少し前　雨の中　池袋西口　野外劇場のところで逢う　西脇さん傘をさして立っている
（この西脇さんの姿忘れないよ）「俺も早く着いた」　西脇さんの傘に入れてくれ　腕を組んで歩いてくれる
池袋ライオンへ（ギネス5時からだったから）
私の気力をアップするため　話ウワッと一気に「旋律　旋七音　律は五音　小町　静御前
一茶の話……」
「古事記はいい　才能殺すな　文字と会話しろ　宇宙の話　満天の星空」
お喋り　いっぱい　西脇さん疲れただろうな

本当にいろんな話一気に聞いた
21：30まで話し込んだ（まわりお客さんいなくなっていた）あっという間の時間　ありがとう
エビススタウト　6杯（二人）　カキのオーブン焼き　カキフライ（4ピース）真イカの黒コショウ炒め　ガーリックトースト　8286円
（入口入った　右ボックスの　通路側の四人の席　隣の四人席は次の時座ったな）
一月十九日
昼過ぎ　TELする「ありがとうございました」
20：52　TELする「俺はきょう一日うちで相撲見たりしていた　きのう俺喋りすぎたなでも楽しかったな」（5分くらい喋る）
一月二十日
18：30　**池袋ギネス**で飲む
20：30ごろまで
ビール4杯（BLACK&GOLD）　塩豚ベーコン　ガーリックトースト2個　ソーセージ　6900円
一月二十一日
7：43　M　お早うございます　昨夜はありがとうございました　午前6時　反対向きの三

日月きれいでした
17：12「終わった？」とTELする「7時から人と会う　ごめんな　小野小町という題材難しいかなぁ　でも俺の惚れた人　もうひとり一茶　まず小町だ」
（10分くらい話す）
一月二十二日（合唱の日）
17：54　TEL「終わった　Man in the Moon　で反省会している」
一月二十三日
16：26　TEL「バラさんが熱出した　サワシリン飲んでいいか？　今サワシリンとロキソニンとボルタレンある　ボルタレン二回でいいか……　etc　また後で電話する
17：08　TELする「そっちはどうだ　バラさんは帰った　収入がない　一月はまだ　いいが　二月どうなるか　どうすればいいか　etc　あしたは練習　他の三人に言ってもわからないよ　etc」
一月二十四日
「ハッピーバースデイやろう」
午後6時30分　**ギネス**
琴　栄子姉さん生田流　母　山田流　おやじは琵琶　オヤジに琵琶教わった（時おり　琵琶の語り聴かせてもらった　静かな　やわらかな　ゆたかなひびきの低音で　本日も少々）

前にも言ったろ　押し売りじゃないけれど物売り昔よく来たろ　レコードなんか　ガバッと持ってきた　おやじ　聴きもしないのに　全部置いていけ

だから　レコード山になってあった　それを聴いて　指揮者指定してベートーベン三番買い

チャイコフスキー三番聴いて感動しこれも買いに行った　中三だったな

小さいころ（小一？）　瑞巌寺に預けられた　一か月……

神社の鳥居くぐると空気が変わる　小さいころから　鹽竈神社で感じていた　蟻地獄もよく眺めていた　あれがウスバカゲロウになるなんて　信じられるか

以前にも聞いた話も　でも新鮮で楽しい　時間を忘れる　西脇さん子どもが親に報告するように　次から次に　話が出てくる（もういつどこで聞いたかはっきりしないが　話の内容は次々思い浮かんでくる）ｅｔｃ

BLACK&GOLD　中４杯（二人）　小２杯（二人）　塩豚ベーコン　ガーリックトースト２

７５５０円

午後10時ごろまで

一月二十五日

16：48　ＴＥＬする「今事務所に帰ってきた　曲作っている」

一月二十六日　ボニージャックス新年会　　　　アルテリーベ

西脇さんの歌声　すごく良かった

西脇さん　駒込マンション　エレベーターまで送ってくれた　タクシー待たせて　エレベーターなかなか閉じない　西脇さん　前に立ち過ぎ　ありがとう
（タクシーに乗り込む西脇さん　部屋の窓から見ていた　ありがとう　気をつけて）
一月二十七日
何度かＴＥＬ　なんだか悲しい　と話す「なんだ」歩けないことなどと話したが（アルテでのある人とＴさんの会話聞いて寂しくて　こっちが主だったのだが）
一月二十八日（火）
13：56　ＴＥＬ「夕方5時　池袋集合」
午後5時　**ギネス**
玄奘三蔵の話　般若心経の話ｅｔｃ　詩のウラの意味　美しさとは違う　レクイエム　ミサ曲など　御伽草子の話　玄奘三蔵お供三人　桃太郎もお供三人　一寸法師　大きくなってどうなったか　カチカチ山の結末は　いろいろ
玄奘三蔵十二か国の言葉をすべて十日くらいで理解した　ｅｔｃ
BLACK&GOLD 4杯（二人）ガーリックトースト2　塩豚ベーコン　カキフライ（4ピース）
6270円
午後9時15分ごろまで
私が「歩けない」と　落ち込んだから　一緒に飲もうと言ってくれたんだ　心遣い　ありがと

う
一月二十九日（水）
8：44　M　お誕生日おめでとうございます　お早うございます　昨夜はありがとうござ
いました
一月三十日　午前中　額田王本着いた
15：00　M　本着いた　事務所へも行くはず　よろしく
16：18　TEL「今事務所に帰った　うちにも本着いた　今開いている　いいじゃないか
ピアノが歌うで始まった……」
17：37　TEL「今読み終わった　お礼に飲もうぜ」
18：35　**ギネス**にて飲む
「おめでとう　**俺が思っていた額田だ　よく書けた　よく書いた**」
何度か褒めてくれた　ありがとうとも言ってくれた「売れて欲しいけどね　俺が最初に買っ
たんだからな」って二、三回言ったっけ　帰り際も言っていた
BLACK&GOLD中4杯（二人）　小1（半分ずつ）生ハム　カキフライ　オムライス　77
98円
一月三十一日
11：15　M　昨夜はありがとうございました

18:09　TELする「どうしてる　元気か　これから人に会う」
二月一日
TELする「うちで寝ている」夕方再TELする「中城先生に一冊売ったぞ」
二月二日（日）
16:46　TEL「今終わった（練習か）二月三月どうするか　話し合いだ……『フー』だよな　毎月アルテリーべというわけにもいかないし」
池袋ライオンへ　午後6時30分ごろから
エビススタウト5杯（二人）生ハム　カキフライ（4ピース）ガーリックトースト　66
91円
二月三日
17:14　TEL「今出川先生終わった　夕べレンドルミンなくて眠れなかった」
二月四日　歌のひろば　ともしび新宿店
ひろば後
午後5時過ぎから　新宿の**アサヒスーパードライ**
ハーフ小5（二人）ガーリックトースト2　うずらしょうゆ漬け　パエリア（焼きめし）
キュウリのパリパリ漬け　5780円
午後8時ごろまで

中央東口よりタクシー　西脇さんを西脇さんのマンション前まで送ってから帰る　タクシー５０５０円
二月五日
午後５時過ぎ　ＴＥＬする「変わりない　本日はミーティング　彼らに解決策はないが（私に対し）そっちはどうだ　40分は歩き過ぎ」
二月六日
17：21　ＴＥＬする「何だか調子悪い　いちにち寝ている　事務所休んだ」「古事記売れてるみたい」「そうだろう　俺が思った通りだ　斜め読み　もいいのだ　斬新なのだ　斜め読みとは」
二月七日　西脇さん東邦の日
07：19　Ｍ　お早うございます　きょうはいかがですか　行ってらっしゃい
14：50過ぎ　ＴＥＬする「まだ病院　シフラ上がった　ＣＥＡはまあまあ　次回三月七日」
17：00過ぎ　ＴＥＬする「どうする　じゃ池袋で」
午後６時30分　ギネス貸し切り　**ライオン**へ
西脇さんくじで一等一枚二等一枚　１５００円分当たり　私みなはずれ
はじめて銀座七丁目のライオン行った時も　西脇さん　くじあたり三本だったかな（前回も今回も　飲み物一杯ごとに一回くじを引く）

エビススタウト2杯（二人分）　苦いと　えびす（ハーフ）小4（二人）　カキフライ（4ピース）　Sトースト　真イカの黒胡椒炒め　オムライス　¥?（この日の領収書ない）
この日西脇さん少し遅れてきて「エビススタウト一～二口飲んで　これ苦い」と（味覚障害か）エビスのハーフ&ハーフにした「これは美味しい」と
午後8時40分ごろまで
二月八日（土）
18：01　TELする「少し落ちてきた　一度に頑張るな　少しずつだぞ……」
二月九日（日）
16：22　TELする「きょうも他の事務所の人と　ミーティング　元気だよ　あした　あさって長内さんとか合唱団に話してみる　二月三月のりきれれば　なんとか」
二月十日
16：00過ぎ　TELする「少し落ちてきた　食欲落ちてきた　きのうは西村事務所と話した　こんどは合唱団とだ……」
十一日「落ち込んでいる　うち」　十二日「事務所にいる　落ち込んでいる　何も食べたくないetc」　かなり落ち込んでいたが
十三日には「まあ　疲れるまで歩くな　体幹しっかりさせること」と言ってくれた
二月十四日（金）

17：26　ＴＥＬする「今からアルテリーベ　三月の予定など　ｅｔｃ」
二月十五日（土）　ヤマトタケル大阪で公演あり　招待されている
18：23　ＴＥＬ「今大阪のホテルに着いた　今からコンビニ行く予定　サンドウィッチ・牛乳買ってこようと思う　飲む気ない」
二月十六日（日）　大阪コンサート（ヤマトタケル）
20：32　ＴＥＬする（大阪の帰り）「今降りた　目白駅　何食おうか考えている　向こう弁当出た」
二月十七日（月）
16：46ごろ　ＴＥＬする「定期便か　ギネス行くか」「もう少し経過みたら」「優しいこと言うね」
二月十八日（火）
16：56　ＴＥＬする「今から座談会　この会は座談会やることにした」
22：00　ＴＥＬする「どうした　今帰ったとこ　あしたは合唱団」
二月十八日（水）　合唱の日
16：42　ＴＥＬする「打ち合わせ中　あとで電話する」
17：29　ＴＥＬする「今から男の連中と　Man in the Moon で飲む」
二月二十日（木）

ギネス

「きのうはピザ一切れ　旨くなかった」　本日は　オニオンリング美味しくない　オムライス頼んだら　スペイン風オムレツ持ってきた　食べたが　今一つ　生ハム　これは西脇さんよく食べた

BLACK&GOLD 4杯（二人）ガーリックトースト　カキフライ（4ピース）　6276円

二月二十四日

　TELする　「二十五日午後6時30分からギネス予定　etc」

このころから　私　毎日　午後4時50分前後　TELするようになる

二月二十五日

ギネス

午後6時30分~8時30分　「雨の降る前に帰ろう」

BLACK&GOLD 2杯（二人分）　小2（二人分）　生ハム盛り合わせ　ガーリックトースト

オムライス　　2000円引き　　4128円

二月二十六日

16：55　TELする　「指揮していたら元気出た　エカが来てくれた」

二月二十七日

16：40　TELする　ソクラテスとプラトンの話など

二月二十八日（金）
16：39　ＴＥＬする「食べたくない　ビール飲むと疲れる　小町は哲学者　ゴロウ　ゴンタの話もｅｔｃ」　28分間喋ったが
18：18　ＴＥＬ「これから飲もう　池袋ギネス」

池袋ギネス

いろんなお喋り　2時間
ご飯もの食べるようにしている　舘のおやじから　ドライカレー教わり　コーヒーの種類指南してもらっている　抗がん剤から水系がダメ
レ・ファ・ラ・シ：偶数　ド・ミ・ソ・ド：奇数　旋律　等の話も
BLACK&GOLD中2杯・小2杯（二人分）　生ハム盛り合わせ　ブルスケッタ　アラカルト料理（ガーリックピラフ）

二月二十九日
16：40　ＴＥＬする「きょうは寝ていた」

三月一日
16：43　ＴＥＬする「練習中」
16：59　ＴＥＬする「終わった　俺いい声出ている　鹿島ダメだ　圧迫骨折だって　アイソトープ検査で中が黒くなってるって　俺代わりに歌う」

私の落ち込み元気づけようと　ギネス中心に頻繁に飲みに行き喋っていたが　三月に入り　西脇さん**痛みかなり出現し始め**ている
抗がん剤の後の落ち込み　食欲低下　味覚異常　変わらず持続

三月二日
16：40　TELする「今　根来さん帰したところ　これから留守番　**いてぇ　肋骨・背中も痛い**　肋間神経痛様　気圧のせいかな　何食えばいいか　きのう　サンド　牛乳　バナナうちで食べた……」
三月三日　歌のひろば　ともしび新宿店
「夕べから　肋骨痛み強い　ボルタレンのんだ
夕べは　卵かけごはんと　牛乳とバナナ　食べた」
ひろば後　**アサヒスーパードライ**へ　行くが　飲めず食べられず
ハーフ小2杯（二人分）　ガーリックトースト2皿（これは食べられたが）　枝豆キュウリパリパリ漬けはほとんど食べず　たばこは苦くないと
あちこち　痛そう　3000円
西脇さんを　西脇さんのマンション前まで送り　帰る

19：53　M　きょうはお疲れ様のところ　お付き合いありがとうございました　あしたはまた寒いようです

三月四日

14：23　TELする「きょうは事務所休んだ　寝ている　腰が痛い」

三月五日

14：02　M　痛み変わりないですか

三月六日　西脇さん東邦の日

午後7時45分くらい〜**ギネス**

西脇さんが15分くらい遅れたから45分から　最初西脇さん喋りっぱなし　病院のこと　痛いこと

「吉田一彦さんの追悼文（毎日新聞から依頼）下書き読んで」と「ここ短く切った方がいいかな」「わかった」　病院のデータは少し食べてから

西脇さん「チーズケーキ食べよう　食べたい」と　注文　一人で全部たべた「すごい美味しい」と言いながら　ビールは三分の一残したが　西脇さんが　食べたがったのは　きょうはチーズケーキのほかにオムライス　塩豚ベーコン

ブルスケッタ（西脇さんが来る前に注文）　これも食べた　５５７８円

午後9時30分ごろまで　（入口左側の席だった）

三月七日（土）
16：30過ぎ　TELする「少し落ちてきている　うちで寝ている」
八日「かなり落ち込んできた　食ってるよ　さっきお餅二個と牛乳」
九日「落ち込んでる　足まで血が通っていない感じ」
十日には「胃が動いていない　げっぷ出ない　卵、牛乳、バナナ食べた　吐いてはいない」と
やはり　抗がん剤副作用で　苦しんでいる
三月十一日（水）
16：30　TELする「やっと事務所出てきた　書類書かなきゃ　追悼文は書けた　銀行もあなたが落ち込んでいたら困るんだから」
三月十二日（木）
16：24　TELする「事務所に出ている　だめだな　四日間歩かなかったら　トースト食べて　あと1時間ぼーっとして　サンドウィッチや牛乳など食べて飲んで帰る予定」　小町の話も「小町私の小町になるかも　額田も私の額田を書いたんだけどね」「それが俺と同じものだったんだ」（17分くらい喋る）
三月十三日（金）

16：30ごろ　ＴＥＬする　「定期便だな　事務所にいる　さっきトースト食べた　トーストとコーヒー以外　何も食べたくない　塩辛いものだめ　あそこ（ギネス）のチーズケーキうまかったな　特別だ」（西脇さん一人で全部食べちゃったから　私味わからないんだけど）

三月十四日（土）

16：34　ＴＥＬする　「うち　寝ていた　あしたは練習　玉田は休み　どこか行くらしいあなたはいつ金沢行くんだっけ　小町の漫画　長編もの　読んだことあるな……　ｅｔｃ」

三月十五日（日）

二回ＴＥＬする　「練習中」

17：01　ＴＥＬする　「今終わった　また一つダメになった（コロナで仕事なくなる）　痛いよ　これからボルタレンと胃の薬飲む　きょうはトーストとコーヒー　きのうは夜　牛乳とバナナ　肉系欲しくない　揚げ物もダメ　銀行はあさって　あぁ　鹿島に額田売った金はもらっていない……　ｅｔｃ」

三月十六日（月）

16：30　ＴＥＬする　「定期便か　今事務所　寒いし　根来さん今帰った　まだぜんぜんだめ　ゆうべはサンドウィッチと牛乳とバナナ　食べたくない　ビールも飲みたくない」「二十五日合唱は？」「長内さん何も言ってこない　コンサートの広告は新聞なんかに載ってるけどな　（私に対し）あまり長距離歩くな　痺れてるんだから　あしたか　あさって銀

行だ　もう少しぼーっとしてる　電話はあるから　……ｅｔｃ」
三月十七日（火）　出川先生受診
7：21　Ｍ　お早うございます　午前5時　下弦の月くっきり
17：29　ＴＥＬする「まだ　病院　出川先生のところ」
20：40　ＴＥＬ「終わった　お持ち帰り用カレーライス食べた　ついてきたミンチかつ半分残した　小さかったけど　今からうちへ帰ります……」
三月十八日
22：20　ＴＥＬする「今帰ってきた　事務所にいた　録音や何やかやとしていた　銀行三人で行ってきた　利子だけでよくなったけど　利子が払えるかどうか　あした金沢だろう行ってらっしゃい」
三月十九日
17：30ごろ　ＴＥＬする　出ず　折り返しＴＥＬ「金沢か」「そう　今妹と飲んでいる」「いいな　俺事務所で牛乳飲んでる　ｅｔｃ」
三月二十日
17：32　ＴＥＬする「ごめん（先に電話したから）帰った？　こっちは　きょうはうちでゆっくりしている　咳してやかましいといわれながら」
三月二十一日

19：00　ＴＥＬする　「夕方からおかしい」「これからばんめし」
20：00過ぎ　ＴＥＬ　「しっかりしろ　強くなれ」
三月二十二日　アルテリーベは中止だったかな？　コロナで
16：30過ぎ　ＴＥＬする　「事務所にいる　何も食べたくない　夕べは中華どんぶりみたいなもの　ご飯の上にドカッとかけて　半分食えなかった　牛乳とバナナ食べた　きょうはサンドウィッチ全部食べられた」
三月二十三日（月）
17：41　ＴＥＬ　「飲もうか」
18：40　**池袋ギネス**
「きょうは譜面と向き合っていた」
漢字の話など　「この年になってこの間褒められた　三枝が　ヤマトタケルのボニーのビデオとこの間（二月十六日）の大阪の四季のもの観て　テナー（西脇さんのこと）の情感　比べ物にならないほど素晴らしい
ボニーさん一人一人も　情感が四季に比べてうんと勝っていた　ｅｔｃ」　素直に嬉しかったよう　本当に嬉しそうだった
21：00ごろまで
BLACK&GOLD 中２　小２　Seasonal Onion ５００　サイコロポーク６５０　ガーリック

トースト１４００　　４９００円
三月二十四日（火）
TELする「疲れてうちで寝ている　あした合唱の練習なし」
三月二十五日（水）
TELする「西脇さんの小町の色　何色？」「ピンクだ」
三月二十七日（金）
14：06（外にいる時）電話かかる「京都の時代まつり　京都の五大まつりの一つ　小野小町が二番目に出ている　調べてみて　俺の言う通りピンクだろ」
16：30ごろ　TELする「祭りを調べると小町出てくるかもって　ある人が言っていた時代考証する人　望月何とか……etc」
三月二十八日（土）
16：45　TELする「きょうは　うちで　ゆっくりしている　やっぱり背中痛い　ボルタレン効く　病院からもらっている痛み止めは飲んでいない　etc」
三月二十九日（日）
TELする「あしたは　事務所へ行く　月末だから」
三月三十日（月）
TELする「大変だった　区民税　医療費追徴？　前期だけで８万９０００　いろいろ

何とかなるだろうけど　　歌のひろばなくなった」

三月三十一日（火）

16：31　ＴＥＬする「根来さん今帰したところ　　痛いは痛い　今ボルタレン飲んだ」

「転んだ」「頭気をつけろ　小町……　藤山一郎のソロやりたくて詩を写している　東京の雨なんて歌もある……」　　24分37秒話す

西脇さんは　葉室麟の小説に出てくる武士の生き方に共感しているよう

自分の命の期限を定められてもなお　自分の生き方を変えていない

「弱音を吐くと弱くなる　愚痴を言うほど落ち込む」などよく注意される

四月三日（金）　　西脇さん東邦の日

16：50ごろ　ＴＥＬする「きょう抗がん剤打ったし元気ある　池袋行こう

６時半から７時目安」

17：19　ＴＥＬ「６時30分目安にしよう」

午後６時30分ごろから

ギネス　いろんなお喋り

「病院　朝７時に起きて　舘でトーストとコーヒー　病院へ行き採血

データ改善していた　シフラ・CEA・CRP・LDHなど　改善している　正常値ではないが　注射　採血と両肩一本ずつ　点滴と抗がん剤二つ
プラチナは使わなかった　点滴落ちるの早かった
四年生の時　田んぼに入った話から
蓮華の話　蓮華は花びらが多い　菜の花は四片
蓮華が倒れるとミツバチが来ないといわれたな　etc
そうだ　こんな詩思い出した　サトウハチローかな　いつかな　いい詩だ
定めあわれや　菜の花の　四つときまりし　花びらが
待つは入船　ポルトガル　人に言えない　胸のうちなっ　いいだろう　詩を　何度か繰り返し……」お喋りする
「(大町さんの奥さんから鹿島さんに電話あった) 俺が死んだって　鹿島に電話したって『お焼香にも行けないですみません』だって
事務所で　作曲している
エールに出てくる　レコード　俺のうちと同じだ　琵琶　浪花節　広沢虎造なんか　覚えてしまった　俺は袴はいてなかったけどetc」
午後8時45分ごろまで
BLACK&GOLD中2　小2　盛り合わせチーズ1350　ガーリックトースト550　ス

テーキガーリックピラフ１７５０　　６６５０円
ここからの帰りは
店を出て　エレベーターに乗り　公園に出て　公園から横断歩道渡るまで　腕組んで歩き　西脇さんタクシー拾ってくれる　西脇さんもそれからタクシーかな　「ここは俺も近いからいい」と言っていた
タクシー　行き２３１０円　帰り１８１０円

四月四日
20：02　ＴＥＬする「ごめん　大丈夫　くたばっていない」「三月　譜面に向かえるようになったと言っていたでしょ」「それが　良かったのかな　好きなことをする　そうだな今作曲したりいろいろやってる」「エールでガキ大将読んでた本　古今和歌集」「それは　見ていない　見てみる……ｅｔｃ」
四月五日
16：42　ＴＥＬする「寝ていた　ダメになってきた　あした事務所行くつもりだけどｅｔｃ」
四月六日
Ｍ　毎日新聞に載った　デュークエイセスの吉田一彦氏への追悼文　すごくいい
17：52　ＴＥＬする「今度のはひどい　寝ていた　ふつか休んだからいいかと思ったのに

胸が突っ張って重い　……etc」
四月七日
16：37　TELする「すこし調子戻った　朝はトースト食べて　コーヒー飲めた
（毎日新聞の記事の話）神先さんから涙が出たって電話来た
（小野小町の話）きのうテレビ見なかったか　磐越線　小野町という駅が福島の郡山にある
ここの出かな　『こおり』だからな　おおきな関所あっただろうな　何しろ東北の出だ　あ
そこには文化が栄えていたからな　……etc」　10分36秒話す
四月八日
16：48　TELする「きょうは区役所行って　法務省行って　歩いて　今うちに帰ってき
た　今まで没になったもの　すべて申告しろってさ　くたびれた……etc」
四月九日
16：43　TELする「うち　あしたは出るよ　銀行行く」
四月十日
16：34　TELする「銀行は十五日　この事務所もあと二か月だ　歌詞協会から140万
印税入ったからまあもったけど　篁（たかむら）ってのはすごかったらしいな　小町生まれた死ん
だ　全国にあるんだなぁ
今朝はトーストとコーヒー　喫茶店はやっている　権八ずっと行ってないな　食べられるも

のがない
あの悼みの文　記者から褒められた　手紙が来た『**今までの中でも五本の指にはいる良い文だ　相手をしのぶ気持ちがこもり胸にしみるが　ユーモアもあり……**』**実体験を書いたのが良かったかな**　ｅｔｃ」16：48まで
四月十一日（土）
18：17　ＴＥＬする「ごめんごめん　また話し中になっていた　どうにもならない時だから　歩けるよ　大丈夫歩けるからｅｔｃ」
四月十二日
16：39　ＴＥＬする「はーい　何とか出てくるもの食べてるよ　ｅｔｃ」
四月十三日
16：39　ＴＥＬする「こんな寒いのに　事務所行くか！　根来さんも休ませた　あしたあさってはは行くよ　銀行にも行かなきゃいけないから　ｅｔｃ」
四月十四日（火）
16：49　ＴＥＬする「うちにいる　背中が痛い　ボルタレン今から飲む　あしたは銀行行かなきゃいけないから出る　声は出していないから出ない」
四月十五日（水）　中野ＺＥＲＯホールの昭和歌暦のコンサート延期
二〇二一年四月十九日に実行できた

16：12　TELする「事務所あと二か月しかもたない　荷物は全部　玉田の家だ　あした
ミーティングだ　etc」
四月十六日（木）
16：50　TELする「ミーティングさっき終わった　玉田のところか　鹿島が浦和にヤマ
ハの部屋借りられるかもしれないって　選択肢ある　小町は仏教の経典を読んでいたん
じゃないか　八～九歳の時から物を見通していたんじゃないか　額田は小さいころ全く
見えないが　……etc」
四月十七日（金）
16：30ごろ　TELする「寝ている　きのう遅くまで動いていたから　うち　背中痛い
セルベックスなくなったので赤いの飲んでる（ムコスタのこと）この間余っていたので
もらわなかった　ぎりぎりまで飲みますって言って　まだ行く先は決まっていない　家賃
安くなるかな　コロナ終息なんてしないな　etc」
四月十八日（土）
16：40ごろ　TELする「きょうもうち　あしたも　背中痛い」
十九日「うち　一歩も出ていない　今テレビ見ている『仁』面白いよ　医者のタイムスリッ
プした話だ　……」
二十日「きょうも　うちにいる　一歩も出ていない　あしたは事務所行く」

二十一日「きょうもうち　あしたは事務所行く　食べてるよ」
四月二十二日（水）には　事務所に出たが
16：36　ＴＥＬする「事務所　暇　何となく片付けと金の計算　出ていくだけ
夜　何食うか　考えて　……　ｅｔｃ」
二十三日（木）「きょうはうち　あしたは事務所行く
吉岡さんと歌詞協会から電話あった　歌詞協会あしたから歌流してくれるって　コメント欲しいと言われたけど　うちだから断った」
四月二十四日（金）
16：36ごろ　ＴＥＬする「今地下鉄に乗っている」
17：19　ＴＥＬする「今事務所にいる　きょうは出川先生のところ　来るなと電話あり薬のみ　薬局に行ったらすぐ薬出た　ついたちどうなるかな　ｅｔｃ」
四月二十五日（土）
17：49　ＴＥＬする「ごめんごめんまた電話変なふうになっていた　きのう出川先生のところへ行って診療なし　処方箋薬局に行っていて薬すぐ貰えた　ｅｔｃ」
四月二十六日（日）
17：01　ＴＥＬする「うち　ｅｔｃ」
四月二十七日（月）

16：32　ＴＥＬする　「事務所（歌を聴いていたよう）ついたち　行くか行かないか電話してみる　検査しか入っていない　化学療法・ＣＴ入っていない　ｅｔｃ」

四月二十八日（火）

16：36ごろ　ＴＥＬする　アドバイスもらう（小町に関し）

四月二十九日（水）

16：41　ＴＥＬする「うち　一歩も出ていない　マスク　まああるかな……　ｅｔｃ」

四月三十日（木）

16：42　ＴＥＬする　「事務所　電話かかる　心配してくれる（コロナで仕事↷に対し）」

古関裕而の話　「西脇さんの長崎の鐘　いいよ」に「そうだろう　そうだろう……　ｅｔｃ」

16：51　ＴＥＬする　「言い忘れ　きのうの『エール』で『私でいいの』西脇さんの奥さんと同じセリフ」　と　「変なこと思い出すな！」

五月一日（金）　西脇さん東邦の日

17：15　ＴＥＬする　「今事務所に着いた　シフラ上がった　27？　ＬＤＨも↗か　疲れた

病院ガラガラ　寒い　暖房入れている　コート着ている　9時に着いて　3時半まで　抗がん剤した　今度はＣＴ　放射線は四回強くやるって　六月五日だ　ビール飲みたい　ライオンに電話するが通じない　抗がん剤した日　飲みたくなる　なんでだ　味はわからない

けさコーヒー飲み　さっきサンド食べた……　ｅｔｃ」
五月二日（土）
17：00　ＴＥＬする「ごめん　ちょっと外へ出ていた　きのう缶ビール一杯飲んだ　イカなら任せとけ　好きだからわかる　美味しいもの　……　ｅｔｃ」
五月三日（日）
20：32　ＴＥＬする「寝てた　夕べ　写真整理していたら　あなたからの写真多すぎるステージなんて一枚でいい　報道カメラマンじゃないんだから　気が付いたら6時だった薫さんの写真も出てきた　コロナじゃないけど味がしない　甘いのだけわかる　ジャムが食べられる……　ｅｔｃ」
五月四日（月）
16：41　ＴＥＬする「きのう　吐き気した　赤い胃薬でなんとか我慢できた　**胃重い胸痛い　長くないなぁ**（私に対し）あまり出歩くな……　ｅｔｃ」
五月五日（火）
16：42　ＴＥＬする「吐き気続く　プリンペラン飲んで食べてる　我慢だな……」
五月六日（水）
16：54　ＴＥＬする「ごめん　トイレ行ってた　今度は起きていると身体を立てていると吐き気する　寝ているとない　痛みきのうから変わった　局所的に痛い　突っ張りじゃない

俺もうだめだ　これだけ家にいると　イラつく奴の気持ちわかってきた　俺はイラつかない　ぐうたらだから……　ｅｔｃ」

五月七日（木）

16：44　ＴＥＬする「うち　胃酸が過多という感じ　トースト一枚食べただけ　心臓痛くなり事務所行かなかった　心臓の後ろ　狭心症の痛みだ　かなり続いた　治ったからいいあしたは事務所行かなきゃいけない　**俺もうおしまいだな**　……ｅｔｃ」

五月八日（金）

16：48　ＴＥＬする「ホーイ　きょうは事務所だよ　胃自分の胃じゃないみたい　縦になると立っている感じ　きのうよりはいいかな　痛みは同じ　ボルタレンは一日二回飲んでる　書類書いている　区から来ているから　土曜日から動かなかったら動けない　すごいもんだ……　ｅｔｃ」

五月九日（土）

16：47　ＴＥＬする「きのうよりいい　痛みは同じ　うちにいる　原稿読んだ　二か所ほど赤い印つけた　今ない　前より読みやすくなった　もう少し美人だったと色気欲しいな無理か色気は　もう少し寝る……」（小野小町のこと）

五月十日（日）

18：44　ＴＥＬする「ごめんごめん　電話から遠いところで寝てた　いてぇいてぇ　あし

たは事務所行かなきゃいけない大家さんと話し合いだ　他の奴には無理　　小町『阿頼耶識　あらやしき』面白いと思うよ　ｅｔｃ」
五月十一日（月）
16：50　ＴＥＬする「きょう事務所行かなかった　美味しくない　ご飯とおかずの味がばらばらだ　バナナ最近忘れている……　ｅｔｃ」
五月十二日（火）
18：18　ＴＥＬする「ごめんちょっと外へ行っていた　心臓痛い　あした出川先生に電話してみる　そっちは？　無理すんな言ってるだろう　もう少し行けそうでやめろ……　ｅｔｃ」
五月十三日（水）
16：46　ＴＥＬする「今事務所　ここまで来るの疲れた　電話いっぱいかかる　田舎のほうは何考えているんだ　大分から電話『コンサートまだやっているんですか』なんて　今できないのわかっているだろうに　　なんでだ　痛み身体を縦にすると少しいい　鉄の棒が胃にあってまっすぐになりげっぷすると取れてくる　心臓も痛い　今事務所でぼーっとしている　疲れる　身体かゆい　薬かな　栄養失調か　年取ったら栄養いらないいんじゃないかそうか　何食べるか考えて　鹿島　電話着信記録見てみる……　ｅｔｃ」（会話順不同）
五月十四日（木）
16：44　ＴＥＬする「うちにいる　洋服着替えて事務所行こうとしていたら大家さんから電

話あり　きょうはいないからって　あしたになった　**痛い　時々ズキッとくる……　ｅｔｃ」**
五月十五日（金）
16：44　ＴＥＬする「今事務所に着いて　たくさんある郵便物整理中　長内さんから電話あった　ｅｔｃ」
20：12　ＴＥＬする「今から帰るところ　中小企業補助200ほど当たりそう　足の話　武士の話　俺は今古関裕而と古賀政男のうた掘り起こしている　一線紙に書いている　古関は青（クラシック）なんだよな　飲み屋で歌う歌作曲できないよ……　ｅｔｃ」
五月十六日（土）　17：38「寝てた」
十七日（日）　17：09「うち　咳がよく出る　前からだけど……　ｅｔｃ」
五月十八日（月）
16：46　ＴＥＬする「事務所　いろいろ仕事ある　今根来さん帰して　コーヒー飲もうと下の喫茶店に来たところ　トーストできるって　そっちはどうだ　……ｅｔｃ」
五月十九日（火）
17：43　ＴＥＬする「うち　あしたは外へ行かなきゃいけない」「歩くと血圧下がる」「俺と同じだな……　ｅｔｃ」
五月二十日（水）
18：16　ＴＥＬする「外出しなかった　夕べレンドルミン飲んでも寝られなかった　トイ

レばかり通っていた　昼間　眠い感じあるが起きている　あした　あさっては外出予定　あさっては出川先生だ　ｅｔｃ」

五月二十一日（木）

17：07　ＴＥＬする「事務所　譜面起こしたり　ピアノがあるから音確かめながら　藤山一郎の歌　長崎五曲歌っている　これは越路吹雪だけど『長崎の花』サトウハチローの詩いい詩だ（読み上げてくれた　菜の花の一節あり）ポルトガルだな　長崎の雨は丘灯至夫(おかとしお)だけど

定めあわれや　菜の花の　四つときまりし花びらが

待つは入船　ポルトガル　人に言えない　胸のうち（四月三日ギネスでも）

東京新聞に『満天の花』連載あって　きのうかな終わった　勝海舟の話だ　江戸を火の海から守った　はなという架空の人物が出てくる　ロシア語も喋れる　榎本武揚が五稜郭の戦いをしたのはロシアから日本を守るため　会津が戊辰戦争したのもイギリス・フランスから日本を守るため　会津はイギリスと通じていた　来年単行本になるだろうから　ｅｔｃ」（はなは西脇さん好みのタイプ）

「あなたの笑顔　編曲　はじめ以外あの速いところ以外は　一番二番間奏は俺だよ　石黒は最初だけ」　かなり喋った

五月二十二日（金）　西脇さん出川先生受診

18：26　ＴＥＬする
「今事務所　狭心症は仕方ないって　いろいろ喋ってきた……　ｅｔｃ」
五月二十三日（土）
17：04　ＴＥＬする　「うち　最近眠れない　明け方から寝てしまう　ｅｔｃ　あ電話珍しい電話　ちょっと待ってて」　4分後　ＴＥＬあり　「たいした用はないけど　やる気ないなぁ　もう少し寝るか　ｅｔｃ」
五月二十四日（日）
17：52　ＴＥＬする（三回目）「ごめんごめん外に行ってた　一日うちにいるから暑くないよ　あしたはちょっと事務所行く……ｅｔｃ」
五月二十五日（月）
16：51　ＴＥＬする　「きょうは事務所　ボニーの歌聴いて喉で歌っている　声が出にくい　今度は六月五日だ　また大変だ」「月の沙漠きれいな曲だね」　「月の沙漠の編曲はおのこう（小野崎孝輔）彼の編曲はすごい　俺にはあの編曲できない……　ｅｔｃ」
五月二十六日（火）
16：52　ＴＥＬする　「どうした　きょうは休み　うちにいる　原稿？　まだ着いていない……　ｅｔｃ」
五月二十七日（水）

16：48　ＴＥＬする「事務所　原稿読んだ……」小町の話　色気の話　ｅｔｃ
20分喋る

五月二十八日（木）

16：47　ＴＥＬする「こっちは　きょうはうち　一日出ると疲れる　昼めしさっき食って眠ってしまった　夜　起きること多いからな……ｅｔｃ」

五月二十九日（金）

16：46　ＴＥＬする「きょうは早いな　事務所　郵便物……　税金払ったり　会社の分はついたち根来さんがしてくれる　することない　今譜面起こすこともしたくない　何もしたくない　気力など　世間話　いい詩送ってくれる人いるから　……　**あの詩面白いな『三年五組』と『四年三組』の詩**　三年五組は　女の子いたな　薫さんはクラスちがったけど四年三組は男ばかり　三年まで女の子いたけどな　田植え戦争中　稲刈り戦後だ……　小さいころの話　今何も食べたくない　牛乳飲んで　サンドウィッチ買ってきたけど食べる気しない　ビール飲みたくない……　ｅｔｃ」　13分喋る

五月三十日（土）

16：57　ＴＥＬする「きょうは事務所　今ＣＤ聴きながら歌っている　二枚目始めたところ『日本の名歌』　喉が歌うからいい　ビールどこかで飲んで帰る　……ｅｔｃ」

五月三十一日（日）

16：56　TELする「きょうはうちで休んでいる　きのうは疲れた……etc」
六月一日（月）
16：54　TELする「事務所　支払いや何やかや終わった　まだまだ危ないけどね　そっちはどうだ　……　etc」　12分喋る
六月二日（火）
16：51　TELする「きょうは買い物に外出　今帰ってきた　きのうは忙しかった」「駒込駅まで歩いた」「無理するな　疲れるのは当然」
六月三日（水）
16：53　TELする「半袖で窓開けていると涼しい　暑さ感じない　六月五日は病院だCT　書いてない　etc」「どこか　やってないかな」
17：20　TELする「ライオンやっていますって　隣もやっていますって」
17：45　TEL「晩めし食ったか　飲みたくなった　いまから行こう　何時にするかな6時半ごろ」
18：30　エレベーター乗ったら西脇さん乗ってきた　ギネスへ
食べ物の話　今度吉田をメインにしてテレビで話させる　おとつい合田事務所の人と話　焼肉食った久しぶりだった　中井の焼肉の方が旨い　琥珀飲んだ　琥珀久しぶりだったなあ

あなたといつ飲んだっけ　細長いグラス　二杯飲めた　きのうはうちで食事できた　酢がはいるといいみたい　マスク自分で作っている　マスクの話いろいろ
小池さん安部総理・厚労省の話　俺児童審議官だった　児童館の話　といろいろ話盛沢山
背中から胸は痛い　奥の方……　ｅｔｃ
帰り際　ＣＤ頂く『**夢みる星屑**』西脇さん作曲のオリジナル曲（十八曲）入ったもの　他の人のも少々あり　「あなたにあげられるものこれしかない」
午後9時23分まで
かなり酔っていたか　西脇さんふらついていた　でも「ホイッ」腕は組んでくれた
BLACK&GOLD　９００×4　生ハム１１００　ガーリックトースト５５０　ガーリックピラフ（ステーキ除いた）１７５０　７０００円
いつもの通りで　タクシー拾う　タクシー　行き２３１０円　帰り１８９０円
六月四日（木）
16：51　ＴＥＬする「きのうは久しぶりに酔った　元気だよ　きょうはうち（小町の）原稿良くなった　このままでいい　P12　少し重いけど　まあいいや　このままでＯＫ　ＣＤの話『**思い出はララバイ**』いいだろう……　ｅｔｃ」「本当にいい　西脇さんの歌唱もいい」
17：17　ＴＥＬする「……あした行ってきます」

六月五日（金）　西脇さん東邦の日
16：51　TELする「検査下がっていた　紙が入っていない　CRP：0・1　検査値読み上げ　きょうは楽譜書きたい　etc」
六月六日（土）
16：22　TELする「妹来てるの？　どうもないよ　検査値出てきた　端っこにあったシフラ……読み上げ　Glu：212　高いのか？　病院で検査前ジャムトースト三枚食べた　何も食べずに来いって言われたけど腹減って食べた　糖尿病か　ビール欲しくないからか甘いものほしい　良くないかな　今からシュークリーム食べて牛乳のむ……etc」
六月七日（日）
17：02　TELする「うち　三日目には落ちる　でも何か目的があると落ちが少ないかな……　etc」
六月八日（月）
16：57　TELする「みんないる　声出た　前よりいい　少し落ち込んでいるだけ　やっぱり歌わなきゃな　またあとで　電話する」
17：17　TEL「みんな帰った　何か考えて食べて帰る」
六月九日（火）　転んだ　駒込駅の向いの道で　西脇さんには言っていない
16：52　TEL「なんですぐ切った　二回しかならなかった」「かなり鳴らした」「やっぱ

り電話おかしいか　きのう疲れたから　きょうはうちにいる　晩めし何食おうか　考えている　埼玉は　やる予定　目的ができて良かった　それより鹿島が　がたがただ　背中まるくなっていた　歌えない　1時間立っていられるか　はっぱかけてやれ　ｅｔｃ」

六月十日（水）

16：51　ＴＥＬする「経理の吉田が帰った　根来さんもお帰りになった　きのうあたりから落ちている　何しろ胃腸がおかしい　何食べていいか　このまま死んでもいいかな」「薬の副作用で死ぬのは　ばかげてる」「そうだな　風強いと気持ちいい（私に対し）まあ無理するな絶対に……　ｅｔｃ」

六月十一日（木）

18：24　三回電話後「うちにいる　身体重い　暑いからな　背中痛い　ボルタレンまだ飲んでいない」　みたらし団子買った話に「珍しいな旨かったか」と「あしたは事務所　雨らしいな　嫌だな　ｅｔｃ」

六月十二日（金）

11：02　Ｍ　朝　夢のゆくえ　思い出はララバイ　愛その愛　聴いて涙が止まらなかった（本当に西脇さんが歌うといい）

16：49　ＴＥＬする「俺の声　哀愁があるらしい　俺も一人で歌ってたら売れたかもな　歌詞協会が大変だ　俺幹事だから　裏社長だ　　きょう舘でトースト食べていたら　いつも

話する若い女の子が　西脇さんは気力がありますね　って言った　ｅｔｃ」　10分喋る
六月十三日（土）　抗がん剤の副作用出現
16：56　ＴＥＬ「今　病院から帰った　きのう夜39度熱が出た　朝出川先生に連絡して東邦行った　松林先生に診てもらった　コロナだと思ったが　今のところ違うみたい　白血球がめちゃくちゃに減っているって　タクシーで行って帰った　いま熱7度5分　月曜日また受診する　ｅｔｃ」「抗がん剤による骨髄抑制かな」
22：07　Ｍ　熱　上がってきてないかな　白血球数は？　抗がん剤で下がったのかな…
ウィルス感染でも下がる
23：22　Ｍ　寝てるかな　熱どうかな　等メール繰り返した
六月十四日（日）
09：12　Ｍ　お早うございます　熱上がっていませんか
10：52　ＴＥＬ「寝てた　熱はないみたい　あとで詳しい検査教える」
16：51　ＴＥＬ「熱は7度　検査値　白血球数0・4（４００　五日は４４００）Ｈｂ：
8・3　ＰＬＴ7・2（五日は21・3）　ＳＥＧ51・3％　ＭＯＮＯ2・9％
あした行く　ジャム食べて行ってもいいかな」
17：12　Ｍ　言い忘れタクシーで行ってね　感染怖いから
17：21　Ｍ　アスピリン飲んでいいか聞いてください

19：14　ＴＥＬ「電話くれた？」「タクシーで行ってね」「あした喫茶店でトースト食べて　コーヒー飲んでいく予定」「まあいいでしょう　人込みは避けてください　白血球数が元にかえれば　電車でもＯＫ」

六月十五日（月）

8：21　Ｍ　お早うございます　行ってらっしゃい　巷は暑いお気をつけて

13：36　ＴＥＬ「病院終わった　今事務所　検査値言うよ　ＷＢＣ：１９００　ＲＢＣ：２８３万　Ｈｂ：８・０　ＰＬＴ：４・４万　ＳＥＧ：61・9　……

白血球１５００　前回は２０００だから　これが３０００越えること必要　きょうも注射うった　松林も考えているみたい　あさっても行く　ただだ　今何もする気しない」

16：49　ＴＥＬする「最近は　二人でため息ばかりだな

今作曲している　草笛光子さんに歌わせたい　八坂裕子ちゃんの詩　八坂　草笛さんのマネージャーにじゃんじゃん電話しているみたい

一茶は面白い　底が深い　芭蕉風じゃないものがある　句会が今ない　画家にもいるんだが**俺たちは深い谷にいる人を見ている　山の上じゃないからな**　ｅｔｃ」

六月十六日（火）

16：51　ＴＥＬする「熱は6度5分　コロナは安心か　きょうは　うちでじっとしている歩くと息苦しい」　転んだ話したら「気をつけろ　両松葉にするか　車椅子安全か　あし

たも病院だ　ｅｔｃ」
六月十七日（水）
8：12　Ｍ　行ってらっしゃい　お気をつけて
14：11　ＴＥＬ「いま帰った　白血球はもとにかえった　注射はしなかった　貧血が改善していない　あさって行って　輸血も考えるって　看護婦みんな心配してくれた　しっかり歩いてすごいと褒められたｅｔｃ」
16：44　ＴＥＬ「さっき言い忘れた　コルネット十九日まで　行くか　事務所へ来るか」
18：10ごろ　**事務所**に着く　タクシー降りた時転んで首がおかしい
西脇さん　藤山一郎にレッスン受けた四曲でレッスン中
その曲　長崎の花　長崎の雨　と東京の雨　ニコライの鐘　テープ聴きながら　歌い方や指導され方などの　思い出話（始まる）
レッスンは　そこ駄目　だめ「さ～ん」となるんだとか　ダメ出しいっぱいだった　藤山さんはピアノひいて　教えていた　三鷹淳というのがマネージャー兼弟子でいたけど　俺への教え方と全然違っていたな
コルネットへ（コルネットお喋り最後の日）
お喋りいっぱい　藤山さんの話　東京の雨と長崎の花歌詞　もらう
対比が好き　古関裕而は西洋音楽　日本の大衆音楽がわからなかった　古賀政男　二千曲以

上作っている　売れたのは百曲くらいか　など
なぜか小学校の時一番好きだった字「ゆ　由」　漢字の話
中華とヨーロッパ　似ているところ　ちがうところ
史記などのすごさ　　「書く」は　いいこと
一茶の諧謔どこから来たのか　　24時間寝ていた　ｅｔｃ　書ききれない
コルネットの　木下さん・あっ子ちゃんと写真撮る
コルネット（CORNET）　生ハム１０８０　アンチョビキャベツ５３０×２　豚肩グリエ　１
３８０　早割りキリン３５０×５　お通し３２０×２　　５９１０円
タクシー　行き３６９０円　帰り３６７０円（西脇さん送って　江戸川橋経由）
帰りのタクシーの中　「きょう　もう曲一曲書いてきた　草笛さんの歌は」「ふーん」「八坂裕
子ちゃんの詩　年を取ることはいいことだなんてね　ｅｔｃ」
六月十八日（木）
17：13　ＴＥＬする「きょうはうち　きのう眠れなくて本を読んだりテレビ見たりしてい
た　　転ぶこと仕方ない当たり前と思え　　あした気をつけて行けよｅｔｃ」
六月十九日（金）
15：30ごろ　ＴＥＬする　「今金沢にいる　どうだった」
「検査値言うよ　ＷＢＣ：５９００　ＲＢＣ：２９９　Ｈｂ：８・４……　　今度七月三日

抗がん剤するって　家に泊まるのか？　小林一茶の話いろいろする　今草笛さんの歌作曲している　詩……　読み上げてくれる　ｅｔｃ」

六月二十日（土）

16：44　ＴＥＬする「帰ったよ　疲れてひっくり返っている」「そりゃそうだ……　ｅｔｃ」

六月二十一日（日）

16：48　ＴＥＬする「あれ　切れたみたいだけどつながった　俺と同じ　悪くなっても良くなることはないんだから　仕方ない　あした　あさってはまた事務所だ　例の家賃の問題など……　ｅｔｃ」

六月二十二日（月）

14：11　ＴＥＬ「書評着いた　その通りだな　俺と同じ　喜怒哀楽の哀が表現し切れていない　ゆっくり　考えろ　今度は早かった　でもいいもの書けてる　いい記念が残る　俺**痛くて眠れなかった**　ベルトの上が痛いベルトのあたっているところではないんだな　痛いというか圧迫というか　家賃はあしただ　ｅｔｃ」

（私の転んで痛い話も　心配してくれるけど　どうしようもない　心配かけてごめんね　ありがとう）

六月二十三日（火）

16：46　ＴＥＬする「今家賃の話　吉田経理士帰ったところ」「足の話した」「歩きすぎる

な　俺もきょうは足重い　きのうは何もなかった　タクシーに乗ればいいよ……　ｅｔｃ」
17：42　ＴＥＬする「今何してる?」「きのう　飲んだ　ビール二杯ほど　しゃぶしゃぶ様の肉食べた　味がなかった……　ｅｔｃ」

六月二十四日（水）
16：55　ＴＥＬする「二日続けて事務所出たら　疲れた　きょうはうち　ｅｔｃ」

六月二十五日（木）
16：48　ＴＥＬする「定期便か」～　始まって「小野小町いいよ　俺が言った通り　出版社はレコード会社などと同じ　売れるものと　いいものを出す　だから一発であんな書評もらうということは大したことなんだ　お金だけの問題じゃない　いいもの書いているよ本人が理解していないのがいけない　ｅｔｃ　次は一茶　頭やすめるな　けがれ地にもマグマはある　書いている人は多い　売れるのは一部　売れなくてもいいものがある　ｅｔｃ古関裕而戦前はダメ　戦後の曲は　素晴らしい　古賀政男は戦前ヒットが多い　戦前に「酒は涙かため息か」なんてすごい曲だ　みんな千曲も一万曲も書いて　売れるのは百曲くらい　ｅｔｃ　西條八十も面白い　すごい人だ　純文学からカナリヤなどの詩　と思えばトンコ節まで書ける　いったいどれくらい書いたか不明　面白いものが出てきた　昭和五年からの歌謡曲の本だけど「哀しい酒」そっくりの歌がある　歌詞も曲も……　ｅｔｃ」
17：43まで（55分間）喋った

「少し気晴れたか」って言われた　わかってくれてる　ありがとう
六月二十六日（金）
16：50　TELする「定期便」「テレビの打ち合わせ行ってきた」
18：07　TEL「7時めがけてな」
先に着く19：00ごろから　**ギネス**
「きょうは　木曜日だと思っていたら金曜日　喫茶店でコーヒー飲んでいたら電話　四人集まってますって　打ち合わせ40分遅れたが待っていてくれた　電車の方が速い　電車で行ったテレビ東京で　七月七日収録予定　武田鉄矢の「昭和は輝いていた」　中村メイコ　もう一人昭和歌謡オタク　どこかの助教授がいた　藤山一郎の弟子だって言ったらみんなびっくりしていた　そういう人を知っている人は少なくなったからな　鹿島はちょっと分野が違うから俺放映は？　ｅｔｃ」から始まって　食べること忘れて　楽しそうに話はじめた　ビールは手にしているが……
ガキ友とは　と　ガキ友の話も
「ガキ友じゃなければ　四年三組　三年五組の話なんて聞いてくれるひと　いないよ」　とか
「**ガキ友に勝るものはない**」　とか　ｅｔｃ
21：30ごろまで
ＨＨ（Happy Hour）　BLACK&GOLD　９００×２　１０００×２　オニオンリング６５０

Beef Jerky ６００　Pickles ６００　ガーリックトースト５５０　アラカルト料理１０００
７２００円　　タクシー　行き２２３０円　帰り２０３０円
六月二十七日（土）
16：48　ＴＥＬする「今事務所で　昭和は輝いていた出演のための　調べもの中　サイダー飲みながら　必要ないかもしれないけれど……
ビール飲むと声が出る　きょうは早く帰る予定　……ｅｔｃ」
六月二十八日（日）
16：55　ＴＥＬする　すぐＴＥＬあり「間に合わなかった　きょうはうちでぐたっとしている　きのう疲れた　久しぶりに千鳥足になった　いつも行くとこ閉まってて　権八で飲んだ　知ってるやつがいて話し込んだ　あぶないなぁ　気をつける……　ｅｔｃ」
六月二十九日（月）
16：50　ＴＥＬする「きょうも事務所で調べもの　もうすぐ終わったら帰る」
六月三十日（火）
16：49　ＴＥＬする「もうじき調べもの終わる　軍国の母とか　ガキの時歌っていた歌思い出したり　みち奴ってのが歌ってたな　天国に結ぶ恋とか　三原山で心中事件あったんだ
譜面見て思い出している　思い出すものだな　話出るかどうか　わからないけど　準備必要だからな　ｅｔｃ」

七月一日（水）
16：51　TELする「きょうはうち　三日続けたら疲れた　でれっとしてる　何もする気なかったら寝てろ」
七月二日（木）
16：51　TELする「今地下鉄の駅　歌詞協会の理事会終わって　今から事務所へ帰る」
17：52　TELする「今事務所に帰った　1時から4時まで　コロナでいろいろ問題あって　大変だ　なかのZEROはないよ　お金返済しなけりゃな　何人いるか知らないや　あしたは病院だ　CTないよ」
七月三日（金）
16：46　TELあり　結果はと言った後お客で中断
18：00　TEL「飲みに行こう　データはその時」
19：05　ギネス着　西脇さんもう来ていた
データ　シフラ：16・0　WBC：4500　RBC：324×10^4　Hb：8・8　Ht30・4
PLT：23・8　……
ドクターに帰れ　etc
21：00ごろまで
BLACK&GOLD　900×2　生ハム1100　ガーリックトースト550

ミックスピザS　1350　BLACK&GOLD 700×1　値引き2000　計3500円
タクシー　行き2740円　帰り1600円
七月四日（土）
16：44　TELする「定期便か　指の傷大丈夫　今　絆創膏変えた　何も汚れなかったよ　事務所いよいよ引っ越しかな　etc」
17：16　TELする「今から電車に乗る」（切れた）
20：29　TELする「今地下鉄降りた　そう中井　うちに向っている　俺ピアノなしで作曲できるからどこでもいい」「エカは西脇さん西脇さんって言うじゃない　エカに相談したら」「そりゃ持ち上げたから　仕事できるようにしたんだから　俺のことそう思っても当たり前　それだけ　エカテリーナは所詮外国人　今どこに住んでいるかも知らない　etc」
七月五日（日）
16：48　TELする「きょうはうち　水曜日も仕事　作詞家協会の総会だ　大丈夫気が張っていれば行ける」（七日のテレビの収録に対し）
七月六日（月）
16：49　TEL「落ちてきた　**あなたの足と　俺のこの落ち同じだな**　考えないようにしている　**足忘れて一茶考えろ**　しかし　本当に落ちてくるなきちんと　きょうから　あした何とかなるさ（テレビ収録）座っていればいいから　あさっての歌詞協会の総会　決算書

見ておかなければ　ｅｔｃ　事務所窓開けてると寒いくらいだ」
七月七日（火）
16：53　ＴＥＬする「事務所に帰っている　ボーッとしている　出た弁当食べてた　置いてくるのも悪かったから　もう少しボーッとしてから帰る　あなたの足と俺の落ち込みいっしょかー　俺はサイダーが美味しい　ｅｔｃ
オンエアーは十月九日　２時間収録　でも20：00～20：54になっている
省略はないと言っていたけどな……」（放映は2時間だった）
七月八日（水）
16：52　ＴＥＬする「歌詞協会終わったよ　王子にいる　事務所に行かず　うちに帰る……ｅｔｃ」
七月九日（木）
16：51　ＴＥＬする「定期便か　事務所　電話機の交換やなんやで　十一月の与野コンのこととか　十月一日の車椅子できるかわからないけど　西村事務所の人来て　いろいろしてもらっている　今度は七月三十一日だ……ｅｔｃ」
七月十日（金）
16：50　ＴＥＬする「きょうはうち　五日間動いたらダウンだ……　ｅｔｃ」
七月十一日（土）

16：55　TELする　「きょうもうち　ダウンしている　あしたは出るところある　……etc」
七月十二日（日）
16：50　TELする　「きょうもうち　この温度に出るばかいるか　32℃だぞ　あしたは事務所行く予定……　etc」
七月十三日（月）
16：50　TELする　「きょうは事務所　電話機直したり　お中元の礼状書いたり　素麺ばかり　ジュース五十本重い　よく持つよな宅急便の人　少しずつ飲んでる　ビール飲みたくない　肉系味がない　甘いものばかり食べてる
糖尿病になるかな　重いなからだ　（私に対し）無理するな・無理に歩くな　一茶でも考えてろ『夢みる星屑のCD聴くと　泣けてくる』に　そうだろう　あれはいい歌がいっぱい入っている　かなり売れた　完売したんじゃないかな　三千枚　作詩作曲者が売ったからな……　etc」　14分12秒喋る
七月十四日（火）
16：50　TELする　「事務所　歩ける　きのうよりいい　なぜこんなになるんだ　あなたもいつから悪くなった？　山形はまあ大丈夫だったな
車椅子にしろ　電動車椅子に乗ってる人　楽そう　うらやましいよ

こっちだって　いつ「がたっ」と何があるかわからない　**自信がなくなった**　ｅｔｃ　中野は来年」　10分33秒喋る

七月十五日（水）

16：52　ＴＥＬする「事務所　身体きのうより軽い　日に日にいいかな　痛み今ないよ　朝起きてめし食ってボルタレンと胃の薬飲んで　もろもろの薬飲んで……　病院からの痛み止め飲んでいない

売れる物ってなんだ　斜め読みいいよ　出版社も何か期待している　今度の小野小町はざーっと出てきた感じ　あなたの書いた額田・小町は凸じゃなくて凹だけれど隠れファンいるよ　オウムアムアみたいなものはリズムだから　書けと言われて書ける物じゃない　一茶いいよ　これもわきのひと　主役じゃない　ひねくれ一茶がなぜ人に好かれるか　文倉常長オペラの主役にはならないのと同じ　等々　書きなさい何でも書いていなさい」

32分25秒　喋る

七月十六日（木）

16：53　ＴＥＬする「事務所で楽譜書いてる　だるいよ　あちこち　ｅｔｃ」

18：33　ＴＥＬ「さっき言い忘れた　**痰に赤いぽちっとしたもの**1㎜位もないものが混じる　十回に一回くらい　一週間ほど前から」「咽喉科と松林先生に言ったほうがいい」「やっぱり言った方がいいか　ｅｔｃ　まあ藤山一郎は八十二歳で死んだから俺それより二年も長

生きしてるから　いいか何があっても　**生きるところまで生きます**　あした気をつけて
　行ってこいよ」
七月十七日（金）　私金沢へ
16：49　ＴＥＬする「きょうは疲れてうち……　ｅｔｃ」
七月十八日（土）
16：49　ＴＥＬする「事務所　俺も歌えない　きのうテレビ出てただろう　やはり揺れて
る　八十三歳の時か　去年の十一月だから　三鷹淳は頑張ってたな　上だ（年齢が西脇さん
より）元気で歌っていた　**やはり痰に血混じる**　増えちゃいない　ｅｔｃ」
七月十九日（日）
16：50　ＴＥＬする「きょうはうち　……ｅｔｃ」
七月二十日（月）
16：50　ＴＥＬする「今根来さん帰って　机に座って詩読んでる　どんな曲作るかなって
またコロナ増えたしな　何か（コンサートなど）やれるかなと思ってたけど　まだだめだ
先が見えない……　ｅｔｃ」
七月二十一日（火）
16：48　ＴＥＬする「きょうはうち　今相撲観てる　たばこやめた」
七月二十二日（水）

16：50　ＴＥＬする　「きょうは事務所　今から吉田経理士が来る　ごちゃごちゃ話だ　連休は練習するとか言ってる……　ｅｔｃ」
七月二十三日（木）
16：49　ＴＥＬする　「きょうはうち　あすは事務所行く」
七月二十四日（金）
16：51　ＴＥＬする　「きょうは事務所　歌詞やなんかみている　練習はあした　新しい歌覚えなきゃいけないし　きのう一日うちにいたら駄目だね　足が重い　ふらつかないようにしっかり歩いているけど　何しろどこからうつるかわからないから」
七月二十五日（土）
16：53　ＴＥＬする　「今練習終わってみな帰った　鹿島が大変　エスカレーターで後ろにひっくり返りそうになった　後ろに若い人がいて助かった　きのうはうなぎ弁当買って帰ったオリジンで　旨かった　お茶の味がしない　サイダー飲んだ　コーヒーはわかる　きょうはマンデリンだった　ミルクも砂糖もなく飲んでる　妹いるんだろう　俺はジャージャー麺食べたい　ｅｔｃ」
七月二十六日（日）　17：18　ＴＥＬする　「寝てた」
七月二十七日（月）
16：50　ＴＥＬする　「事務所　今根来さん帰ったところ　引っ越しの事考えている」

17：36　ＴＥＬする　「額田は山の人　小町は丘くらい　一茶は平地か　だから書いてほし
いんだ　ｅｔｃ」　いろいろ喋る　愚痴も
七月二十八日（火）
18：49　ＴＥＬする　「ごめんごめん　離れていた　あしたは事務所　出川先生のところも
行く　ｅｔｃ」
七月二十九日（水）
16：50　ＴＥＬする　「事務所　出川先生休み　三十一日病院二個行く予定」
17：20　話がしたくて再電話　いろいろ喋る（コロナでなかなか一緒に飲めない）
七月三十日（木）
16：50　ＴＥＬする　「事務所　手紙書いて　いろいろ　あしたは病院のはしごだ」
七月三十一日（金）　西脇さん東邦の日
17：09　ＴＥＬする　「もう事務所　血痰は心配いらないって　事務所までおいで」
18：00過ぎ　**事務所**着（タクシートラブルで遅くなった）「根来さん今帰った　会いたいって
待っていたけど遅いから　これ　ひとりのショーやろうかと考えている曲目　抜粋するけ
どね」見せてくれた
きょうの病院データを写す　シフラなどなし（使用薬剤はアリムタ）
どこかへ電話「何時から　やっているの　じゃあ7時ごろね」今日食べるところ　やってい

るか聞いて予約しているみたい
LPかけられるプレーヤー「これ買った　LPもかかる　テープの巻き戻しができない」LP聴く「三十歳ごろのものかな『赤い靴』『あざみのうた』俺のアレンジ　ヴァイオリン使っていいもの作っていたんだけど　歌が前へ出てヴァイオリン聞こえない……　ディレクターと喧嘩した　でもきれいだろう」
LP：赤い靴　アカシアの花　赤とんぼ　アザミの歌　聴く（これ西脇さん亡くなってからCDになった『ボニージャックスによる日本の抒情歌選集70曲』）
サイダー飲んでた　旨いよ　何か飲む？
テープで「つりしのぶ」も聴く「ミカコ　難しい　歌えない　と言った　彼女流してしまうところあるからな」
「つりしのぶ」聴きながら「キングの今の（名前私が忘れた）ディレクターがこの歌西脇さんがソロで歌ったらよかったのに　ブルー・シャトウなんか歌って（何してんだって言い方）つりしのぶ　すごくいいと褒めてもらった」と西脇さん嬉しそう　またテープしまいながら「作詩は名村宏　もう亡くなったけどね　この歌聴いて涙流して喜んでくれた〝こんな風になるんですね　あの詩が……〟って　彼もう入院中だった　見舞いに行って　歌聴いてもらった」
19：00出発

フレンチレストラン　プティトノー（LE PETIT TONNEAU）　商船三井ビル
タクシーで虎ノ門へ　運転手さんに「まっすぐ行って　そのあたり……」
商船三井ビル　タクシー代支払い西脇さん（この店　灘尾ホールへ　新橋から行く時いつも眺めていた店だった）
「美味しいだろう」「美味しい」「俺　この虎ノ門の店　二回目　このあいだミカコが歌ったので」
エスカルゴ　赤ワイン煮牛ほほ肉小　からすみ入のリゾット
「最近コーヒー　舘でストレート教えられた　キリマンジャロ　モカ　マンデリンが分かるようになった　おやじ黙って出すから　サンドとトーストとサイダーとコーヒーのみ五日間あった
最近　漢字また勉強中」（篆書など書いてある自筆）（宮城谷の使っている漢字を書いておぼえているよう）
「フランス語は知らない　イタリア語上手いってイタリア人に言われたけど　歌しかわからない　ロシア語でラブレター書いた話もまた」
長崎の花の歌詞の紙にロシア語で「ひさおにしわき」と書いてもらった
「ドイツ語　大学生の時あれほど勉強したのに　訳書いてガリ版刷りして　みんなに配ったりしていたのに　思い出せない（この話も何度か聞いた　ロシア語　ドイツ語の話）やっとこ

の間十まで思い出した」
「おばあちゃん子だった　おばあちゃんにひらがな習った　学校行く前ひらがな読めた　学校はカタカナで　読めなかった　小学一年生　教科書三度変わった　サイタ　サイタ　が最初かな　ｅｔｃ
飯田先生の話も〝元気そうだけどコロナ引っかかったら死ぬよ〟と言われた
十一月埼玉と（与野コンのこと）　飛鳥に乗る　ｅｔｃ」
午後9時55分ごろ会計
エスカルゴ　赤ワイン煮牛ほほ肉小　からすみ入のリゾット　ビール　ハーフ&ハーフ一人2杯ずつ　11100円
帰り九段下までと言われたけど　ちょっと苦しそうなので新宿まわってマンションの向こう側まで　タクシーの中でもまたいろいろ話
タクシー行き　麹町まで3250円（日の丸）　帰り　宮里タクシー7500円
八月一日（土）
16：50　TELする「今近所の薬局で薬貰ってきたところ　元気だよ　きのうはご馳走様……ｅｔｃ」
二日（日）も「うち　元気だよ　ボーッと相撲観ている　ｅｔｃ」
八月三日（月）

16：51　ＴＥＬする「事務所　四人集まって練習終わった　みんな声が出ない　落ちてきた　不思議だね　三十一日が一番元気だった　ｅｔｃ」
八月四日（火）
16：52　ＴＥＬする「やっぱり落ちてる　うち　テレビ観てた　根来さんあした来る　事務所はほとんど人いないから……ｅｔｃ」
五日（水）になると「やっぱり　すごく落ちている　うち　熱はない……ｅｔｃ」
六日（木）「ものすごく落ちてる　うち　あしたは会社行かんならん　ｅｔｃ」
八月七日（金）
16：50　ＴＥＬする「今根来さん帰って手紙書いている　身体痛くてボルタレン飲んできた　何だろうな　長谷川さんから手紙来て九月二十二日『秋日和』俺が長谷川さんに送った曲だけど『秋日和』というタイトルで毎年秋　俺の歌中心にコンサートやってくれるんだけど　今年は横浜だって　アルテリーベ待っていられないらしい……　ｅｔｃ」（コロナでアルテリーベ　閉じていた）
八月八日（土）「うち　やっぱり駄目だな　野球観てる……　ｅｔｃ」
九日（日）「うち　ゆっくりしている　まあまあ食べている　ｅｔｃ」
八月十日（月）
16：49　ＴＥＬする「四日ぶりに外へ出た　足重い　サイダー買ってきた　あしたは事務

所行かなきゃいかん　ｅｔｃ」
八月十一日（火）
16：50　ＴＥＬする「定期便か　事務所　暑かった　さすがの俺も暑い　クーラー二つつけている　一茶の本の話　いろいろ　ｅｔｃ」
八月十二日（水）「うち……　ｅｔｃ」
十三日（木）「うち　今土砂降り　あすは事務所行かなきゃいかん　根来さんが来るから　ｅｔｃ」
八月十四日（金）　西脇さん事務所へ出た
16：52　ＴＥＬする「血痰が増えた　**医者は何でなんともないって言うんだろう**　今度聞いてみる　今根来さん帰った　あと1時間くらいいる　暑中見舞い書いたり　猛暑お伺いだなｅｔｃ　一茶わがままなんだけど　慕われているんだなあ　どこがいいのか　そこがわからない　今度また旨いもの食いに行こうｅｔｃ」　17：02まで喋る（10分間喋る）
（ひとりで　血痰の増加　痛みなど　不安　かかえていたんだろうなあ）
八月十五日（土）
16：52　ＴＥＬする「うちだよ　うちにいると足が萎える……ｅｔｃ」
八月十六日（日）
16：53　電話かからず　すぐに折り返し電話「ごめんごめん　40分は長すぎるぞ（私の歩

く時間）　あしたは事務所行く　ｅｔｃ」
八月十七日（月）
16：51　ＴＥＬする　「事務所　まあまあ　かゆみと湿疹でるのでパンビタンやめて　血痰出るのでバイアスピリンやめてる
きょうは　うちから暑くて　電車涼しくて　電車降りて3分くらい歩いて事務所涼しい　下の喫茶店でコーヒーとトースト食べた　何かピシっと歩けないんだなあ　どうしてか
家賃交渉これから　今年いっぱいは何とかここで（私に対し）暑い所　歩きすぎるな　ｅｔｃ」
八月十八日（火）
16：50　ＴＥＬする　「うち　あしたは事務所行く　水曜日は電話やなんや仕事ある　ｅｔｃ」
八月十九日（水）
16：50　ＴＥＬ　「定期便か　事務所だよ　ここまで来るのに疲れた　今電話やら何やらしている　金沢行ってらっしゃい　気をつけて」
八月二十日（木）
16：52　ＴＥＬする　「うち　あしたは事務所行かなきゃいかん……　ｅｔｃ」
八月二十一日（金）
16：53　ＴＥＬする　「家賃の事で　根来さんに銀行行ってもらったりいろいろしている
今年いっぱいは今のままでいたいからな　ｅｔｃ」

八月二十二日（土）

「うちだよ　あしたは　違う　あさっては事務所行かなきゃいかん」

二十三日（日）も「うちごろだ　きょうは涼しかったろう　あしたは事務所行く　ｅｔｃ」

八月二十四日（月）

16：50　ＴＥＬ「事務所　きょうは客があった　俺を担ぎ出そうとする奴ら『日本童謡唱歌……学会』とか　松本短期大学の先生とか衆議院議員　俺の知ってる奴いるが　今更何だと思ったが　まあ話した　今の童謡は　ＡＫＢとか乃木坂　嵐だ

童謡懐かしむのは七十以上だな　戦争を知らない子どもたちは　もう昔　昔の童謡は　知らないよ　大事に思う人もいるんだろうけどな

きのう戦争のテレビ観てた　大和（やまと）引き上げなどに活躍した駆逐艦　この駆逐艦　撃沈されなかった　幸運の駆逐艦　乗組員二人まだ生きててテレビに出てた　幾つだ　昭和二年生まれだって　ｅｔｃ」　10分くらい喋った

八月二十五日（火）

15：34　事務所へ電話　西脇さん出た　埼玉のチケットの件で「根来さん休み　きのうの事から仕事増えた」

16：56　ＴＥＬする「定期便か　何かやり始めると電話来るな　いろいろ片づけ　**身体重い　足重い　胸重い**　二十八日また病院だ　ｅｔｃ」

八月二十六日（水）
16：50　ＴＥＬする　「今練習終わった　鹿島いる　何か言うことあるか　ｅｔｃ　汁八（西脇さんの友人が経営　いつか私を連れて行くと言っていたところ）奥さんがやってるからどうぞお待ちしていますと　時間はどうでもいいよ　ｅｔｃ」
八月二十七日（木）
16：52　ＴＥＬする　「定期便か　九月十五日　ともしびでボニー最後のステージだ　ともしび閉じるそう　みんなで歌うのはしない」
八月二十八日（金）　西脇さん東邦の日
15：30ごろ　ＴＥＬする　「もう帰った　事務所にいる　5時半か6時」
17：45ごろ事務所着　「あがって行くか　そのまま入れ」　検査値写す（別紙）「俺も去年からとってあるよ」引き出しから出してくる
Ｈｂ：８・８　Ａｌｂ：３・１　ＬＤＨ：８９８　ＣＲＰ：０・33　シフラ：24・２　ＣＥＡ：５・８ 等
「雨の木曜日聴いた？」「聴いたよ」「これはミカコには可愛らしすぎたかな　「つりしのぶ」は？」「この間聴かせてもらった」……
タクシー乗る前　「そこで待ってて」と　道路向こうのポストまで素早く行き　帰りは横断歩道を歩いてきた　タクシー　汁八の場所に　少々迷いながら　銀座　汁八へ（電通通り手前）

階段すごい
お喋りはいろいろ　他愛ないものも　作曲今したくない　今二線紙　五線は無理　中途半端な生き方だったな　満杯にしたものがない　歌　作曲　編曲　古事記にまで　手を出した
俺は「とんがりぼうし」のような歌は作らない　エールの（古関裕而のこと）「長崎の鐘」「ニコライの鐘」は上手い　でも「長崎の雨」なんかは俺の方が上手い　このあいだショパン弾いてたら途中から弾けなくなった　歌詞は歌っていると出てくる
あのテーブルで（一番奥のテーブルになるかな）手塚　高橋　青木　俺四人で飲んだ　何年前かなあ　等々　懐かしそう
午後9時30分過ぎまで
ビール6杯（二人で）活タコ刺し　赤貝刺身　豆腐のステーキ　霜降り肉
汁八：17600円
帰り　西脇さんを　西脇さんのマンション前まで送る「あれ　チョコレートマンションっていうんだ　色がな　3DK」
タクシー　家から事務所3650円　事務所から汁八　西脇さん支払い　帰り7650円
八月二十九日（土）
　16：50　TELする「きのうはご馳走様　高かったたな　けど美味しかったろう　etc」
八月三十日（日）

16：52　ＴＥＬする　「ごめんごめん　うち　あしたはみそか　事務所行く　ｅｔｃ」
八月三十一日（月）
15：46　ＴＥＬする　「ともしび中止になった　従業員がコロナ　音響もすべて準備したのに　動線はっきりしておかなければな　ｅｔｃ」
16：55　ＴＥＬする　「今根来さん　あくびしている　大変だ　ｅｔｃ」
いつだったか　「あなたに　俺の歌　テープ作ってあげる」と言っていた
テープいくつか聴かせてもらっていて「どれがいい……」　とも聞いてくれた
九月一日（火）
16：51　ＴＥＬする　「今テープ作っている　ＣＤにできるか聞いてみる　ｅｔｃ」
九月二日（水）
16：50　ＴＥＬする　「事務所　あなたにあげるテープできたよ　ＣＤにすると金かかる　ＣＤにするの面倒くさい
額田は最高だった　小野小町はまあこんなものか　一茶の次は世阿弥か河竹黙阿弥か　長唄面白い　この間テレビでお経と長唄コラボさせてた　清元とは違う　清元は三味線細くひく　長唄は太く……　ｅｔｃ」　23分23秒　お喋り

九月三日（木）

16：51　ＴＥＬする「どうした　定期便か　事務所　今あなたにあげるテープ　ＣＤにしている　難しい　いっぱいある　長谷川さんのコンサート作詞家の人も行くって　今忙しい　あとで……」

21：37　ＴＥＬ　気づかず　歯磨き

21：42　ＴＥＬする「どうした　さっき電話した　風呂にでも入っていたか　テープできた　二十曲になった　ＣＤにするの時間かかるけど　似たような曲あるけど　歌詞勝手に直したものもある　童謡百曲ほどあるけど　入れてない　夕めしはおにぎり食べたｅｔｃ」

九月四日（金）

16：57　ＴＥＬする「ごめんごめん定期便だなと思いながらトイレ　今歌詞集作っている　一茶　下から目線　童心　何を考えていたか　藤村の詩もそうだな　藤村の朝の歌　口ずさんでくれる　歌詞全部　そらで言っている（覚えているのが本当にすごい）　筋肉弱ってる　台に登れなかった　階段はいいが　鍛えなきゃな　一日三千六百歩は歩いているけど五千歩いるなあ　ｅｔｃ」　14分13秒　お喋り

九月五日（土）「きょうはうち　疲れた」

六日「きょうは　うちでごろごろ　出ていない　あしたは天気悪そうだけど事務所行かんならん」

九月七日（月）
16：53　ＴＥＬする　「事務所　二日間家にいたら動くの大変だ　血痰大きくなってきた
ミカコ二十五日『樹』で歌う　うなぎでも食うか　池之端　池の近くだ　二十二日は長谷川さん聴きに行ってくる　俺の曲七曲歌ってくれるって」
九月八日（火）「事務所」
九月九日（水）
16：51　ＴＥＬする　「事務所　背中痛い　寝ていても痛い　朝女房どこかで焼きそば買ってきてくれたけど　味が足りない　夕べはコンビニでおにぎりとサンドウイッチ買って食ったけどサンド二枚残した　毎日歩かないとだめだ　ｅｔｃ」　5分ほどお喋り
九月十日（木）
16：52　ＴＥＬする　「事務所にいるよ　障害者に寄り添ってきたから
俺は古いけど作曲しているし　鹿島は歌えなくなってもやめるとは言わない　メロディー俺にやれ歌えないと言いながら　最近の音楽界はおかしい　自分で作詩作曲するから　ウエットスーツだ　ぴちっと体にくっついて　他人が歌えない　聞くには聞ける　交響曲だなクラシック化しているのか　一茶進んでいるか　そのうち見えてくる　ｅｔｃ」
17：14まで　お喋り
17：49　ＴＥＬ　「梨着いたって　ありがとう」

九月十一日（金）
16：51　TELする　「きょうはうちでごろごろしている　一歩もうち出ていない　あしたは土曜だけど事務所行かなきゃいけない」
十二日（土）「きょうもうち　おととい眠れなくて　調子悪かった　きょうはまあまあ　血痰は変わらない　ｅｔｃ」
十三日（日）「うち……　ｅｔｃ」
九月十四日（月）
8：19　ＴＥＬ「胃が痛い　二回吐いた　真っ黒なもの　きのうのカレー　黒いカレー真っ黒　薬何飲めばいい　動きたくない　ｅｔｃ」
夕方まで何回か電話した　「まだ回復なし」
九月十五日（火）　数回電話　受診勧める
「一晩中下痢していた　胃痛は少しいい
夕方　元気は出てきている　あした医者行く」
九月十六日（水）
13：12　ＴＥＬする　「今終わった　出川先生電話してくれて東邦へ直接行った　薬貰ってきた　Ｈｂ：9・7　ｅｔｃ」
15：43　ＴＥＬ「今事務所に帰った　トーストとコーヒー飲んできた　味がしない　あと

ＣＲＰ：１・93　まだ少し痛い　俺って第六感で急いでいくってわかる　今回はひどかったが　まあ大したことなかったかな」
17：45　ＴＥＬ「メール見た　大笑い　反対だよ『夢の中一茶一茶と虫が鳴く』だ　よっぽど悩んでいるな（「虫が鳴く一茶一茶と夢の中」とメールした）
幼稚園のころ　講談社の絵本で一茶あった　良寛　一休さん　孝女白菊美人だった　孝女白菊　好きだったな　本当に　ｅｔｃ」
（孝女白菊　好きだった話　以前にもアサヒスーパードライで聞いた）
九月十七日（木）　私　金沢行く
16：18　ＴＥＬする「金沢か　ＣＤできた　送る今から」
16：50　ＴＥＬする「ＣＤ着いたよ」「ただ　流してるだけの入れ方だろう　ゆっくり一曲ずつ聴いてよ」西脇さん自筆の歌詞カード付
九月十八日（金）　私　金沢より帰る
21：39　ＴＥＬ「どう　俺の好きなのは港町　歌詞変えたのもあるから　ｅｔｃ」
21：56　ＴＥＬ「今地下鉄降りたところ『舞』と『25時』　歌詞変えた　元の歌詞（ＣＤではこちらで歌っている）を　舞は『女が一人煌めいて　風と舞い立つ』（元の歌詞：女が一人さびしげに　揺れて行きます）　25時は『眠らない時を刻む』（元の歌詞：わがままな愛を　笑う）に変えた　夕立ち荘の歌　録音悪く歌詞聞き取りにくくて　歌詞カード作れ

なかった　でもいいから入れた」（夕立ち荘の歌詞カードは　後日出てきた）
「ＣＤ　二十曲　どれもいい　演歌もいい　歌唱もいい　表現力抜群」

ＣＤ着くまでに　どこかで今歌詞カード作っていると電話貰っている

九月十九日（土）
16：51　ＴＥＬする「ＣＤ本当にありがとう」「これから事務所へ帰る」
19：11　ＴＥＬ「書き物していたら　背中が痛い　ボルタレン飲んでいいか
夜はさっきトースト食べた」
19：24　ＴＥＬ「ピンクシートの薬レバ……と一緒に飲んだ　あっそうだ　釣忍（つりしのぶ）の詩　あんなのに曲付けたすごいだろう　俺の方が古関裕而よりは上手いと思うけど　上手いのは古賀政男　彼はすごい　服部良一もだが　雨の忍び橋なんてどろどろの演歌だな」「西脇さんの演歌いい　歌唱もいい表現力抜群　演歌に聞こえない」

九月二十日（日）
16：50　ＴＥＬする「今度は下痢している　薬飲みたい　ピンクの薬
ミカコ行く？　高いけど　一睡亭　手紙　あと二十通ほど」
17：04　ＴＥＬ「年賀状が出てきた　一睡亭の住所言うよ　ｅｔｃ」

九月二十一日（月）
16：53　ＴＥＬする　「下痢どう」「続く　夜中も　ワカ末飲んでも効果なかった
あしたは夜電話入れる」
17：21　ＴＥＬする　「紅茶飲んでみて」
九月二十二日（火）　長谷川さんのステージ　秋日和
18：20　ＴＥＬ　「今帰った　良かったよ　ミカコ連れて行った　こんな風に歌うのもあるって　お茶して帰ってきた　何も食ってない　ｅｔｃ」
九月二十三日（水）
16：51　ＴＥＬする　「今電話していた？　プップッて鳴っていてわかった　下痢止まったら小便が出る　ウナギ食えそう　二十五日何時にする　6時じゃ5時半」
九月二十四日（木）
16：51　ＴＥＬする　「きょうはうち　台風来るから根来さんと相談して　今雨降ってるあしたは病院だし」
九月二十五日（金）　西脇さん東邦の日
15：39　ＴＥＬする　「もう事務所　今手紙書いている　先に着いたら入ってて」
（転んで遅くなった）
17：43　ＴＥＬ　「今どこだ　1階満席　店の外で立って待ってる　白っぽい服　着ている

あと5分ほどか」
店の前で待っていてくれた
上野　亀屋一睡亭　店に入ったら1階空いたということで1階
まず検査値　Hb：9・9　シフラ25・0　……
長谷川さんのコンサートの話　味覚障害　匂いは大丈夫だからコーヒーOK
左耳聞こえにくくなった　爺さんだからしかたないか
一茶　地べた這う俳諧師って感じとか　漫画チックでもいいかなとか
午後6時50分ごろまで
生ビール750×2　うな丼2900×2　ゴマ豆腐　500×2　お通し400×2
＋税　10120円
午後7時から4階　樹（池之端　ライブスペースQui）へ　生ビール一杯ずつ　ミカコの
歌　12100円
帰りタクシーの中で「あした事務所　アレンジしなきゃ　コンサートのリハーサル十月五日
だっていうから　ピアノとヴァイオリンのみ」
西脇さんを駒込駅まで送る　手前の横断歩道でタクシー降り　さっさと横断歩道渡って行く
いつもの美しい歩き方　変わっていない（駒込駅経由で帰る時はこのコース）西脇さん山手線
に乗ってお帰り

タクシー　行き２２８０円　　帰り２２５０円
九月二十六日（土）
16：51　ＴＥＬする　「きのうはありがとう　　小町のカバー　きれいな色の綾織りがいい
基本人間は入れない　最近血痰多い　先生に言ったら**どこか切れてるんでしょうかねえ**
だって　それぐらいわかる……　ｅｔｃ」
九月二十七日（日）
16：51　ＴＥＬする　「ごめんごめん離れていた　変わりないよ」
二十八日（月）
16：51　ＴＥＬする　「仕事しているよ　……ｅｔｃ」
二十九日（火）
16：52　ＴＥＬする　「今ドコモから帰って来たところ　やっぱり携帯おかしかった　カード一枚　差し替えて　落合のドコモ　事務所に帰って編曲終わったところ　埼玉断るのに大変　西脇さんから自筆の手紙もらったのにって　根来さん大変だ　……」
九月三十日（水）
16：52　ＴＥＬする　「できたよ（アレンジ）　練習は三日　五日リハーサル
どうだ飛鳥に乗らないか　障害者だから足手まといになっていいんだよ　自覚しろ　　一茶
どこまでやった？　**『見果てぬ夢』もう一度読め　今さっき後の方芊平さんの悩み部分を読**

んでいた　すごくいいんだから……　あなたは書ける人なんだから　ｅｔｃ」　16分16
秒喋る

十月一日（木）

16：52　ＴＥＬ　いろいろ話　「食べに行くか　どこ行こうか　考えても出てこず　池袋でいいよ」ということで　「6時30分目途に池袋」

18：30　タクシー降りて歩き始めたら　西脇さん歩いている　一緒にエレベーター乗れた

ギネスへ

音楽の話から　「山本恵三子さんから新しい大きな詩が来た　作曲できるかな　なんて楽しんでいる　俺のはマイナー」「この間のＣＤ聴くと寂しくなる」「そうかもな」

「『春のうた』今回ＣＤ　作って思い出した

あのゴンタ　一日二〜三台しか通らない車に轢かれるなんて

俺の迎えに出たのかな（俺のせいかなって思っているのかな）　赤い犬のゴロウの背中に乗ったり　ゴロウ痛かっただろうな　爪立てて乗るんだから　ゴンタ　大きな岩に乗って鳴いてたな

俺の編曲　ピアノとヴァイオリン　ヴァイオリンにかなり負担かけるな

五木寛之　寂聴に言われて蓮如になっちゃった　宗教に行った

繰り返し読む本　行き着いたところは宮城谷昌光

絶対読みたくない本　太宰治　谷崎潤一郎　三島由紀夫
川端康成　なぜノーベル文学賞か？？　とか
自殺する奴は　好きになれない　川端なんか死ぬことないんだ
もう書けなくてもいいのに　誰も書くこと期待していないのに」とか
書くこと　作曲すること　ｅｔｃ
「あしたは練習だ　きのう　終わったらレストラン終わる時間だった　事務所の冷蔵庫のサンド食べて　足りないから家帰って自分で卵かけごはん作って　海苔入れて　まだ足りないから　海苔に醤油かけて食べた　……」
20：45まで
BLACK&GOLD　９００×2　＋７００　おつまみカキフライ７４８＋２３０　キャベツの浅漬け６３８　生ハム９９０　ステーキガーリックピラフ１７５０　計６８５６円
帰りの道筋はいつも通り　腕組んで　西口公園前の道路に出て　タクシー拾ってくれバイバイ
西脇さん　そのあと自分のタクシー拾うよう
タクシー　行き　２４５０円　帰り　１７４０円
十月二日（金）
　17：01　ＴＥＬする「今出川先生終わった　一度耳鼻科で診てもらえと言われた　コンサートの前に行く　ｅｔｃ」（左耳聞こえにくいこと）

十月三日（土）
16：51　ＴＥＬ（私の携帯は1～2分早い）「すごいな　いつも4時50分だ
事務所手紙など書いている　訃報来たので　車椅子のおしゃべりの詩人が亡くなった
朝死んでたんだって　前の日元気　俺もそうありたいな
飛鳥28万だって　行く必要ないよ　四日間一日三食　いくらだ
二人で二十八回以上食事できる……　ｅｔｃ」
十月四日（日）
16：52　ＴＥＬする「ごめんごめん　トイレ行ってた　きょうはうち　血痰増えてきた
喉ではないと思う」
17：16　ＴＥＬする「なんだ　あしたは1時から　定期便は遅くていいよ」
十月五日（月）　埼玉リハーサルの日
17：？　ＴＥＬ「今終わった　池袋で飲もう　電車に乗る時電話入れる」
17：18　ＴＥＬ「今から電車に乗る　各駅停車だ」
18：00　池袋　**ギネス**着　西脇さんもすぐ着「やっぱり30分かかるな」
声出なかった　鹿島の方が出ていた　エカの犬が死んだもう少しで十七歳　空海・玄奘三蔵は
すぐ言葉を覚えた　言葉のことｅｔｃ
高校の時　スキー部で蔵王で遭難しかけた　リーダーがしっかりしていて助かった

小さい時の事　小六〜中一　脳脊髄膜炎で休学中　家の中で本読んでいた
史記を読むこと勧めたのは母　後ろに解説あるよとか　ｅｔｃ
とめどもないお喋り　いっぱい
BLACK&GOLD　９００×２　＋７００　生ハム１１００　ガーリックトースト５５０　グ
リルチキン９５０　計５０００円　　行きタクシー２４５０円　帰りタクシー１７４０円
十月六日（火）
16：50　ＴＥＬする「事務所　身体は重い　何かしてれば何か出るさ　ｅｔｃ」
十月七日（水）
16：52　ＴＥＬする「熱が出た　きのうから37度3分　今37度1分　コロナかな　どこへ
も行ってない」（リハーサルという仕事で　発熱か）
十月八日（木）
16：52　ＴＥＬする「事務所　熱下がったよ　**埼玉　楽屋訪問**ないから　待ってて　ｅｔｃ」
十月九日（金）
16：51　ＴＥＬする「変わりないけど　**血痰が増えている**　ｅｔｃ」
十月十日（土）
16：51　ＴＥＬする「今　坊やテノール歌手の若いののコンサートの帰り　合唱団も来て
いて話しながら帰って来た　これから事務所　何か書類がいっぱい来ていて書かなきゃい

けない　そっちはどうだ　油断するな　片手は何かに伝わること　決めておけ　ｅｔｃ」

19：50　ＴＥＬ「重大な病気が見つかった　耳だ　左耳は聞こえにくいけど　音程は正常に聞こえる　右　難聴の治療した方　高い音が低く聞こえる　きょうコンサートでおかしいな　歌声は高いのに伴奏が低いと感じた

左押さえたり右押さえたりして聴いてみた　管弦がダメ　よく聞こえるのは右だけ

耳鼻科に電話した　老人性かと言われた　片方だけだし　来週行ってみる

そのあと喉も行ってくる　これから飲んで帰る」（気持ちグワッと沈んでるんだろうな）

十月十一日（日）

16：53　ＴＥＬする「事務所だよ　きのうは中華屋さんでやけ酒飲んで帰った　落合にある　おかゆ食べられるから　きのう若い人のコンサート　声が出ていたが　今一つ心がない　俺のあなたにあげたＣＤのような感じが歌にこもっていない　十一月長野行ってくる

木工屋さんだが　手仕事屋吉兵衛という人のコンサート　俺よりいい声して上手い　行く行く言っててなかなか行けなかった『声がつぶれてきた』ってさ　玉の湯温泉ホテル　ホテルに泊まっても損だから何か木賃宿捜す予定　一面俺の先生　仏像彫ったりしている

ｅｔｃ」

十月十二日（月）

16：52　ＴＥＬする「事務所　医者はいっぱいだったので予約してきた　あさってだ　神

尾記念病院　院長耳専門だ　ｅｔｃ」
17：32　ＴＥＬする「妹来てるのか　やけ酒飲みに行かないか　もちろんいつものとこ
ろ　６時半　ｅｔｃ」
18：25　**ギネス**着　西脇さんも間もなく着
いつものビール　BLACK&GOLD から
音楽の話　いろいろ　古賀政男　彼は天才だ　古関裕而は品がある　藤山一郎　の話など
いろいろ喋り　歌ってくれる　ｅｔｃ
お姉さんの影響　歌舞伎　昼の部は寝ていた　夜の部は助六など面白かった　夢中に観てた
「玄冶店(げんやだな)」「白波五人男」など　台詞覚えている　芝居してくれる　……
芸大行きたかった　叔母に反対された　背が小さいこともダメ
「ヴァイオリニスト　クライスラーよりジンバリストいい」と言って叔母に　変な子ねと言われた　チャイコフスキーの悲愴を聴いて　寒いぼが出た
中二のころだ
合唱団では　大学までバス　大学に入って誰かが　こいつはテナーだと言ってくれ二年からテナーになった　その時鹿島が入ってきた
21：40くらいまでお喋り
BLACK&GOLD　大９００×２　BLACK&GOLD 小６００　BLACK&GOLD ７００×３

生ハム1100　グリルチキン950　ガーリックトースト550　7100円
帰り方は　いつもと同じ　タクシー行き2310円　帰り1810円
十月十三日（火）
16：52　TELする「きのうは　楽しかったありがとう　大丈夫　血痰以外は　ヴァイオリン　ジンバリスト　叔母にクライスラーよりいいと言ったら　変な子ねえと言われた　小学か中学だったからね　塩竈第三中学の時　NHKの塩竈の中学合唱コンクールで俺だけソロした　その時隣のブースに藤山一郎が来ていて『いい声だねえ』と頭なでられた　俺も昔野口五郎に『上手いねえ』と同じことしたなあ　そのとき野口五郎は小学生だったな　etc」
十月十四日（水）
17：04　TELする「今終わった　声は出た　歌わなきゃいけないんだ　喋るのは声がちがう　耳は診てもらわなきゃいかん　あした4時予約（私に対し）駅で転ぶなよ　エスカレーターあるはずだ　アスリートになるんじゃないから階段無理に上るな　etc」
十月十五日（木）　私金沢
19：00過ぎ　TELする「きょうは体調不良でうち　病院行っていない　来週に延期した」
十月十六日（金）　私金沢から帰る
17：04　TELする「ごめんマナーになっていたよう　もう帰ったの　きのうは起きられ

なかった　二十三日は俺もうちに早めに帰ってみる　何時からだ?」「見果てぬ夢読みなおした　あんなのもう書けない」「当たり前だ　そんなもんだ　ｅｔｃ」
十月十七日（土）
16：50　ＴＥＬする「おお待ってた　今練習終わった　すこしずつ声出てきた　耳行かなくていいいって　老人性高周波……だって　どうしようもないってことか
二十三日　聞いてみる」
17：10　ＴＥＬする「きょうは土曜日　どこへかけてもかからない　まあ二十三日だろう」
十月十八日（日）
16：50　ＴＥＬする「練習終わった　やはり声出ない　練習しなきゃ　来週も土・日練習だ　ｅｔｃ」　かなりいろいろ喋る
十月十九日（月）
14：52（歩いている時）ＴＥＬ「二十三日そのままあるって　延期なし」
16：50　ＴＥＬする「定期便か　声出ない　今自分のＣＤ聴いている
汗の話とかも　エアコン入れている　寒いよ　ｅｔｃ」　10分くらい喋った
十月二十日（火）
16：51　ＴＥＬする「事務所　毎日出ている　そっちは　ｅｔｃ　飲みに行くか　６時半」
18：20　**ギネス着**

18：45ごろ　西脇さん着　友達に会って道で喋ってた
小町の原稿読み直し　注）が多過ぎるかな　から始まって　いろいろな話　菅さんヒットラー
になるかも　作家の話　向田邦子　サトウハチロー　のことも　田植えの話「ゲンゴロウ
追っかけて　一番遅かった　お坊ちゃまだから田んぼ入るの初めて　ウワッと思ったら目の前
にゲンゴロウがいた　さあ夢中に　追いかけた　苗持ったまま　田植えにならない　ｅｔｃ」
21：30ごろまで
BLACK&GOLD　大９００×4　塩豚８００　ガーリックトースト５５０
ステーキガーリックピラフ１７５０　チェダーチーズ４５０　７１５０円
タクシー行き２６７０円　帰り１７４０円
十月二十一日（水）
16：50　ＴＥＬする「定期便か　きのうは楽しかったよ　酔ったか　俺はさほどじゃない
ｅｔｃ」
十月二十二日（木）
16：51　ＴＥＬする「定期便　事務所　あした病院　血液検査入っていない　聞いてみる
血痰は増えている　ｅｔｃ」
十月二十三日（金）　西脇さん東邦の日
16：50　ＴＥＬする「**最悪の事態**　がん細胞が点在している　抗がん剤二か月打たなかっ

たからか　松林は何も言わないけど　若いのに（放射線科の先生のこと）言われた　**あなたの余命わかりますって**　わかるってどれくらいだ

二十九日抗がん剤　十一月二十七日も　**長生きしたよ　俺が生きている間に小林一茶仕上げろよ**　いい句あったんだなあ　また後で連絡する　テレビどこかで観る予定　ｅｔｃ」

（19：00から「昭和は輝いていた」に出演）

十月二十四日（土）

16：52　ＴＥＬする「練習終わった　声出ない　きのうの話したっけ　まあしょうがないがん細胞が元気なんだ」

もう一度かける「飲みに行く?」「行こう　6時半」

17：02　ＴＥＬ「あそこ休みじゃなかったっけ」

18：30　タクシー降りたら西脇さん待っていた「劇場の劇ちょっと見ていたらタクシー来たから　あなたかなと　来てみた　やっぱりそうだった」

ギネスへ

まあ　まあ　がん細胞元気なんだ　松林は何も言わないけど　若いのに（放射線科の先生のこと）言われた　**あなたの余命わかりますって**　俺の思うにはあと半年だな　右点在しているから　取れない　左大きくなっている　**抗がん剤効くかどうか　限界かなとも言われた**

テレビ何と言ってた　俺あまり喋らなかったから

東海林太郎　かれはクラシックだ　ベルカント唱法　赤城の子守歌とは全然違う　上手いよ！

藤山一郎も　みんな三割しか声出していない

隣の准教授仕事上いろんなもの持っている（私にしたら　知識としては　西脇さんの方があるかも）「俺の生きている間に　一茶仕上げろ　出だしが問題　あなたの出だしがいい　額田も小町も」いろいろ私の書いた本の話「水たまり　大屋根　タコ　マイナス六度　ｅｔｃ

読み返した」いろいろ言ってくれた　「ちいさなちいさな水たまり　すぐ返事書いたろ　あれで　斜め読み（の発想が）が出た　**額田は歴史の上では上位の人　小町　一茶は　地上の穴だ　その違いを書いて欲しいと思って言ったんだ**　ｅｔｃ」

こんけん先生（小四）はっぽうや先生（小六）志賀先生（中学）はっぽうや先生に坊やと呼ばれていた　ある日　本屋で本読んでいたら〝坊や！〟と呼ばれ〝来なさい〟と言われ　先生と女子三人の後についていき　先生のところで勉強させられた　小一・二年の先生は最悪か覚えていない

「集合写真で（三三会か）写っているうち　生きているのは六人だよ　ｅｔｃ　長生きし過ぎたよ……」とも　淡々と語っているが（これからも葛藤あるだろうな　一人で耐えるんだな西脇さんという人は）

午後9時過ぎまで話し

BLACK&GOLD　大900×4　700×2　グリルチキン950　ガーリックトースト5

50　ピクルス600　ステーキガーリックピラフ1750　8850円
タクシー行き2310円　帰り2030円
十月二十五日（日）
16：52　TELする「ごめんごめん　また電話おかしかった　きのうはご馳走様　etc」
十月二十六日（月）
16：51　TELする「今病院　あとで電話する」
17：02　TEL「今病院出た　声帯しっかりしているって　半年歌わなかったからたるんでいる　そのまま歌い続けてくださいって　これから事務所へ帰ります　あんまり飲めないかな　吸入やなんやかや　貰ってきたから　あとは　がん　だけだな」
十月二十七日（火）
16：50　TELする「事務所　今から人に会う　変わりなし　etc」
十月二十八日（水）
16：50　TELする「今自由が丘　人と会ったところ　あした病院　11時から診察　その前に血液検査　10時20分ごろまでに病院行くつもり　etc」
十月二十九日（木）　西脇さん東邦の日
16：15　TEL「今帰った　松林いなかった　若い奴　変わりませんねって言ってた　Hb：9・7　変わりませんねって　LDH811　CRP0・13　etc　飲みに行くか後で

電話する」
16：51 ＴＥＬ「飲みに行こう ギネス ６時半」
18：25 **ギネス着** 先に西脇さん来ていて飲んでいる
「電車うまくつないで早かった コート持っている 朝寒いし帰り寒いから
きのうは広西とミカコ聴きに行った 自由が丘 五時から中華食べて行った
おとついは 中城先生と山越さん 要町で食事 高い１万円出した あとは中城先生１万いくらかだしていた 日本食の店のようだけど 割烹料理でもないけど 元バーテンの本領発揮した ふつうの瓶ビールにギネス注いで見せた うまくいった きれいに落ちたぞ 山越さんびっくりしてた」
いろんな話 「一茶の句 好きなの書いてきた」紙に書いて持ってきてくれた「やれ打(うつ)な蠅が手をすり足をする うそ寒や親という字を知つてから うしろから大寒小寒夜寒哉」
「ボーッと書けばいいかな 彼は男だ 俳句の人は女寄りって感じだけど 彼は男だ 斜め後ろから見ている しかも俯瞰している 継母との問題は結局金だろ 文学の話 その他いろいろ」
20時45分過ぎまで（この時は西脇さんの好きな真ん中あたりの席）
BLACK&GOLD 大９００×４ ソーセージ１４５０ 生ハムクロスティーニ１０００
ガーリックトースト５５０ ６６００円 タクシー 行き２５２０円 帰り２１００円

十月三十日（金）
16：51　TELする「事務所　譜面書いてる　一茶の話　紫式部きのう夜11時45分からしてた　平安時代の女房短命　彼女と清少納言長生きしたのは　人の悪口書いていたからだ」とか　15分14秒喋った
十月三十一日（土）
16：51　TELする「きょうは声出てきた　毎日ビール飲んでるからかな　ｅｔｃ」
17：？　TEL「飲みに行く？」「行く」　ギネス
18：25　**ギネス**着　西脇さんも間もなく着
いろんな話　次々　文学の話が多かった「自殺する作家が嫌いなんだなあ　読む必要ない小説は　読まない『麒麟がくる』の作者誰だったかな　彼が書いた面白い話あったけど　何だったっけかな」　歌の話　貰ったCDの話「歌っているのは元詞で　歌詞集は直したもの」
山内ヨリ子さんの詩でもりあがったり「この間のミカコ　上手かった」
元気はまあまあで　よく飲んで　美味しいと言っていたが（タバコも吸いに行っていた）
20時30分ごろ　突然「トイレ」と立ち上がったが歩けず　しばらく立っていた　トイレまで行ったが　今度は　なかなか出てこない　心配してたら　出てきて椅子に座り「大がしたいけど出ない」（目がすわっている）と言った瞬間嘔吐　数回　でも出しきったら少し改善か　喋れるように（血圧低下か）

21：12　店出る　歩きは少々ふらつき「緑に見える」と　タクシーでマンション前まで送る　だんだん元気回復「大丈夫　もう良くなった」と

タクシーの運転手さん「初めは顔色悪くて　心配でしたが　元気になられましたね」

ビール美味しかったし　食べるものも美味しかったのだが（二十九日抗がん剤うったからな三日目だ）

BLACK&GOLD　大９００×４　グリルチキン９５０　ガーリックトースト５５０

生ハム１１００　ステーキガーリックピラフ１７５０　７９５０円

タクシー行き２５２０円　帰り３９００円

22：07　メール入れたところ

22：08　電話かかったが23秒　私気が付かず

22：23　ＴＥＬする「帰ってから下痢した　ｅｔｃ」

十一月一日（日）

16：52　ＴＥＬする「最悪だ　練習終わった　声出なかった　今皆帰った　きのうはお店に迷惑かけたな　うん帰るよ　ｅｔｃ」

十一月二日（月）

電話ないので　根来さんに連絡「本日は　テレビ収録午前中で終わり　疲れたらしく　帰られました」と

20：06　ＴＥＬする　「又電話おかしかった　今晩御飯終わったところ　うちで食べた　ｅｔｃ」
十一月三日（火）「うち　落ちている　あした事務所行かなきゃいけないけど」
四日（水）も「うち　朝起きられなかった　あの薬がない　探してみる」
五日（木）　15：15　かけなおしの電話　「声が出ない　かすれる　五曲歌ったらかすれてしまった」
16：52　ＴＥＬする　「今病院　咽喉科」
19：05　ＴＥＬする　「声帯の炎症は前より良くなっている　肺の機能と声帯の強さが一致してない　漢方薬と吸入　デカドロンもらってきた　ｅｔｃ」
十一月六日（金）　17：52　ＴＥＬ　「事務所　何とか食べてる　ｅｔｃ」

十一月七日（土）　埼玉コンサート　彩の国さいたま芸術劇場

7：57　Ｍ　行ってらっしゃい　気をつけて
8：00　Ｍ　お客を前にすると変われる　　埼玉まで　タクシー　７７１０円
コンサート後　事務所のところで待っている
16：27
西脇さん　両手にカバン二個ずつ持って歩いてくる　　歩きにくそう
「靴がいつもと違うから　歩きにくい　でも　ぴかぴかだろう　船のために用意した」

〜　タクシーの中でもいろいろ喋る
「小町のカバー早く見たいな　要町通らないんだ……　この間お店に迷惑かけたな……」
17：30ごろ　**ギネス着**　先日はご迷惑おかけしました　ありがとうとお詫びとお礼
お店の人「よくあることですから　気にしないでください」と
まず　小野小町カバーの選定「これが見たかった　いいねー　小町だ
小林一茶の　プロローグ　エピローグ？　ウーン　一茶って地べたで観ている人　北斎みたいかな」
「コンサート　どうだった？　今回俺はバリトン　覚えられた　間違いなく歌えたよな」
「西脇さんのコーラス　ソロ　迫力あった　良かった」
「藤山一郎には　甘い歌い方教わった……」
たばこ吸いに行き帰ってきて　また「靴ぴかぴかだろう」って　笑顔
「俺の一茶像は一茶のおじさんという程度か　でも句に興味あり書いてって言ったんだけど
一茶は尻が好き　人足のふんどしからの尻とか　何故か？　だけど
湖底の城　8、9　もう出たかな
俺のお守りは　磯部俶さん・藤山一郎さんのテレホンカード」
いつものことだけど　次から次にいろんな話
この日

「食欲は　まあまあかな　あまり食べたくないけど　ピザ食べてみるか　あとは生ハムがいい
な　……　　ピザ旨いな」と

19：57まで　（この時は西脇さんの好きな真ん中あたりの席）

BLACK&GOLD　大900×2　小600×1　生ハム1100　マルゲリータ1350

4850円　タクシー（与野から）9290円　帰り1810円

十一月八日（日）

16：50　TELする　「きょうはうち」「なにか　終わって朝から淋しいね」

「うん　そうかもしれん　つつみが　友達のつつみが　涙が出たって　etc」

十一月九日（月）

16：51　TELする　「事務所　読んだ　プロローグもう少し　長くてもいいかな　一茶
は哲学者だな　あなたから貰ったこれ（原稿）読んでると　すごい　芭蕉の句は美しいが
やはり**書けって言ってよかった**　知らない句がいっぱいある　書けばいい　**重くなってもい**
いや　小町はひらひら軽いから　**一茶の句は軽いみたいだけれど重いなあ**
痰は　血多い　医者はどうしようもないって　投げ出されたよ　etc」

12分くらい喋る　コンサートのソロすごく良かったよ!!

西脇さんそういえば　鬼気せまるかのような歌いっぷりだったなあ　抑えてはいるけれど

十一月十日（火）

16：51　ＴＥＬする「血よくたくさん出ている　あしたの指揮はまあまあにする　背中今痛くない　ｅｔｃ」
大量喀血が心配だが言わない　私の方が落ち込んでいる　仕方ない事だけど　三か月持たないかも
十一月十一日（水）
16：52　ＴＥＬする「合唱終わり　今食べている　ビールも飲んでいる」
十一月十二日（木）
16：51　ＴＥＬする「熱ある　うち　あしたは行く予定」
十一月十三日（金）（西脇さん　手仕事屋吉兵衛さんのステージ聴きに行った）
13：57　ＴＥＬする「今列車の中」
16：23　ＴＥＬする「今ホテルに着いた　あしたは早めに帰る　熱は36度３分　風邪薬飲んでる　市販　熱さましじゃない」
十一月十四日（土）　長野から帰る
16：25　ＴＥＬ「今帰った　疲れた　良かったよ　熱は36度７分　定期便はいいよ　ｅｔｃ」
十一月十五日（日）
16：52　ＴＥＬする「きょうは練習だった　おかしい　さっき熱測ったら37度８分あった　何故かわからん　レンドルミン忘れて行ってホテルで一睡もできず　汽車の中でも眠れず

帰ってレンドルミン飲んだらすぐ眠った　風邪薬飲んだ　寒気なんかない　歌も歌えた　もう一度少ししてから測ってみる　本着いたよありがとう　事務所　相撲観ている　ｅｔｃ」

18：13　ＴＥＬ「さっき７度３分まで下がった　今36度８分　きょう唾液検査送った　早く帰る　ｅｔｃ」

21：34　ＴＥＬ「熱また７度８分まで上がった　あした病院行く　寒気とかない　食事も可能　ｅｔｃ」

21：55　ＴＥＬする「あした　病院連絡しうまく通じなかったら出川先生に頼んだら」「そうする　寒気とかなにもない　ｅｔｃ」

十一月十六日（月）

13：01　ＴＥＬ「病院行かなかった　熱は　ずっと６度３分くらい　うちにいる　あした行く　気力がない　ｅｔｃ」

16：55　ＴＥＬする「また熱出てきた　７度ちょっと　うーん２分くらいか」

十一月十七日（火）

14：10　ＴＥＬ「先生に電話したらもう下がっているなら様子みたら　ということになった　６度２分くらい」

16：52　ＴＥＬする「事務所　熱大丈夫　きのうゆっくり休んだから　痛みもいいかな　ｅｔｃ」

18：02　またＴＥＬ　手仕事屋きち兵衛の話を聞く　西脇さんに**今のような作曲を本格的にするという刺激を与えた人**と「声は言う通り駄目になってきている　早く来てくれって言ったのよくわかる　最後は六〜七人残って11時ごろまで話してきた　ｅｔｃ」

十一月十八日（水）
16：52　ＴＥＬする「うち　熱ある　気力ない　ｅｔｃ」

十一月十九日（木）
16：51　ＴＥＬする「事務所だよ　まあまあ　6度7分くらい　読んだよ（小林一茶の原稿）あれだけ書くとは　斜め読みではなくて　本格的だ　俺は最初　軽妙な句がどうして出てくるかとか考えていたけど　花嬌への想いもっと膨らませるといい　子どもの死　重いものもっと書いてもいいかな　一茶の参考書にできるよ　悪くない　斜め読みできない本だ　批評きいてみるといい　ｅｔｃ」　25分40秒くらい喋る

十一月二十日（金）
16：？　ＴＥＬ「二十七日に検査するからいいって　薬飲んでてって」
17：12　ＴＥＬ「今熱6度2分　コーラスで飲んだ後から飲んでない　きつかった（飛鳥のこと）二十三日乗って　二十六日まで　ステージは二十四日のみ一回　お客が少ないんだって」
18：07　ＴＥＬする「なあに　プロローグ　エピローグ　待って　今考えている　一つ一

つの句のところ自分の意味入れたら　etc（話　いろいろ）」
18：19　TEL「解説って意味じゃないよ」「わかってるよ」　etc
十一月二十一日（土）
16：51　TELする「今から電車で事務所へ帰る　銀座で練習」
18：04　TEL「事務所　熱測っていない　テレビきまった　十二月三日木曜日　7チャン　19：25〜27分ごろ　椰子の実一つだけど　それから一月一日時間はまだ　etc」（悪いけど　聴ける歌じゃなかった）
22：15　TEL「PCR検査陰性だったから　熱は6度2分」
十一月二十二日（日）
16：52　TEL「あした　早いから　9時半までに横浜　乗ったら検査結果出るまで缶詰だ　二十四日は8時から　それが終われば　無罪放免だ」
十一月二十三日（月）
14：38　TEL「今船に乗った　PCR陰性だった　携帯は自分の部屋とどこか一か所しか通じない　etc」
16：52　TEL「今乗客が乗り始めた　PCR検査2時間待たされた　俺らは　午前中から検査　そのあと　打ち合わせやなんやらしていた　きのうの地震は三陸沖の続き　今度は東京か　静岡か　名古屋か　南海トラフだな　etc」

十一月二十四日（火）
22：15　ＴＥＬ「つながった　今わいわい食事中　ベイビーブーと　湾内に入ったからかな」
十一月二十五日（水）
16：52　ＴＥＬする「まだ湾内　熱は出てない　声あまり出なかった　ベイビーブー上手くなったよ　30分聴いてきたけど　一茶出版社に送って読んでもらえ　俺はいい　紙がもったいない　ｅｔｃ」
18：05　ＴＥＬ「あっ　通じた　今湾出たところ　湖底の城　もう読んじゃったよ　孔子は井上靖　の読んだ　何回か　二冊あって厚い本だったかな　これから神戸直行だ　みんな神戸で降りる　それから新幹線　ｅｔｃ」
十一月二十六日（木）
16：52　ＴＥＬする「新幹線の中　大丈夫　外に出た　聞こえるよ　今京都出た　トンネル出て　ｅｔｃ」
十一月二十七日（金）　西脇さん東邦の日
16：51　ＴＥＬする「今医者　出川先生のところ」
18：19　ＴＥＬ「ちょうど診察中だった　先生と看護婦さんと　たわいない事喋ってた俺八十五歳まで生きていられそう　松林　切り残しあったそう　まあ寿命だ　**向こうで待っているから　一茶の話なんかしよう**　一茶で終わりじゃないからな　ＮＨＫ　俺が　北条

政子と言ったら　おかしいよなあ　武家政治作った人だからな　　きょうは飲まない　あしたか　あさって　じゃあアシタ　etc」

十一月二十八日（土）

14：39　TEL「やっぱり　きょうはダメだわ」

十一月二十九日（日）

16：50　TELする「船に乗ったからかな　いつもより落ち込みひどい　きのうは晩めしのみ　でもかなり食べた　昼コーヒーは飲んだ　本（小野小町）着いたよ　etc」

十一月三十日（月）

14：36　26秒TEL　気づかず

14：55　かけ直す「事務所　身体重い　小野小町読んだ　俺にくれた原稿よりうんと読みやすくなっている　説明も要るなあ　カバーも本にするとばっちりだったな　北条政子はやめた　NHKは何だよ　こっちが先に言い出しているのに　etc」

17：15　TEL「データ　WBC：4000　RBC：389　LDH：981　CRP：0・28　シフラ24・5　CEA：4・9　どっちにしろ　そう長くないってことだ　次は北条政子だ　小池百合子が緊急事態宣言出した時　そう思ったんだが　腹立つなあ　俺が先だったのに　小池見て　あ北条政子だと思った　頼朝なんか　何もしていない　武家の棟梁の将軍は政子だと思う　だから書けって言ったんだ　一茶は今だ　いい時期だと思う　み

んな芭蕉に注目している　一茶は一段落ちると考えられている　ｅｔｃ」

十二月一日（火）

16:50　ＴＥＬする「きょうは　うちでダウンしている」

十二月二日（水）

16:51　ＴＥＬする「今練習終わったとこ　鹿島今玄関に向かっている　雨　鹿島傘持ってるかな　ちょっと待って」「傘あるか」鹿島さんと会話

「ごめん　一茶の話　一茶湯田中温泉行っている　渋温泉　そこで行われた相撲みて句を詠んでいる　思い出したいろいろ　えーとね　渋温泉の古久屋旅館に泊まってみている

『草花をよけて居（すわ）るや勝相撲』だ（文化四年）ｅｔｃ」　16分喋る

十二月三日（木）

16:50　ＴＥＬする「今俺の編曲した曲聴いている」

様々な話　次々　一茶から始まって

「一茶は相撲が好きだった　喋っていると思い出してくるなあ

いろいろ　読みたくなった　古本屋で本捜してみる

訃報もう二十通　来ている

この間三島由紀夫していた　だからやっぱり読みたくないと思った

四十五歳だったんだ　老醜しかたないのに　川端も同じ

コトンと死にたいねえ　藤山一郎年取ったころの聴いていたら　やはり落ちてるな　音が聞こえないんだな　俺もそうだ　まだ歌える　韓国人は歌が上手い　ヨーロッパの子どもは　静かに泣く　アジア系の子は　ぎゃあぎゃあ泣く　不思議　ｅｔｃ」　18分46秒話す

十二月四日（金）

16：50　ＴＥＬする「やっぱり　続けて出ると　駄目だな　重いこんなに重いもんか　根来さんと変わりばんこに出ている　ｅｔｃ」

五日（土）は「きょうもうち　ｅｔｃ」

六日（日）朝　電話鳴ったみたい「朝はなんだ　そんな電話になぜした　ｅｔｃ」（スマホにした）

十二月七日（月）

16：50　ＴＥＬする「今練習終わったところ　着いたよ（一茶の相撲の句の一覧をファックスした）　面白いね　いいねえ」【何度も句を繰り返す】

「これで一冊の本が書ける　一茶って　本当に地べたに寝そべって　観察していた人だ　ｅｔｃ」　19分喋る

十二月八日（火）

16：49　ＴＥＬする「今話し中だった　あ　また電話　待ってて……　今電話終わった　テレビ局から　昭和は輝いていた　打ち合わせ再来週　三大コーラスだって　象さんコロナ

こわいから閉じこもっているらしい　一茶あれ哀し過ぎる　泣けてしまう　もっと諧謔的な強い一茶のイメージなんだな　あれでは哀しすぎる　俺と同じマイナーのものか」
二回ほどかかってきて　最後の喋りが20分くらい

十二月九日（水）

16：49　TELする「変わりない　食欲はない　そっちはどうだ　気をつけて行ってこい　etc」　17分ほど話す

十二月十日（木）　私　金沢へ行く日

16：47　TELする「金沢か　一茶に似た川柳の人がいた　つる　飛ぶ鶴と書く　川柳今覚えて　いない　etc」

十二月十一日（金）

16：50　TELする「ごめんごめん　友達から長電話　同級生が死んだ　なかなか切れない　つるあきら　飛ぶ鶴に林にサンズイ鶴彬　本名喜ぶ多い　一二　かつじ　喜多一二石川県の人　高松町現河北市「手と足をもいだ丸太にしてかえし」「胎内の動き知る頃こつ（骨）がつき」　戦争中にこんな川柳詠んでいた　一茶と同じ　地べたから物を見ている　獄中死した　雑誌に載っていた　俺か俺はいい加減師かな（「足治らない」に）俺の肺がんみたいなもの　肺がんどうしようもないだ　このまま維持したいけれど　血痰多くなった　血がガバッと出そう　**生きるだけ生きる**　etc」

十二月十二日（土）
16：50　ＴＥＬする　「調子悪い　朝からうちで寝ている　血痰がすごい　もうだめだな　毎朝生きてるって起きる」「十一月六日が最後の晩餐なんて嫌だよ」に　「そうかもしれない」
十二月十三日（日）
16：50　折り返しＴＥＬあり　「うちで落ち込んでいる　二日間寝てた　血痰が気になる　ＣＤで落語聞いてろ　昔のは面白い　会える元気が出たら電話する　書く物書いたんだから　ぼーっとしてろ　ｅｔｃ」
十二月十四日（月）
16：50～出ず　17：01　「やっとつながった」　とＴＥＬあり　「きょうもダメ　気力ないし身体もだるい　血痰気になる　黒いどろっとしている　救急車呼ぶときは連絡するよｅｔｃ」
十二月十五日（火）
16：50　携帯に電話するも　留守番電話　事務所に電話　「事務所　あ事務所の電話だな　トースト食べてコーヒー飲んで3時ごろやっと着いた　手紙いっぱい　返事書いてる」「脳と腸のテレビみたよ」「あ再放送あったか　あれは面白いな　ｅｔｃ」「孔丘の老子の教え読んだ」　歌の話する　「中国はあの時代から　すごいよな　喜怒哀楽の怒は怒りじゃない　怒は空腹だ　すごいよｅｔｃ　血痰はアスピリン四日やめたら少し薄くなった　あと四通　書かなきゃｅｔｃ」

十二月十六日（水）
15：00ごろ　TELする　書評来た↓「事務所にいる」ということで　FAX送る
数分後　TEL「俺の言った通りだろう」「相撲の句　入れたい」「まあ　あとがきで書け」
16：50　TELする「定期便か　血痰増えている　二か月前からかな　まあ長くないよ
コーラスもダメになった（コロナのため）　みんな歌いたがっている
俺の教え方いいからな　そっちは？　歩いているのは偉い　食欲がない
きのうは　結局　夜もトーストとコーヒーで帰った　きょうも朝はトーストとコーヒー　甘いものしか味がない　ジャムパンとかクリームパン　カステラかそれもいいかな
痛いのは少しいいけど　上向いて寝られない　左下にして寝るしか　**背中宙にしておかなきゃいけない**　etc」
十二月十七日（木）
16：49　TELする「きょうはうち　あしたは出る予定　あとがきについて　いろいろetc」
十二月十八日（金）
15：00ごろ　FAX流す　あとがきの
15：06　TEL「少し短いかな　まあこれでいいか……　まあよく書いたよ偉い偉い　一年ぶりに筆出して　年賀状書く準備している　etc」

16：55　TELする　「定期便　あした飲みに行かないか　調子変わったらだめだけど　etc」
十二月十九日（土）
15：55　TELする　「やはり駄目　出ていく気力ない」
十二月二十日（日）　16：00　TEL　「何だよ　あのメール（残っていない）　etc」
十二月二十一日（月）
17：34　TELする　「まだ会議中」
18：43　TEL　「今終わった　4時半からだよ（会議のこと）　それまで練習だった　疲れた　etc」
十二月二十二日（火）
16：55　TELする　「痛い　一方通行で寝ている　朝　トーストやめてリゾットとかいうのにしたら　うえっとなった　etc」
十二月二十三日（水）
16：50　TELする　「年金安いんじゃないか　抗議しろ　暇なんだろう
絶対抗議しろ　あちこち痛い　あばらの下が痛い　宛名書きしている
今の議員はバカばっかりだから　東大なんか　世界の四十位だって　沖縄の国際何とかだけ
論文多いのは　世界九位だって

コロナの研究費だって足りない　日本はコロナ治療薬研究している　これなんかも費用不足　なんとかいう文部大臣が死んでから駄目になった　十二月に死んだんだよな　ｅｔｃ」
　8分間話す
十二月二十四日（木）
16：49　ＴＥＬする「事務所でひとりぼーっとしている　あしたの体調わからないよ」
十二月二十五日（金）　西脇さん東邦の日
15：39　ＴＥＬ「もう家出た？　まだ病院にいる　きょうはＣＴとか二度あって　今まだ薬もらっている　事務所行くの遅くなりそう　誰も事務所にいなかったら　下の喫茶店で待ってて　ｅｔｃ」
17：40分ごろ**事務所**に着く　なかにし礼氏が亡くなったので　根来さん出てきていた「これ」と検査結果出して「ＣＴぐちゃぐちゃ　なかにし礼が先に逝くなんて　けんか友達　ヤマトタケルのすごいもの書いてくれた」
関係者に資料をＦＡＸしたり　電話したりして忙しそう「これで　いいかな」
根来さん　6時過ぎ帰る
「キングで俺の編曲したオーケストラのＣＤ出してくれるって
小学生のための名曲集だって　ヴァイオリン　オーボエ　クラリネット　彼だけ名前覚えている　フルート誰だったけかな　7時ごろまで七曲聴く　きれいな曲ばかり　一曲目「波濤（はとう）を

越えて」は　譜面見せてくれ　譜面を指でなぞりながら　ここマリンバ入れた　いいだろう等説明受けながら聴いた　これからＣＤになるそう　原盤のＣＤもらった（この譜面　事務所になかった）

ことしの年賀状　どう　芳しい年　去年と同じ大きさだよ」

午後7時過ぎ　出る　事務所の右三軒めくらいの喫茶店「Café の」　行きつけみたい　カレーライスとコーヒー（私二杯）

「車椅子の話　俺が言いだしっぺ　車椅子のおしゃべりは　障害児が描いた絵そのままもらった　俺小学校のころ　小児まひの松葉杖の友達二人いた　肩かして歩いた　『西脇と歩くとがっちりしていて　松葉一本でいい』と言われた　ｅｔｃ　初めはビクター　嫌がって　最初はＣＤ自費で出した　**いい詩があり　曲作っていたら　いっぱいになった**　二枚目からはビクター出してくれた　エピソードいっぱい

ここは水が旨い　本当に　コーヒーも旨い　舘ではストレートで飲んでいる　キリマンジャロだけわかる　でもコーヒーはやはりブレンドだ　なかにし礼　彼のうたボニー一曲も歌っていない　でもヤマトタケルで十分か　なんて話していたのに……

年賀状　今年初めてだ　年内に書くの　これもまあ運命か　来年はないからなｅｔｃ」

午後8時30分ごろまで話していた「Café の」２８９０円

「の」でたら「ホイッ」と腕組んでくれ横断歩道渡り　タクシー拾い乗せてくれる

タクシー　行き3820円　帰り2920円
十二月二十六日（土）
16：49　TELする「事務所　年賀状書いているよ　きのうはありがとう　根来さんのいない日に電話番に来るか？　なんて　きょうはまだ元気だ　あの喫茶店が　俺の今の巣だ」
十二月二十七日（日）
16：49　TELする「やはり落ちた　きょうはうち　きのう頑張り過ぎたか　喫茶店もしていなかった　あしたは練習　etc」
十二月二十八日（月）
16：49　TELする「事務所　今みな帰った　会社潰れそう話した　どうなるか　年賀状書く気ない」「行こうか」「喫茶店7時まで　今から来れるなら来い」
17：45　事務所着「今根来さん帰った　行くか」　茶店「Caféの」へ
カレーライスとコーヒー（私二杯）「何とかなるかな　この間のCD（二十五日に貰った）日本の曲三曲　いいだろう　**イントロ面白いだろ春の小川　あの旋律使ってみたかったんだ**」
「整形外科の先生佐川にいた」話から「俺論文書いたことある　これからは陸上輸送　戸口から戸口へとなるって　先見の明があったな　あのころはチッキだったな　お願いしますって駅まで持って行っていたな（今まで二回は聞いた戸口から戸口　チッキの話　etc）
俺もバーテンダーの資格あるし　皿洗い上手いよ　グラス洗うのが難しい」

7時15分くらいまでいて「事務所でCD聴くか」**事務所へ**

お茶淹れてくれる「おかわりもあるよ　俺も飲む」とても美味いしいお茶

30周年の時の二十枚組の13『わすれな草／ラ・ノビア』「キング時代の曲　いい声だろう　がむしゃらに歌っている　いくら歌っても疲れなかった　四十代だな」次に　20『おやじの舟歌／男たちの子守り歌』を聴く「これはビクターに移ってから　大人の声だろう　売りたい歌あるんだ　これもこれもと聴きながら歌い過ぎたかな　いろいろ

俺のはファルセット　自然に聞こえるだろう　俺の上手い所だ　三十代終わりから自然に歌えるようになった　かなり努力したよ　イタリアオペラやりたかったの　わかるだろう（イタリア語で歌っているのは　西脇さん）背が低いからダメと言われた　一人でやっていたら　どうかな　でも**コーラス楽しかった　ボニーのコーラス用の編曲は全部した**

山川啓介は良い詩書くな　『こぶしの花』これを作ってから　今みたいな曲作るようになった

ここで（事務所で）ＣＤ聴きながら　年賀状書いている

内緒だけど俺の方が古関裕而よりいい歌書いていると　思っている

同じ曲ばかり聴かずいろいろ聴けよ　売りたい歌いっぱいある　ｅｔｃ」

午後9時半ごろ事務所出る

向こう側へ渡るのにほいいと腕を握って支えてくれた

喫茶店「Caféの」２９８０円　カレーライスとコーヒー（私二杯）
タクシー行き３６００円　帰り２９７０円

十二月二十九日（火）「落ち込んで寝ている」
三十日（水）も「寝ている」
三十一日（木）の家　「離れてた　電話から　あしたは事務所行く」

（十一）令和三年　芳年

五月三十日『斜め読み　小林一茶』できてくる

一月一日（金）
0：00　M　明けましておめでとうございます　今年もよろしくお願い致します　一茶がで
きあがるまで　いえ　それ以降も元気に歌えますように
19：00　TEL「寝てた　ごめんごめん　あしたは事務所へ行く」
でも二日（土）も「きょうもダメ　寝てた　あしたは事務所へ行く　大丈夫食べられる」
一月三日（日）

16：51　ＴＥＬする「事務所　面白いねえ　今あなた宛ての年賀状書き終わったところ電話かかってきた　面白いねえ　順番に書いていて……　ｅｔｃ」
一月四日（月）
17：11　ＴＥＬ「終わったよ　今解散した　ビール二杯飲んで事務所開きした　それから練習だ　これから年賀状書く　あと二百五十枚くらい　きのうは百枚くらい書いた　きょう着いたか（年賀状のこと）　まだか　そうだな夕べだもんな」など話し中に切れ　かけなおし「変な電話だな　一茶面白い男だな　本当に　面白い　頼みがあった　レンドルミン欲しい　そうか　がまんするか……　ｅｔｃ」　20分くらい話す
一月五日（火）
16：49　ＴＥＬする「書いているよ　書道写経の時習っただけだけど　喫茶店のママ（「の」のママ）に　お上手ですねと褒められた　ママ　みんなに見せているよう　みんな上手いって」「私も最初貰った時　みんなに見せた　書道の先生が　上手い！　って」「それは嬉しいなあ　きょうはなぜか　ガバっと血痰でた　まあ　いつ死んでもいいけど　一茶の面白い句　きちんとではないけど一個思い出した　雪深い所だから雪なんかごめんだ　都へ行けっていうような句　都の奴ら　雪景色なんて喜ぶから」「あっそれ載せたよ　一茶できるまで　生きていてよ」「今こそ一茶だな　思いつきいいだろう
誰が書上手いか　お相撲関係者はみな一流　タモリがすごい字書いてたな　この間三十二画

で最後シンニュウで終わった　ｅｔｃ」　８分喋る

17：01　ＴＥＬする　「わかった『雪行け〳〵都のたはけ待（まち）お（を）らん』」

「そうだ　面白いだろう　雪が風流なんかじゃないって」

一月六日（水）

12：01　鹿島さんからＴＥＬ　……　今年いっぱいだな　まあ　西脇が先か俺が先か……ｅｔｃ」　７分34秒喋る

16：50　ＴＥＬする　「書いているよ　あと四十枚くらい　薬疹がでる　両太もも　かゆい消えたり出たりするかな」「蕁麻疹かも」「まああした皮膚科で診てもらうか」「アレルギーの薬飲んだら？」「以前　耳でステロイド大量に二十日間使ったら　ちいさい子のかかる病気　そうそう水痘になったからな　**血痰は多い　きのう（一月五日）からすごい**　ｅｔｃ」

一月七日（木）

11：44　鹿島さんからＴＥＬ　「いま　藤田さんにあげるＣＤできた　前半が『和』の歌後半は『洋』の歌　七里ヶ浜は俺の二十五歳くらいの時の声」……「山形四月まで延びたけど　西脇真剣に　俺生きているかなあて言ってたけど……　俺の方が先かも」「西脇さんが先だと思うよ」……　「これから郵便出しに行くから」　10分27秒喋る

15：36　ＴＥＬする　「自宅療養中　きのう全部書いたら　ばてた」（二～三年前までは「筆で書くからすいすい書けて疲れない」　だったんだけれど）

一月八日（金）
16：50　ＴＥＬする　「駄目だ　寝ている」「レンドルミン何ミリだっけ」「レンドルミン　待て　めがねないと読めねえ　0・25ミリだ　十日分くらい足りない　全部送ってくれ
練習は十一日　ｅｔｃ」
一月九日（土）
鹿島さんからＣＤ届く　和菓子洋菓子十一屋
16：30　鹿島さんへＴＥＬ　「ＣＤ今着きました　ゆっくり聴きます」「俺の選曲面白いだろう　西脇ならこうはいかない　ｅｔｃ」
16：50　ＴＥＬする　「うちでごろごろしている……　ｅｔｃ」
一月十日（日）
16：50　ＴＥＬする　「薬送ってくれたってありがとう　もう貰いに行くのが面倒　だるい
あしたは練習行かなきゃいけないけど　こんなに血痰出ているんだもんなぁ　ｅｔｃ」
一月十一日（月）
16：50　ＴＥＬ　「今練習終わった　かなり大きな声出した　疲れた　書き物している」
一月十二日（火）
16：50　ＴＥＬする　「ふつか続けて出ると　疲れるなあ　きょうはボーッとしていたい
結局きのうはおにぎりとトーストだけ　きょうはカレー食べて帰るか　コーヒー飲んで」

17：57　TELする　「俺は声変わり　早かったかな　六年生ではまだ早いだろう　中学二年までは無理して高い声出してた　声変わりしてベースに回された」

一月十三日（水）

16：50　TELする　「事務所に出ている　あした行くんだろう　気をつけて行けよ　俺は土曜日練習　十八日は横浜打ち合わせ　十九日は収録だ　抗がん剤いるかなぁ　効いているのかどうか　聞いてみる　そうだ薬欲しい　ボルタレン　古いのでいいよ　送って　きのうカレーライス食べて帰ったよ　etc」

一月十四日（木）　私金沢

16：50　TELする　「きょうはうち　気をつけろ」

一月十五日（金）

16：49　TELする　「事務所　書き物している　今根来さん帰った　人と話をすると疲れる　来週はいっぱいだ……」

一月十六日（土）　練習日

17：57　TEL　「今終わった　練習のあと話し合い　大変だ　俺の頼んだこと一つもやってくれない　etc　こんなに話すると　疲れるんだ」　17分44秒話す

一月十七日（日）

16：50　TELする　「うちで相撲観ている　あしたから連ちゃんだから」

一月十八日（月）
16：51　TELする「今電車の中　川崎　あとで電話する」（鶴見リハか）
18：00　TEL　今事務所に着いた　3時からだったから　寒いよ
あしたはお迎えがあるから　タクシーで　10時ごろ入り12時ごろから収録　3時過ぎに帰れるかな」（昭和は輝いていた　三大コーラスの収録）
一月十九日（火）　三大コーラスの収録の日
9：16　M　行ってらっしゃい
11：10　TELする「もう楽屋にいる　大丈夫」
15：16　TEL「今終わった　元気が出た」
一月二十日（水）
16：51　TELする「なんじゃ　今事務所　金一か月分借りられた　あと三か月もOKだって　支所とかなんとかいっぱい歩いて疲れた」
一月二十一日（木）
16：50　TELする「今タクシーから降りたところ　トースト食べてコーヒー飲んでこれから事務所　書類書かなきゃ　きのう社会福祉事務所行ってきた　一か月20万融資してくれるって　足りなければまた言ってくれって　三か月までOK　返さなきゃいけないでしょって言ったら　収入0なら返せないでしょってさ

きのう五千歩以上歩いた　あっちへ行ったりこっちへ行ったり　きょうはかなりシャンとしている　朝もうちから駅まで　さっさと歩けた　あしたはまた大変だ　二か所だ……　ｅｔｃ」

４分ほど喋る

一月二十二日（金）西脇さん東邦の日

16：57　ＴＥＬする「今　薬局　あとで連絡する」

17：51　ＴＥＬ「今半蔵門に着いた　疲れた　はしごだ　これから事務所へ行き　食べて帰る　疲れた　抗がん剤変わった　これからは三週間に一回だって　熱が出るかもしれないって　そう生物学的くすり　松林は何にも言わないけれど　放射線科の先生ははっきり言うね　四月だって　言ったよ七月まで何とか延ばしてくれって」（七月一茶必ずできるからそれまで生かせろって言ってねと頼んだから）ｅｔｃ

19：16　ＴＥＬ「データ言う」　ＬＤＨはっきりせず

キイトルーダ　10㎎２瓶　ランマーク　１・７㎎　データは別紙に書いた

一月二十三日（土）

17：50　ＴＥＬする「うちで休み　あしたも」「キイトルーダなんて名前おかしくて」「本当だな」「キイトルーダの説明書送る？」「うん　あしたは休みだけど　あさってあたりどこか行かないか　大丈夫だよ　ｅｔｃ」

一月二十四日（日）
16：57　ＴＥＬする　「ふつか間　うちにいたら少し楽かな　あの薬で下痢があると言われた　早速下痢した　ｅｔｃ」
一月二十五日（月）
15：16　ＴＥＬする　「きょう行ける？」「駄目だ　だるい重い　行けるとこないな　下痢はきのうだけ　きょうはふつう　ｅｔｃ」
16：51　ＴＥＬする　「新宿行くのに　近道は　池袋通るのが一番近いだろうなぁ　本郷通りなら　護国寺の前通り　江戸川橋に出る　明治通りが一番いい　千登世橋を通れば明治通りに出る　そんなこと　東京の地図買って　調べろ　俺は　自分の車でぶっ飛ばしていたからな　ｅｔｃ」
21：07　ＴＥＬ　「ありがとう（キイトルーダの説明書着いたよう）　紙病院でもらった　今のところ下痢だけ　ｅｔｃ」　4分1秒喋る
一月二十六日（火）
19：24　ＴＥＬ　「今いい？　一茶の書評読んでいた　俺が言ったのと同じこと書いている　俳句で間（ま）をとるのはすごくいい　弟とのいざこざが　多すぎる　俳句と関係ないことはいらないのでは？　ｅｔｃ　小野小町の時も　書評　俺と同じだったよな

額田は俺一言も言わなかった　書評もできあがっているだったよな」
「智也　縄文など大好き」「天文学的に大きく見ることのできる子だな　俯瞰できる子だ
すごい子だよ　ｅｔｃ」　一茶の句から　漢詩へ　詩吟のことへ
「頼山陽の『鞭声粛々』の間に　様子・気持ちを読み取れる　上杉謙信の気持ちが　手に取
るようにわかる　一茶の句も間が多くて面白いんだ
降りそうだから　もう帰る」　16分3秒喋る
一月二十七日（水）
17：09　ＴＥＬ「どうした　かかってこないから　今練習終わった　まあ疲れた　鶴見は
電車で来い　駒込から乗って田端で乗り換え　隣のホーム　どちらも東京行き　ｅｔｃ」
一月二十八日（木）
16：49　ＴＥＬする「きょうは　休み　うち……　ｅｔｃ」？
一月二十九日（金）
14：27　ＴＥＬ　あり（歩行中）「ありがとう」（何がか？）「誕生日おめでとうという」
と「あれ　誕生日だ　めでたく八十五歳になった」　50秒喋る
16：49　ＴＥＬする「あらためて　誕生日おめでとう」「ありがとう　あっ電話入った
あとで電話する」
16：52　ＴＥＬ「児童健全育成委員会から　三月十六日の会議出席しますかだって　先の

事わからない　俺委員なんだ　コンサートできるかみんな心配している　こっちは歌えるか心配している」「仕事だから歌えるでしょう」……

一月三十日（土）

17：14　TELする「あした　電話しなくていいよ　正面で待ってて　総合ビルだから追い出されないよ　etc」

一月三十一日（日）　鶴見サルビアホールコンサート

京浜東北線で　田端〜鶴見へ

コンサート後　鶴見駅へ歩く　西脇さん珍しくエレベーターの位置など間違えた「ごめんごめん」って

京浜東北線　　妹と兄は品川で降りる

電車の中で「最近寝る角度だんだん小さくなってきた　痛み……どこで降りようか　どこ行こうか　上野にするか　一睡亭　神田で降りてタクシー乗ろう」

神田下車「タクシー乗り場あるかなあ」　駅員さん「タクシー乗り場はありません」と

待ってってもタクシー来ない　アーケード街のような（広い）道歩き　大通りへ（コロナでお店みな閉まっている）

信号待ちのお兄ちゃんに「上野はどっち方向かわかりますか」と聞くとスマホ取り出し親切に教えてくれた

タクシーすぐ拾え　一睡亭へ　17時30分ごろ着

前回　うな丼美味しくなかったので　今回はうな重　高いけれど　ゴマ豆腐も美味しかったから　また注文

「味覚障害変化した　きのう卵どんぶり味がしなかった　ゴマ豆腐味がわかる旨い　うな重旨いなあ」全部食べる　「嗅覚障害は寿命が三分の一になる」

いろんな話　きょうの事「なぜか松本が俺にばかり声かけてきた」

「斜め読みはサーフィンからヒント　波を斜めに受けてコントロールしている

一茶は楽しみ　額田には俺何もコメント言わなかった　よく書けている　小町も一か所チクりとさせられるところがある

（このコメントは言い間違い　後日（二月二日）訂正「つねるようなところが欲しかったって言いたかったんだ」）

一つの事を突き詰めすぎると太宰みたいになる

講談は　文章で読むより聴くことかな　落語もいい」

漫画の話「漫画は自分のイメージ作れないからあまり読まない」

「自分のイメージが作れないか　それもある　漫画読んだのは忍者物か　戸沢伊勢守

今の漫画は興味ないが　カムイ伝は　全部　読んだ

カムイ伝は三分の一は事実」

（いつだったか　ゴールデン街蛾王で飲んだ時　出版社の人とカムイ伝で盛り上がっていたことあったね）

お店の敷き紙の墨絵みて　「梅の木は剪定するから　枝を切った絵にすれば梅になる　……（突然その敷き）紙をくちゃくちゃにまるめ伸ばし（何するのかと思ったら）筆で書く（西脇さんは万年筆で）まず細い線　その間にやや濃く山並み　湖描き　中に小さな船　ちょこんと人を乗せ（・黒い点をちょこんと書く）手前に松の木伸ばして　こてのようなもので伸ばし２５０万だって　墨絵ってこんなもの」（いい絵になっていたが　お店に置いてきた）

ｅｔｃ

「年賀状の字　考えるのが楽しい　王へんの字好き　去年の字　瑛（えい）　今年は芳しい　芳（ほう）　謡という字などが好き

ふつうの辞書で一字探し　うまい言葉がなければ漢和辞典

今　楽しいのは　歌うこと　次は　年賀状の字を考えること　ｅｔｃ

燈台風土記　あれはおやじと書いた　日本沿岸の海峡海流の流れ調べた　浅瀬はどこかとか

何千トンの船が通れるかとか　間宮海峡から　全部

燈台というか船の道しるべの　出し方　サイン・コサイン・タンゼントでやるんだけど

村上水軍がなぜ　信長に勝てたか……　昔は水軍じゃなくて海賊　瀬戸内海は海じゃなくて河だ」

午後７時15分ごろまで　とめどもなく　喋る
帰りタクシーの中で「ベイビーブーはいいよ　ただしマネージャーも言っていたけど　彼らはアマサイド　最近はレッスンしてないが　俺が　俺のプロとしての教えが　これからの時代に正しいというか　いいというかは　わからない　……」
うな重　ゴマ豆腐　生ビール１杯ずつ　　１３４２０円
タクシー　駒込〜田端：１５１０円　神田から上野９８０円　上野〜駒込（駒込駅で西脇さん降りる）２１００円
西脇さん　しっかりいつものきれいな姿で歩き　横断歩道渡り　駅へ向かった

二月一日（月）
16：50　ＴＥＬする「きのうはご馳走様　旨かったなあウナギ　久しぶりに話したなあ
あなたの　つぎの題材きめた　本にしなくてもいい　一茶が落ち着いたら教える　頭の活性化になる　　ｅｔｃ」
二月二日（火）
16：48　ＴＥＬする「今会議中」
17：14　ＴＥＬ「今終わった　おとついのコンサートのおじさんがあいさつに来た　ありがとうって　俺のうた　あの二人（鶴見の歌姫）歌いたいんだって　歌唱力どうだった

ミカコは俺の声よかったって　いつもの柔らかい声だったって
飲むと血痰増えるな　きのう　うちの近所で食べて少し飲んだ　きょう血痰多い　きょうは
何食べるかな　これからまだ手紙書いて遅くなるから　青い狐の何(なん)とかにするか
俺このあいだ間違っていた　小町つねるようなところが欲しかったって言いたかったんだ
みんな何も言ってこないか　まあいいか　額田最高だもんな　書けただけでいいか　et
c」　17分56秒喋る

二月三日（水）

16：48　TELする「まあ元気だよ　味覚障害持続　匂いもコーヒーとカレーしかわから
ない　パンの匂いはわからない　コロナと同じ症状だ……　etc」　2分16秒喋る

二月四日（木）

16：49　TELする「事務所に一人でいる　することないからぼーっとしてる　カップ
ラーメンとアルコール飲んで　血痰増えた　四月十九日なかのZEROホールあるよ　俺の
余命だけれど　etc」
17：53　TEL　前回の歌手の話「俺は歌が上手い自覚」「私も思う藤山一郎より上手い」
「でも三波春夫は上手い　彼は本当に上手い　歌うジャンルは違うが　彼は後年耳が聞こえ
なくなったから　俺舞台の袖で棒振っていた　俺の歌は俺が惚れた人じゃないとだめ　et
c」　15分27秒喋る

二月五日（金）

16：50　ＴＥＬする　「変わりないよ……」　2分14秒喋る

17：46　ＴＥＬ　「なかのＺＥＲＯホールのチケット持っているか　あしたどこか行こうか　コルネットのお姉ちゃんたちの行った　椿山荘のなんやら」　2分45秒　喋る

17：52　ＴＥＬ　「休みだって」　1分45秒喋る

17：56　ＴＥＬ　「ライオンやっている　隣は休み　5時」　40秒喋る

18：55　ＴＥＬする　「チケットあったよ」「なんだそれだけか」　1分12秒喋る

二月六日（土）

14：27　ＴＥＬ　「やはり　駄目だ　きょうはなし　六日間出っ放し　疲れた」

16：28　ＴＥＬする　「睡眠不足状態　ごめんごめん……ｅｔｃ」　1分26秒喋る

二月七日（日）

16：49　ＴＥＬする　「だるいけど　やっと出てきた　事務所でひとり　譜面書いている　あなたとめしでも食おうかと思ってたけど　この間みたいに吐くといけないから　やめとくｅｔｃ」

二月八日（月）

16：49　ＴＥＬする　「きょうはワクワクすることあると思って出てきたが　間違いだった　きのう草笛さんの曲かけた　メジャーな曲　彼女はマイナーな曲歌えないから　こぶしの花

は……

いつか　お茶の水の彼女たちの店に行こうな

きのうは日清食品じゃない　日清だったらヌードルだろう　ちがうカップうどん食べた　旨かった　味がわかった　ｅｔｃ　電話かかっているよ　出な」　11分59秒喋る

二月九日（火）

16：50　ＴＥＬする「頑張って事務所　封筒の宛名書きをしている　一人で　ｅｔｃ」

二月十日（水）

16：50　ＴＥＬする「事務所で頑張っている　あさっては病院だ　大きなあたたかな手など読んでいない」「絶版にしたいけど　何冊ぐらい残せばいい？」「十部ずつくらいでいいんじゃないの　ｅｔｃ」

二月十一日（木）

16：50　ＴＥＬする「頑張っているよ　宛名書きしている　五十通ほど書いた　あしたは病院だ　来週　あの子たちの店へ行こう　ｅｔｃ」

二月十二日（金）

16：50　ＴＥＬする「今事務所に帰った　本着いたよ　一冊は読んだことある　戦争の話のところ覚えがある（ある少年の詩）今の抗がん剤　少しいいか　これで行くって　検査データ出る　待ってて　読み上げ中　電話　また電話する」

16：57　ＴＥＬ「薬屋さんからだった　忘れ物いいって言っておいた　データ読み上げ続け　三週後　さくら散るころまでと言っておきながらＣＴは四月　三月秋田　三日間行く俺一人　今から食いに行くか　電話してみる　ｅｔｃ」　14分16秒喋る
17：13　ＴＥＬ「今からだと忙しいから　5時ごろゆっくり来てくれって　十八日か　十九日だ」
17：27　ＴＥＬ「ミカコ　二十八日日曜日樹で歌う　あなたが行くなら俺も行く」
二月十三日（土）
16：52　ＴＥＬする「練習今終わった　声が出ない　身体は大丈夫　ｅｔｃ」
二月十四日（日）
17：00　ＴＥＬ「今会議終わった　**ちょっとあばらの下が痛い重い**　不眠だね」
二月十五日（月）
16：51　ＴＥＬする「まあまあ　きょうはどしゃ降りだな　銀行に行くのにずぶ濡れだった　さっき晴れてきたけどまた降ってきたよう　血痰は多い」「西脇さん頑張っているから頑張らなきゃね」「そうか足のこと　忘れられないだろうけど気にしないようにしろ　桜散るころの命だから　ｅｔｃ」　3分24秒喋る
二月十六日（火）
16：49　ＴＥＬする「事務所　うんまだ大丈夫みたい　歌聴きながら書いている」「封筒の

字こじんまりしている」「めがね変えたかなあ　あ本当だね　十八日か十九日行こうな　3時ごろ電話する　4時半からだというし」

二月十七日（水）

17：40　TEL「今終わった　二人来て話していった（鶴見の歌姫　松本氏とマネージャー）　あした5時にしよう　わかるだろう　まあ俺も初めてだし　ただ歩く距離が長くなると大変だ　etc」　5分12秒喋る

二月十八日（木）

13：10　TEL「やっぱりだめ　落ちている　どこがどうじゃないけど」

14：57　TELする「ごめんごめん寝ていた」

16：49　TELする「寝ていた」

二月十九日（金）

12：54　TELする「きょうは大丈夫？」「大丈夫そう　今から事務所へ行く」

16：55　タクシーで**紫紺館**着（明治大学）

タクシー降りて坂なので運転手さんに手伝ってもらおうとした瞬間　西脇さんの声　後ろから「連れだよ」と「俺もタクシーで今着いた」　一緒に紫紺館へ入る　入りにくい斜め坂の入口しっかり腕組んでくれる

レストランは「椿山荘」5階　エレベーターで　客は二組だけ　木下さんはやめていて　あっ

子ちゃん（工藤あきこさん）いろいろ世話してくれた　ちょうど5時ごろから話し始めた　いろいろ

いつも大切にしていた時計　四十〜六十年使っていた（インターナショナル　礼さんのプレゼントじゃなかったっけ？）　マンションのベランダで落として芯棒折れた　修理に10万かかるって言われた

（私も時計屋さんへ持っていった　コントローラーの芯棒が折れていて　部品なし　修理不能と言われた　部品あれば修理費5万だって　事務所の机の引き出し開けるとすぐ見える所に置かれていた　バンド外してあった）

（いつも触っていたね　ねじ巻いていたね「オートマだけどネジでも可なんだ」って言いながら）

今　ビクターから貰った時計使っている　時計数十個出てきたけど　記念品ばかり　市とかの記念品　デザイン今一つ　これが一番良かった　格好いいじゃんと見せてくれる

四年三組だった時の田植えゲンゴロウに惹かれて　嫌じゃなくなった　ゲンゴロウ飼っていた

母に沼へ逃がしてやりなさいと言われ　放した　今のカブトムシと同じ価値だ

高校生の時　姉と手をつないで歩いていたら不謹慎と言われた　明治は早大の敵　喧嘩した話もまた　顎を切って血が噴き出た　産婦人科の先生が縫った三針くらいかな　それから警察だ

ここは明治村か　よく来たよ　練習場に明大のこの隣のビル借りていた　早大は大熊講堂貸し

てくれないから　一年ぶりくらいかな
病気はみんなに愚痴っちゃダメ　俺に言うのはいい　俺も自分の事言わない　柴又の話　柴又の老舗店閉めたって　向かいのビルは残したみたい　あの向こうずっと行けば矢切の渡し　コロナで十人しか乗れないから休みみたい　ｅｔｃ
生ビール（サッポロだった）牛ステーキ　カルパッチョ　サーモンとアボガド　食べる（一人分半分ずつ）　食事代７５００円　（タクシー行き２８１０円）
「コーヒー　たばこの吸える喫茶店行きたい」と「の」へ向かうが　休み
（タクシー　代金は西脇さん持ち　１２９０円）
19：00　**事務所**へ　「前回の歌手松本あゆみさんが来た　矢車菊歌いたいって　いろいろＣＤ聴いて話した　作曲の話　曲の作り方などいろいろ　松本とマネージャー　目を丸くしていた
「音楽教室でもお持ちですか」って　**あなたにあげたＣＤ持たせた**　いいだろ　「いいよ」
ＣＤにしてほしいものあるけど　キングの湊さん　うんと言わないＣＤにしてくれない　「西脇さんが歌うんなら別と」　文学の話も　「今は詩集読んでる　「雪の音」の作詞者の「藍の詩集」藍だけで詩集ができるんだよ　小林純一さんの詩集　山本恵三子さんの詩集「霜月　花のない道を」は　あなたと同じよう　読んでみて」と貸してくれる　お茶二杯淹れてくれた
「二杯目どう　俺も飲むから」とか　松本さんお土産のお菓子も
午後９時過ぎ事務所出る

向こう側へ渡り　タクシー拾ってくれる　西脇さん「俺は地下鉄で帰る」とタクシー３０４０円

二月二十日（土）

16：50　ＴＥＬする「練習終わった　きのうはご馳走様　旨かった　いい　レストランだったな　彼女工藤さんだったっけ　宛名書きしている　まだチケットあるのかな　ｅｔｃ」　５分10秒話す

17：06　ＴＥＬ「喫茶店やってた　今トースト食べてコーヒー飲んでる　きのうは都合で早仕舞いだって　残念　これから事務所にまた行き　コンビニで何か買って食べる　俺が出かけたら俺の食べるものないから　ｅｔｃ」

二月二十一日（日）

16：49　ＴＥＬする「事務所だよ　山本恵三子さんって　静かな水面に　なにかポタっと落ちた時書くんだよな　ｅｔｃ　俺は書くぐらいなら曲作る　書く時は初めがおもしろいそれはあなたにもある　**書き出しがいい**　～小林一茶へ　ｅｔｃ」　11分49秒話す

二月二十二日（月）

16：48　ＴＥＬする「変わりないよ　変な事考えて貴重な時間を使うな　ｅｔｃ」　４分28秒喋る

二月二十三日（火）

16：49　ＴＥＬする　「やはり血痰多い　痛みはさほどではない　ｅｔｃ」
二月二十四日（水）
14：08　ＴＥＬ　歩き中か　「今詩集読み終わった　『白い葉うらがそよぐとき』　いいよ　これ読むと女の子だな　いつからガキ友になったんだ　ゆっくり歩けよ」
16：50　ＴＥＬする　「事務所　変わりないかな　しだれ梅めずらしいな　いろんなところへ行け　ｅｔｃ」　10分34秒喋る
二月二十五日（木）
16：50　ＴＥＬする　「事務所　一人で留守番　変わりないかな　編曲している　コーラス向きの曲　ｅｔｃ」
二月二十六日（金）
16：49　ＴＥＬする　「事務所だよ　ｅｔｃ」
18：58　ＴＥＬする　「今食べて　また事務所に帰って編曲する　あさっては2時半集合　ｅｔｃ」
二月二十七日（土）
16：49　ＴＥＬする　「会議中」
17：42　ＴＥＬ　「今終わった　全自音協会の会議　六本木　何とかビル　俺顧問だから　あしたは寒いから先に着いたら中に入ってて　4階だから　西脇の連れと言ってて　ｅｔｃ」

二月二十八日（日）　上野です
14：25　後ろから「早かったね」　即エレベーターで4階へ
樹 Qui
「きのう　会議後新しい作詞作曲家紹介あった　童謡協会とは違う　あれから　西脇さんお席とってありますからと　十一人　飲んだ　かなり飲んで　帰って寝た　明け方は眠れるけど
それまでは七転八倒だね
きょうは　舘でコーヒーとトースト　コーヒーはマンデリンだった　時計あの高いの駄目だけどこれロンジン動いた　これ（ビクターからの時計？）一応　使っている　喋りながらねじを巻き続けている
支払いの時「俺1万円出すから　あなた3500円出して」
ビール西脇さん二杯　私一杯　支払い西脇さん1万円　私3500円　出した
ミカコさんのコンサート後
「どこか居酒屋みたいところ　行きたいな　木曽路この辺にあったはず」
交差点渡り　まっすぐ歩く
「あった　エレベーターないのかな　入口地下だ」（階段降りるときすごく気をつかってくれた）　階段降りたらエレベーターあった
17時30分ごろ？「**木曽路**」へ

しゃぶしゃぶコース（西脇さん肉全部食べた）
音楽の話　松本あゆみさんとマネージャー2時間ほどいて　作曲の話など講義した　先生だってさ　作曲には一つ必ずこれっというのを入れる　プロの仕事　誰でも歌えるのではなくてプロだから歌える特徴がいる　俺の曲演歌にしたらこうなると　即興で作曲し歌ったら　驚いていた「音楽教室でもお持ちですか」って「矢車菊」マネージャーがまず聴いてびっくりしていた　いい曲ですねって　これを平板にすると　と作って歌った　アスファルトや敷石の歌じゃなくて　山道をつくるのがプロ
入院長かったのはやはり脳脊髄膜炎の時一か月　そのあとの九十日間正味は八十日くらいか　病院行ったりしたから　家の中に缶詰　**本しかなかった**　生意気だったな　このころから
中二　学校新聞に吉川英治の「三国志」ガリ版刷りで連載したり　蜀の桟道は孔明が作ったとか　一番の奴が「すげえな」と言ってきた
国語で待ちぼうけの話　韓非子の話あった時も「でも先生　最後は韓非子殺されるんだよ」なんて言ったり
成績は卒業試験で　名前が載った　五番　このときはじめて薫さんに勝った
高校（仙台の私立高校）に落ちたときかな　空を見て　宇宙を感じ「落ちて悲しむなんてちっぽけだ」って感じた　二十億年後だっけ　天の川銀河にマゼラン星雲が衝突するって
山本恵三子さんの詩は　低い山

あなたの書く物は　むしろ剣のような山だ　だから気に入った
作曲だって同じ　これというところをつくる
死ぬときは　きっとストンって行くね　感　磯部先生もそうだった　父も
枕草子　源氏物語最初しか覚えていない　**小野小町は点で残した　そこが書けと言ったところ**
e t c
20：00　出る　　木曽路　　１０７８０円
木曽路出てエレベーターで道路へ　左へ歩くとすぐ　タクシー乗り場あり
タクシー乗り場からタクシー　「ふつうの型の車　これいいねえ　乗ってて楽　あのボックス型　いいと思っていたけど　やはりこっちの方がいい（運転手さんうれしそう）　運転手さんと話「ベンツに乗っていた　そのころ20万の下取り　今は７００万くらいだ」　運転手さん「憧れの車ですよ　プレミアムついているでしょう」等　また　嬉しそうに「懐かしいなこの辺り　あなたが出てきてくれて　よく通るようになったなあ」「あっ　この交差点で車エンストした　動かなくなったんだ　放って帰った　車とられなかった　翌朝まだそのままあった」（向丘二丁目の交差点だったたか）　駒込駅で西脇さん降りる　さっさと横断歩道渡っている
タクシー行き２４５０円　　タクシー帰り２０３０円
西片周辺通るとき　懐かしさ　いろんな思い出よぎったのでしょうね

三月一日（月）
17：28　ＴＥＬする　「今終わった　練習してそのあと事務所の事で話し合っていた
今度の抗がん剤は前ほど重くない　肉全部食べられた（二十八日のこと）」　4分29秒話す
三月二日（火）
16：50　ＴＥＬする　「ごめんごめん　電話中だった　この時間電話多い　長内さんからス
タジオとれるかも連絡　合唱のね　ｅｔｃ」
三月三日（水）
16：49　ＴＥＬする　「大丈夫　事務所で『長崎の花』編曲している　五月五日品川予定
決まったら　また知らせる　することないからな　ｅｔｃ」
三月四日（木）
16：50　ＴＥＬする　「疲れ出た　きょうはうち　レンドルミンなくなった」
三月五日（金）　西脇さん東邦の日
16：49　ＴＥＬする　「あっ　着いたよ手紙（ゴロウ　ゴンタ　ゲンゴロウの詩を送った）
本当だね　なんで　五　なのかな　ゴンタが最初だ　植木屋さんが付けたかな
きょう行ってきた（呼吸器外科）　何となく静かに終わった　抗がん剤もうってきた　検査
結果読み上げ　今度は六週間後四月十六日　四月九日は放射線科　吉田っていう先生だ　Ｃ
Ｔ　きょう元気なので飲みに行こうと思ったら　野中が6時に来るって　行けなくなった

あした行くか　調子突然悪くなるからな　電話する　ｅｔｃ」
三月六日（土）
10：17　ＴＥＬ「きょう駄目だ　ダウンしている　あしたにしよう」
16：49　ＴＥＬ「寝てた　夕べ編曲して夕めし食べて　朝までテレビみて寝た　起きたらダウンだ　熱はない　重いだけか　ｅｔｃ」
三月七日（日）
16：50　ＴＥＬする「ごめんごめん　トイレ行ってた　なんだか先週頑張り過ぎたか薬まだ来ない　娘（由紀のこと）に俺の住所教えておいてよ　なんだか睡眠がおかしい寝ていないか　夢をみてうとうとしたり　眠り浅い
住友銀行の口座からちびりちびり引き出している奴がいるよう　1万と1万2000とかあした住友へ行ってくる　練習も4時に終わる　元気だったらあしたどこか行こう　ｅｔｃ」
三月八日（月）
16：21　ＴＥＬ「練習終わった　これから警察へ行く　住友銀行俺の口座から引き出されている　被害届出しに」
17：02　ＴＥＬ「麹町警察じゃないって　戸塚の警察だって　もう疲れたあした行く　どこへ行く？　池袋にしよう」

17：45　**ライオン**に着く
18：06ごろ　西脇さん着　　　　食べて飲んで喋る
「警察行って疲れた　声が後半出なくなった　前半はかなり出た　医者は粘膜が抗がん剤でやられたからなんていうけど　食欲は出た　味もかなりわかるようになった
口笛とヨーデルだけで呼ばれたことも　1万円だけど　**ファルセットあの高さまで出せるのは俺だけだって　口笛もリズムメロディ正確にきれいに出せた　低音も高音も**（歌唱だけでなく口笛も美しく　編曲もきれい　作曲もいい）
燈台のこと書いたくらい　神田明神の話　前にも言ったろう　高台だったので明神の灯りが灯台　おやじと書くために全国の灯台巡りをした　ｅｔｃ」
「あなたにあげようと思って持ってきた」と　ヤマトタケルのテレフォンカードのセット取り出す「はい」「ありがとう」ともらう「もうこれ一個になった　カードの絵は横井忠則　最初のものだからまだ五千人の合唱はのっていない　横井は〝俺のところに言いに来ると思っていた〟って　俺も横井しかいないと思った」
箱根八里とカラタチの花の話から　私の十数年前に作ったＣＤのタイトルの紙みせる「アカペラで歌ったの　他にもある　野ばらもそうだ　俺かなり編曲しているんだな」
19：45　出る（閉店19：30のため）
ライオンエビス中ジョッキ８８０×２　ハーフ小グラス６１６×２　タコの和風カルパッチョ

583　おつまみサーロイン2288　ガーリックトースト528　アラカルト料理（ピラフ）1000　　計7391円　　行きタクシー2450円　帰りタクシー1670円
三月九日（火）
16：50　TELする　「警察行ってきた　戸塚警察　　銀行でも調べた　俺が自分でおろしていたみたい　コンビニのATMで降ろすと　みな『ゆうちょ』になるよう　中井の俺のエリアなので　俺はコンビニのATMが　郵貯なんて　わからなかったからなあ……　etc」
三月十日（水）
16：49　TELする「血痰は多いけど　だいじょうぶかな　　遅い昼食終わった　編曲は全部終わった　あなたと行ける店探さなきゃな　食欲は少し良くなった　食べたくないがなくなった　上野が近いか　あの階段降りて行く店なくなった（銀の蔵のこと）寿司屋かなにかわからない店　　あのころからカウンターだれも座っていなかった……　　etc」
三月十一日（木）
16：51　TELする「家？」「どうしてわかるの　　etc」
三月十二日（金）
16：52　TEL　「もうじきかかる時間と思いながら　机に出してトイレに行った」「アカペラ　金髪のジェニー　と野ばらあった」「どこに」「歌謡百年」「そうか　　きょう　テレ東で歌う　時間わからん　一曲だけ　荒城の月だ　etc」

三月十三日（土）
16：50　ＴＥＬする　「今楽譜書き上げた　天井で雷鳴っている　外　降ってるな　出てくるときずぶ濡れだ　喫茶店で降り出して　若い人に『西脇さん今出ない方がいいですよ　コーヒーもう一杯どうですか』なんて言われて飲んで　さらに降った　娘来てるのか　ｅｔｃ」
三月十四日（日）
16：49　ＴＥＬする　「きょうはうちでねています」
三月十五日（月）
16：50　ＴＥＬする　「きょうは練習　今終わった　声枯れる　それより血痰多い　風呂に入ると増える　松林に電話してみる　痛みはない　突っ張るだけなんだけどな……ｅｔｃ」
17：52　ＴＥＬする　「なんだ」（鉄の話をする）「さっき松林に電話したらもう遅いと言われた」
三月十六日（火）
（練習中に血痰をみんなに見せたよう　鹿島さんから電話あり）鹿島さんに電話
西脇さん　マナーになっていて　電話出ず
三月十七日（水）
8：02　玉田さんより電話
14：47　ＴＥＬ　「金曜日　松林のところに行く　看護婦が午後1時に予約してくれた　人

に　べらべらしゃべるな」「自分で血痰見せたんでしょ」「金曜日病院へ行く　行ってきます　ｅｔｃ」
16：49　ＴＥＬする　「今事務所出て喫茶店でおやつ食べてる　血痰見せた俺が悪かったか　ごめんｅｔｃ」
三月十八日（木）
16：50　ＴＥＬする　「事務所　譜面書いている　あした病院へ行く　出川先生のところも　出川先生には言わなくていいだろう　ｅｔｃ」
三月十九日（金）
16：16　ＴＥＬ　「今から移動する　終わったら電話する」
18：26　ＴＥＬ　「血痰は心配ないって　止血剤出しましょうかと　アドナ貰った　検査は　変化ないって　レントゲンも撮った　両肺にある　**このままいくでしょうって　どういう意味だ**　まあ　肉食うようにしている　豆苗か　それも好きだから　でも元気だからな　ｅｔｃ」　6分58秒喋る
三月二十日（土）
16：50　ＴＥＬする　「今終わって鹿島だけいる　テレ東の人　資料持って帰った　鹿島に話ないか　先生によくあることですなんて言われたら楽になった　ｅｔｃ」　2分6秒喋る

三月二十一日（日）
16：51　ＴＥＬする「きょうは大荒れだ　どしゃ降りだからうち……ｅｔｃ」
三月二十二日（月）
16：49　ＴＥＬする「あっ　客」途中で切る
17：05　ＴＥＬ　かけ直し（**きょうは苦しそう　ふうふう言っている**）
三月二十三日（火）
16：51　ＴＥＬする「今録音終わったところ　ベイビーブーに助っ人頼んだ　ベイビーブーの練習スタジオ　しのぶがピアノ弾いてくれた　うまくいくかわからないけど　今食事している」（呼吸は荒め　本人は自覚ないかな　草笛さんへの曲の吹込みか）
三月二十四日（水）
16：46　ＴＥＬする「きのう地下鉄で座ろうとして仰向けに倒れた　録音してベイビーブー二人とベイビーブーのマネージャーと飲んで事務所へ帰り　酒醒めたころ帰ろうとして電車が突然　がくんがくんと動き　頭は打ってない　受け身できるから　肩は痛い　きのうは痛くて眠れなかった　電車の中ではみんなが起こしてくれた　かばん飛んでった　秋田は新幹線　1時過ぎに行って夕方着いて会議　翌日が除幕式　俺が一番年上だって　だから最初に喋れって　……ｅｔｃ」　7分48秒話す
三月二十五日（木）

16：49　ＴＥＬする　「あした行ってきます」
三月二十六日（金）　秋田へ
13：34　ＴＥＬ　「今新幹線に乗った　5時過ぎに着く　行ってきます　ｅｔｃ」
21：46　ＴＥＬ　「今ホテル　生ビール旨かった　ｅｔｃ」
三月二十七日（土）
18：31　ＴＥＬする　「上野の蕎麦屋で　生ビール飲んでる　これから蕎麦食べて帰る　疲れた　4時間新幹線だから　でもグリーン車で　ゆったりとできた　ホテルもいいホテルだった……　ｅｔｃ」
三月二十八日（日）
16：51　ＴＥＬする　「きょうはうち　二日続けて疲れた　夜の会議も除幕の時もきちんと挨拶できたぞ　ｅｔｃ」
三月二十九日（月）
16：51　ＴＥＬする　「事務所だよ　まあ取り戻すでしょう　四月三日　ミカコ　虎ノ門のフレンチレストランでステージだ　行けるか　6時7時8時だそうだ　5時に事務所へ　ｅｔｃ」
三月三十日（火）
16：48　ＴＥＬする　「事務所　きょうは根来さん出てきていないのでいい　あしたは忙し

い　いろんな音楽のことやっている　ｅｔｃ」
17：04　ＴＥＬ「やらなきゃいけないことないから飲みにいかないか　6時　どこにしようか　やはり池袋か」
18：05　西脇さん到着（**ライオンかギネスか記録なし**　飲んだビールからライオンの可能性高い）
きょうは琥珀ビール　グラス開始　ラム肉とガーリックトーストとさいころポーク　から
まず　秋田の話から　一日目は着いて　講演会　おさかべとかいう大学の教授かな　1時間
佐々木と○○が俺がハーフ&ハーフ好きと知っていて持ってきてくれた　みんなより少し遅れたが（ビール開始が）冷たくて美味しかった
次の日は除幕式　除幕は俺とオサカベ　それから挨拶　歌手でこんなに大切にされる人はいない　なんて内容で話した
本当に　歌手で銅像が立ち　今もまだ　町を挙げて小学生までが参加するなんて　日本では初めてだ　小学生に聞いたら　赤城の子守唄面白い　子守唄でしょだって　小学生五十人が赤城の子守唄歌うんだよ
中途半端だったな俺は　作曲家でもないし　歌手だけでもないし
古事記とかいらないことにも夢中になったし
三井に入る時の俺の論文読ませてやりたいな

飛鳥に乗ったとき　ベイビーブーの追っかけスポンサーがいて〝ボニーさんはプロだ　根本的に違う〟今声出なくなったとか言って　よれよれなのに　そんなこと言われた（嬉しそう理解してもらえたという感じ）ｅｔｃ

今度の抗がん剤は　味を落とさない　これがいいね　歩くと少し息苦しい」

コロナの話から「今までの総理で国民に向いていたのは　石橋湛山と田中角栄だけだ　石橋湛山は病気で六十五日でやめたけどね　ｅｔｃ

ベートーベンは好きじゃない　エリーゼのためにはいい　葬送と　他はダメ

中学生のころチャイコフスキーの悲愴に夢中だった

道化師パリアッチ　十五人の手下（てか）に　五回みせて譜面採らせた　イタリア語をとった奴が一番大変だった　俺それ歌った　イタリア語で　鈴木智子先生びっくりしてた　奴らに塩竈の高級中華レストランでチャーハン食べさせてやった　お坊ちゃまは金持ちだったからな」

イタリア語で歌ってくれた

「草笛さんの歌もこの間作れたし　またあげるね」「フーン」「だって　八坂裕子さんの詩だ年を取るっていいもんだ　というような詩」「年なんて思っていないけどね」「俺もだ　草笛さんがいいと言うかどうかはわからない

あなたにはいろいろしてもらった　一茶どうなっている」（遺言みたいなこと言われ心配に）

20時15分ごろまで

琥珀ビール７００×５　ラム肉７５０　ガーリックトースト５５０　サイコロポーク６５０　生ハム１１００（「最後のもう少し食べる?」と注文した　西脇さんが言ったか私が言ったか?）　６５５０円　　タクシー　行き２４５０円　帰り１６００円
三月三十一日（水）
16：49　ＴＥＬする「今事務所の隣の喫茶店で人と話している　いいよ　きのうは久しぶりに喋ったな」「2時間くらいだよ」「えっ　そんなものかな　一茶　チラシ　表紙　人目につくようなもの頼め　雀　子雀　そこのけそこのけ　のような　ｅｔｃ」　5分20秒喋る
四月一日（木）
16：50　ＴＥＬする「まあまあだよ　事務所　あさってね　　ｅｔｃ」
四月二日（金）
16：49　ＴＥＬする「血痰多いよ　増えているかいないか　増えているかなぁ」
16：52　ＴＥＬ「きょう誰がとってくれる（昭和は輝いていた　三大コーラス）俺は見ないよ　ｅｔｃ　　あした　5時な」
四月三日（土）
16：58　ＯＩマンション着　草笛さんへの歌　西脇さんの歌唱で聴く
「二曲二線で作曲だ　葉桜　混声三部合唱にした　これは五線　きちんときれいに　ｅｔｃ

きょうは　きのうのテレビ良かったと電話いっぱいかかって
きのうも　うちへ帰ってからもかかった　ｅｔｃ」
事務所までタクシー：３５３０円
17：30ごろ　出発
マンション前から　タクシー拾い　「ここまっすぐ　……　この辺りかな　あっここだ」　商船
三井ビル　タクシー１０６０円　西脇さん支払う
LE PETIT TONNEAUへ（フレンチレストラン　プティ　トノー　虎の門店）
「ここのエスカルゴやっぱり旨いな　あれパンに付けようとスープ残してあったのに　持って
いった　まあいいか　肉旨いな」
ミカコさんの歌う歌の説明
ミカコさん　西脇さんの席に来て　きのうのテレビ良かったと絶賛
「きのうの〝昭和は輝いていた〟は構成が良かった　ディレクターすごいんだ　稲門会や早稲
田にも調べに行ったらしい（これは本当にいいテレビだった）
東西の『いろはがるた』はすごい　東と西の性格がよく出ている　論より証拠とか」
ピアノの人　挨拶に　こそっと「俺も昔はピアノあれくらい弾けたんだ　今は指が動かな
い」
午後8時48分出る（環2　マッカーサー通りに出た）

琥珀ビール　８００×５　エスカルゴ１４５０×２　はらみ肉ステーキ１８６０×２
アイス３６０×２　コーヒー５２０×２　１３４３０円
タクシー帰り　駒込駅経由　３７６０円
駒込駅で西脇さん降りる　横断歩道歩き方しっかりしている（心の中で気をつけてと）
四月四日（日）
16：49　ＴＥＬする「練習終わった　今外にいる　あとで」
17：00　ＴＥＬ「今帰った　鹿島声出ているというけど俺は出てないと思う　低い音がダメだ　きのうは美味しかった　エスカルゴのスープでパン食べていたのに持っていきやがった　肉旨かったな　ミカコの歌が一番良かった
朝はいつもの喫茶店　トーストにジャムたっぷりつけて　マスターがコーヒーを俺に教授しているから　きょうはブラジル　これは一番苦い　わかった　あとは　キリマンジャロとトラジャ　キリマンジャロが一番好きだ」「トラジャ　聞いたことない」「俺も初めて　コーヒーいったいいくら種類あるんだ　ｅｔｃ」　6分59秒　喋る
四月五日（月）
16：50　ＴＥＬする「血痰が多い　あとはまあまあだが　一茶楽しみだな　一茶の句面白い　句集は多く出ているけど　一茶の生まれてからの生き方　句はひょこひょこ出てくるなんでこんな句詠んだなんてのがいいんだよ　東西のいろはがるたと同じだ　あれもおも

しろいだろうな　俺はつきつめていないけれど　すべて　つきつめれば哲学になるか　音楽もつきつめれば哲学か……ｅｔｃ」　７分48秒喋る

四月六日（火）
16：50　ＴＥＬする「今銀行から事務所に帰ったところ　ムコブリンどうやって飲むんだたくさんある　ｅｔｃ」

四月七日（水）
16：50　ＴＥＬする「おーい　まあ変わりないか　ムコブリンおとついから一日三回飲んでいる　血痰は変わらないけど　痰の回数が減った気がする　いっぱいある　ｅｔｃ」
２分49秒喋る

四月八日（木）
16：50　ＴＥＬする「もうこんな時間か　あしたは10時半までに行く　11時20分からＣＴだ　それから放射線科の診察　松林もそのあと診るって　ｅｔｃ」

四月九日（金）　西脇さん東邦の日
16：49　ＴＥＬする「ＣＴやはり大きくなってるって　検査結果　きょう貰わなかった一部だけだ　止血剤増やしますって　ｅｔｃ」

四月十日（土）
16：50　ＴＥＬする「今練習終わり　鹿島が出て行ったところ　声が出ない　いつものよ

うに　埼玉までも出ない（埼玉の時の意味か）　あしたも練習になった　ｅｔｃ」
四月十一日（日）
16：49　ＴＥＬする　「ダウンしてうちにいる　耳からいっぱい出てくる　あした耳鼻科行く　松林　東邦の耳鼻科紹介するって言ってくれたけど　行きつけに行くと言った　ｅｔｃ」（抗がん剤の副作用かな？）
20：45　鹿島さんからＴＥＬ　朝より今の方が電話に出るって思ったけれど（西脇さん）出ない　悪くなったのか心配でと　ｅｔｃ　4分33秒話す
四月十二日（月）
16：49　ＴＥＬする　「今帰ったところ　神尾病院行ってきた　西脇さん久しぶりですねと言われた（この間来ないでいいって言われたんでしょ　老人性だから）　平成二十六年だって　前回　八年たってる　疲れた　鼓膜が破れたんだって　なぜかは？　水圧があがってはじけた　薬もらい処置　かなり待たされた　処置も俺も時間かかった　疲れた　止血剤もう一つ飲んだら　全身痒くなった　やめた　ｅｔｃ」　5分3秒話す
16：55　鹿島さんへＴＥＬ　31分39秒話す
四月十三日（火）
16：50　ＴＥＬする　「耳　一日二回点耳している　今テレビのニュース見てる　なんだこのコロナの増え方　コンサート大丈夫かな　俺なんか毎日電車で通っているのに　ワクチン

の話何もないな　ｅｔｃ」

四月十四日（水）

16：50　ＴＥＬする「耳いいよ　医者大したことないようなこと言っていた（抗生剤耳に入れた？）入れた入れた　感染しないようにって　今一日二回自分でしている　かゆみ少し良くなった　止血剤すべてやめた　血痰変わらない（私転んだこと）一日三千歩にしろ歩き過ぎだ　（金沢へ）行ってらっしゃい　ｅｔｃ」　6分40秒喋る

四月十五日（木）

16：50　ＴＥＬする「今飲んでるよ　昼夕兼で」「いいな　金沢だろ　耳変わらない　ｅｔｃ」　4分36秒喋る

四月十六日（金）

16：49　ＴＥＬする「もう帰ったの　早かったね　耳から水が出る　飲めないよ十九日はデカドロン飲んでいくから　抗がん剤うつとき看護婦に薬疹と言われた　薬はやめた　ｅｔｃ」　11分40秒話す

四月十七日（土）

16：50　ＴＥＬする「今もう練習終わったよ　声出るけど　耳聞こえない　低くなるかも声割れている　鹿島は割れてないっていうけど　俺自身では割れている　鼻かんだらウワッて　耳音したけど　すぐ聞こえなくなった　電話は大丈夫　あたりの声は聞こえない　ｅｔ

c」　５分47秒喋る
四月十八日（日）
16：50　ＴＥＬする「待ってよ　どこで聞こえるか　調べている　左はダメだ　右にかえた　耳からは緑色の水流れている　あした　声は何とかなるけど　音程低くなるかな　ｅｔc」　３分57秒喋る

四月十九日（月）　なかのＺＥＲＯホールコンサート

アンコール曲は人生の並木道　だった
16：00　終了「楽屋口で　待ってて」と電話あり　いいお天気だったな
16：30　タクシーで麹町へ　タクシー料金　３８３０円
喫茶「**の**」でコーヒー飲む　１９００円
18：20　事務所隣の弁当屋さん？「**次朗**」
ちょい飲みコースの看板見て入った
話　いろいろ
「ピアノかすかに聞こえるだけだった」
二部は良かったよ　西脇さんのソロばかり　きれいに歌えていた
「三日月娘は藤山一郎の真似して歌った　……　本を読むのは面白い」
20時出る

ちょい飲みコース　ちょい飲み生ビール4杯　豚しゃぶ　和風ハンバーグ　スタミナ焼き　一口ヒレカツ　995×2＋生ビール2杯分
西脇さん　ハンバーグ　スタミナ焼き　カツを一番食べたかな？
「いい店だったな　穴場だな　いい穴場見つかった　今まで時々弁当買ってた　気が付かなかった　飲めるなんて　弁当屋だと思ってた」
西脇さんを西脇さんのマンションまで送り帰る　タクシー　6210円
四月二十日（火）
17：03　TEL「今帰ったところ　疲れた　抗生物質貰った　院長は友達だけど　予約面倒　若いばりばりに診てもらった　オーグメンチン配合錠だ　左も聞こえる　まあ　きのう歌えたからいいや　あした山形　昼ごろ出る　行ってきます　etc」　5分29秒話す
四月二十一日（水）　西脇さん山形
17：40　TELする「今練習中」
20：08　TEL「全部終わった　3時過ぎに着いて　お茶でもって飲んで『さあ　リハーサルです』だって　ビール二杯飲んで　食べた　ビール飲むと食べられないから　減らした　美味しかった　耳　きのう耳鼻科で少し伸びてきてますねって言われた　三割くらい聞こえるかな　カラオケで歌うとだめ　フルートとか高い音がウワッとくる　はなをかんだ時も　今左耳で聞いてる　少しいい　でも離すと聞こえない」　聞こえ方などの話いろいろ

「あした夕めし食べられないや　コンビニでビール買うか　今いいビール出てるからな　クラフトビールも飲めるし　いい穴場（次朗のこと）も見つけたしなｅｔｃ」　11分49秒話す

四月二十二日（木）

21：40　ＴＥＬ「ホテルに帰った　差し入れ多くてどうしよう　ワインあるけど　ビール買いに行くかな　服ぬいだしな　ピアノだけならいいけど　カラオケがはいると　音がおかしくわからなくなる　口パクだった　あした十一屋でお茶して12時ごろの新幹線に乗る　そのまま事務所行くかも　ｅｔｃ」　10分42秒話す

四月二十三日（金）

15：35　ＴＥＬ「もう事務所に帰ったよ　これから事務所においで」

16：30ごろ　**事務所**へ　柏餅とお茶

17：00過ぎ「**の**」へ

いろいろ話　アレンジなど　小六禮次郎には美しいもの　小野崎孝輔は抒情歌など　若松正司には大きなものを主に頼んだ　合唱の部分は俺が編曲　大好きな編曲いろいろあるけど「ともしび　夜霧のかなたへ……」は消灯ラッパをイメージして　ヴァイオリンの書き方は○○に習った　編曲を勉強するために　音大の聴講生になった　俺の編曲がいいと　小川寛興が競争してきた　俺の大先輩なのに　等々

「次朗は始まると灯りがつく　ちょっと見てくる」「まだだ」　数十分後また見にいき「つい

ていた　行くか」
18：20「**次朗**」へ　いろいろ話
ゴンタはなぜ死んだんだろう……（俺を迎えに出たため　俺のせいかとも考えているよう）
小さいころから放浪癖あり　ふらりと舟に乗り眠ってしまい　どこの子だと大騒ぎに　船頭がこの子は西脇家のお坊ちゃまだと　女中たちが捜して迎えにきた　……　怖がりだけど冒険心がある　二回死ぬ目に遭った　一回は蔵王で遭難したとき　もう一回は……秘密かけない　あなたには七割本心言っているな　こんな人いないよ
女房は優しいよ……いろいろ　上海　ベトナム　香港行った時の食事（ラーメンなどの話）
女房連れて行こうとしたが　嫌がられた「変なところ行くのねえ」と言われた
やはり人の行かないところを探し出し　言葉が通じなくても外国のなか一人で歩きまわる人なんだ俺
一回目ロシア行った時　ロシア語わからず　二回目は勉強していった　等々　20：00出る
生ビール2杯ずつ＋中瓶1本ハンバーグ　とり南蛮焼き　カキフライ　スタミナ焼き　３９５０？円　　帰りはタクシー拾い
「俺　最後に乗ってた車はＢＭＷだったっけ」運転手さんと道路・車の話はずむ
西脇さんを　西脇さんのマンション前まで送り　21：00ごろ帰宅
四月二十四日（土）

16：50　ＴＥＬする　「やはりだめだ」　少しだけ喋り終わり
四月二十五日（日）
16：49　ＴＥＬする　「きょうは事務所に出ている　コンビニで食事できる　もうしばらく事務所にいる　そっちはどうだ（ぐるっと歩いた話したら）一人ではそんな歩くな危ないから　ｅｔｃ」
四月二十六日（月）
16：50　ＴＥＬする　「今地下鉄降りた大手町　耳　二週後　薬続けてピッコロのよう高い音駄目な話したら　鼓膜が改善すれば音わかるようになるかもしれません　だって　かゆみクリーム塗りたくっている　少しいいか　ｅｔｃ」
四月二十七日（火）
16：51　ＴＥＬする　「きょうはうちにいる　薬着いた　そうか　あなたのそばにもでたか（コロナ）　ｅｔｃ」
四月二十八日（水）
16：49　ＴＥＬする　「事務所　宛名書き　右をふたして　駅のアナウンス　少し小さいけれど聞こえる　前は全く聞こえなかった　ちょっと待って　あなたの声で　聞いてみる　左がどれくらい聞こえるか　確かめる　ｅｔｃ」
四月二十九日（木）

16：50　ＴＥＬする「ごめんまた離れてた　きょうはうち　行ってもすることないからあしたは行く　月末だから　それからまたずっと休み」

四月三十日（金）

16：50　ＴＥＬする「きょうは事務所　きのう一日うちにいたら　初め足が重くて　玄関でふらっとした「おっとっと」となった　今はしゃんとしている　まっすぐに歩いている　きのうから二百通くらい書いた　ボニー四曲しか歌わないけどね　万年筆だから　すらすら書ける　一筆いれてね「西脇さんの直筆もらうと行かないと悪いと思うって」　本当かこれからおやつ食べに行ってまた書く　縦書きしか書いてないから　今横書きおかしいよ「縦書きの練習している」　そうか　いいことだ　一茶まだか　楽しみにしている　ｅｔｃ」

五月一日（土）

16：50　ＴＥＬする「事務所だよ」「一茶のカバー来たよ」「見たいね　三日から五日のどこか　電話する　ｅｔｃ」

五月二日（日）

16：49　ＴＥＬする「血痰が多い　身体が重い　ぶっ倒れそうだ　そしたら救急車だ　あした　まあ電話する　きょうはなんか三人来る　二人は若いお付きみたいなもんだけどｅｔｃ」

19：31　ＴＥＬ「あした駒込へ行く　1時ごろ出る　駒込に着いたら電話する　着くの2

時前かな　出てきていて」
五月三日（月）
13：40過ぎ　駒込駅着　まもなく西脇さん着　フラフラしている感じ　背筋は伸びている
改札出た西脇さんに　西脇さんと声かける　「どこで電話入れようか考えていたら　いたな」
すぐ「ホイッ」と　腕組んでくれる　「こっち歩きたい」と西脇さん　桜の木の左側を歩くようになる　途中で「まだ？　近くがいい」「もう少しだよ」　かなり疲れるみたい
ＲＩＯへ
西脇さん　朝　喫茶店行ってから来た？（後から聞いたうちから直接来たよう）
ＲＩＯ　入口の席　西脇さんはコーヒーのみ　私はサンドイッチも（西脇さん一片食べる）
コーヒーお代わり　西脇さんも美味しいとお代わり　「一茶のカバーは？」西脇さん一目見て「茶色の方に　こんなものはさっと見て決める　じっと見ているとどちらも良くなる　麻もようは産着　緑は女的」　一茶・小町の話　駒込から東京の話　いっぱい　リオのママも座り込んで話
「西ヶ原は昔刑場だった　江戸　戦国　徳川と松平　後白河法皇の話　鳥獣戯画の話（戦争だ）　頼朝はばか
都電に乗った話　一本除きすべて　東京を覚えた　ｅｔｃ」
15時30分過ぎ　出る　２５００円

ＲＩＯ出ると　腕組んで　坂を下りてくれる　栄養大学の看板を見つけて「女子栄養大学だって……広報部って書いてある……」　霜降橋交差点渡り　さようなら　「じゃ　気をつけて行けよ」と　西脇さん　くるっと向きを変え　坂を上って行った　振り向かない　決して
私も心の中で「気をつけて　さようなら　気をつけて」　涙が出て仕方なかった　大好きだよ　尊敬するよ西脇さん　後ろ姿忘れない　ゆっくりまっすぐ歩いていく西脇さんの美しい後ろ姿
（「の」のママが言っていた「歩き方見てこの人は何者かと思った　能か歌舞伎の役者さんみたいきれいな歩き方」私「合気道ですよ」と「そう　合気道なの」感心している感じ）

五月四日（火）
16：49　ＴＥＬする「きょうは　うちで寝ている」「事務所に何冊送ればいい？」「何冊でもいいよ　ｅｔｃ」

五月五日（水）
16：49　ＴＥＬする「事務所だよ　今クリームパン食べて牛乳飲んでる　もうすぐ何か食べに行く　コンビニかな　八日練習　十二日玉田の施設で歌う　やばいよな　でも玉田の行っているところだから　ｅｔｃ」　5分28秒喋る

五月六日（木）

16：50　ＴＥＬする「きょうは事務所だよ　耳はダメ　きょうはふらつかなかったよ　あなたの所へ行った時は　うちから直接行ったから　今いつもの喫茶店（「の」のこと）で俺特注のトースト食ってる　飲めないからな　**耳がダメ**（何度も言っている）**血痰ガバガバ出てる**　それから　チラシ　なくなったから　古事記も　額田も　俺ばらまいているから五十枚位ずつ送って　ｅｔｃ」

五月七日（金）

16：49　ＴＥＬする「事務所だよ　作曲している　血痰ガバガバでる　足重い　出川先生に相談してみる十四日　十日は耳の医者　ｅｔｃ」　4分31秒話す

17：40　Ｍ　クエン酸第一鉄Na

五月八日（土）

16：50　ＴＥＬする「今練習終わってみな退室したところ　チラシ早速配った　疲れたチラシないけど　小林一茶もう一冊売ったよ　俺だ　ｅｔｃ」

五月九日（日）

16：49　ＴＥＬする「あっピッピッ言ってる」　いったん切って

16：51　ＴＥＬ「玉田からだった　十二日やるって　一番やばいとこなんだけど　玉田がいつも行っていてなんともないからって　へたへたで事務所へ来た

今作曲している　難しい　一番二番がないから　シャンソンみたいだな　今ママに貰った

コーヒー淹れている　きょうは喫茶店は休み
十三日アルテリーべで斎藤美香がピアノ弾く　渚の次に上手い　コード番号だけでアレンジできる　第二の石黒だと思った　ｅｔｃ　一茶のチラシ色変えられないか　ｅｔｃ」
10分23秒話す
五月十日（月）
16：51　ＴＥＬする「病院長蛇の列　帰ってきた　あした行く　連休の後だからな　コロナワクチンきのう女房8時間電話し続けて　つながらなかった　奴ら仕事してないんだ　中野区もダメ　どこの区だったか　きちんと整理されている　来年だな　ｅｔｃ」　5分4秒話す
五月十一日（火）
18：04　ＴＥＬ「今終わった　ちょうど診察始まったら電話来た　耳は同じ　今度は一か月後だって　ｅｔｃ」　3分46秒
19：30　ＴＥＬ「あした5時半ごろ稲城駅に集合　8時ごろには終わると思う　小田急に乗って帰る　ｅｔｃ」
五月十二日（水）
21：10　ＴＥＬする「今電車の中」
22：16　ＴＥＬする「ちょうど帰ったところ　電話しようかと思っていた「いい日旅立

ち」カラオケが音わからなくて弱った　**胸痛い　断末魔だ**　ｅｔｃ」　2分32分話す

五月十三日（木）

16：19　ＴＥＬ「美香　聴きに行こう　まず事務所へ来て」

17：08　ＴＥＬ「そのタクシーで行こう　近くなったら電話くれ」「黄色いタクシーだよ」　ｅｔｃ

17：13　事務所前　西脇さん出てくる　ゆっくりとタクシーに乗り込む「本当に　まっ黄っ黄いだ」

アルテリーベへ

アルテリーベ　階段降り　中に入り　西脇さん先に前を歩く　その時　私転んでしまった　西脇さん「あなたの転ぶの初めて見た」

向かい合って座る

終わってから　西脇さん皆さんに囲まれて　楽しそうに話している

「やはり　耳聞こえにくい　美香きょうは　普通だった

アルテリーベの歌い手の人みんなと　話できて　よかった」　西脇さんとても嬉しそうだった

スープとソーセージとロールキャベツ　ジャガイモ　５６００円

楽しかったよ　誘ってくれて　ありがとう

帰りタクシーの中で
「あなたが駒込に来てから昔通った道をよく通るようになった　西片にいたから　リヤカー自転車につけてアルバイト……　昔の人は　みな歩いたんだよなあ　本郷から　深川まで飲みに行ったり　どの道通ったのかな（橋の名三つほど出たが）
きのうは7時ごろから始まって　8時半ごろまでの予定がもっと聴きたいって言われて　鹿島が俺の耳の事言ったけれど　みんな西脇さん大丈夫（きちんと歌っているということ）って言ってくれた　ｅｔｃ」
駒込駅で西脇さん降りる　　タクシー行き５０４０円　帰り３４７０円
五月十四日（金）
16：51　ＴＥＬする　「いつもタイミング悪いな　今出た　新宿区役所行ってコロナの手続きしてきた　身障者のタクシー券も聞いた　娘がそうだからな　豊島区と練馬区だけだってきのうはあそこの歌い手みんなに会えてよかった　食事はなんだあれはって感じか　これからまた事務所に帰る　ｅｔｃ」
五月十五日（土）
16：54　ＴＥＬする　「ごめんごめん　きょうはうちで寝てます　あしたは外へ出ます（二回目の接種後の話をしたら）　じゃあ俺のいつもだ　起きるのも辛い　ｅｔｃ」
五月十六日（日）

16：49　ＴＥＬする　「事務所　ｅｔｃ」
五月十七日（月）
16：49　ＴＥＬする　「まあ変わりないか　血痰は多い　身体重い　でもふらついたりはしない　……」
五月十八日（火）
17：50　ＴＥＬする　「ごめんごめん携帯持たずに外へ出ていた　ワクチン全くわからん　ｅｔｃ」　57秒話す
五月十九日（水）
16：50　ＴＥＬする　「今みんな帰った　やっぱり駄目だ　半音の半音が狂っている　メロディー鹿島に全部やってもらう　ｅｔｃ」
18：34　ＴＥＬ　「コロナの薬なんだったっけ　根来さんきょう受けに行った（根来さんから電話あったよ）　ｅｔｃ」
五月二十日（木）
16：50　ＴＥＬする　「俺メロディー首になった　新しいの覚えなきゃ　ｅｔｃ」
五月二十一日（金）
14：24　ＴＥＬ　「根来さんにカロナール渡す　一回どれだけだ　ｅｔｃ」
16：49　ＴＥＬする　「血痰は多いけど　ワクチンまだ何も言ってこない　二十八日病院だ

しな　ｅｔｃ」
五月二十二日（土）
16：53　ＴＥＬする「きょうはうちにいる　土曜日ですることないから　ｅｔｃ」
五月二十三日（日）
16：49　ＴＥＬ「今練習終わった　バリトン部分きちんとやれた　ｅｔｃ　史記も古事記もインドのラーマヤナもコーランも同じこと書かれている　誰かが書いたものを写したんだろうな　ｅｔｃ」
五月二十四日（月）
18：01　ＴＥＬ「ごめんごめん　寝ていた　ダウンした　ｅｔｃ」　49秒話す
五月二十五日（火）
17：28　ＴＥＬ「うちだけど　風呂に入って髪を洗ってた　髪抜けるけど多くはないかなバリトンの音程が狂わないように出せるかだけだ」「行商人の編曲西脇さん？」「鹿島のために書いた　ｅｔｃ」
五月二十六日（水）　きゅりあんコンサートの日（五月五日の延期されたもの）
コンサート休憩中　ベイビーブーのユウスケとチェリーに声をかけられる
コンサート終了後
16：13　ＴＥＬしてくれたが

私ベイビーブーに誘われ楽屋へ（西脇さんには待っていてと言われていたが）　西脇さん「今電話していた出ない」と（16：13のTEL）（電話手に持っている）

JRで有楽町へ　有楽町からタクシーで（1090円）

17：00ごろ　喫茶「の」へ

まずコーヒー飲んで　カレーライス　そしてコーヒー　「会場の弁当食べられなかった　日曜練習でダウン　「の」のママにもらったコーヒー飲んで　今朝も舘でコーヒー　マンデリンだった　三つわかるようになった　マスターに褒められた　トラジャ　キリマンジャロ　メキシコ」

他文学の話から　「額田など……」から　「もう一人琵琶の話で　石動丸書いて欲しい　……石動丸というのはね……　お母さんと　お父さんを探していたが　お父さん山にいるらしいということで　お母さんを山の麓に置いて　子の石動丸だけが山に入る　山は女人禁制　お母さん山へ入れない　でもお父さん探し出せず帰ってくると　お母さんはその間に死んでしまっていた……　また山へ入る……

お父さんに会っているんだけど　お父さんってわからなかった……そんな話」（山は高野山）

「三国志の宮城谷と吉川英治の違いはね……」　とか　「湖底の城の最後ちょっとつまらなかった　范蠡も　伍子胥も　あれだけ働いたのにいらなくなったら　ポイと　あっさりとやめてしまった　葉室麟も同じ　あとまできちんと書いていない　井上靖や黒岩重吾は最後をき

ちんとしめている　ｅｔｃ」
「あしたは歌詞協会理事会　あさっては病院　出川先生やめるんだって　リタイアだって」
ｅｔｃ
19：55ごろまで　３５００円
横断歩道渡り　タクシー拾ってくれる　西脇さんは地下鉄　タクシー２８９０円
五月二十七日（木）
17：52　ＴＥＬ「今帰った　2時から今までだよ　疲れた　みんなの言っていること聴くだけ　疲れる　ｅｔｃ」
五月二十八日（金）　西脇さん東邦の日
16：54　ＴＥＬ「おかしいよ　電話　事務所に着いたところ　また電話する」
16：58　ＴＥＬ「食事しないで来てくれっていわれて　大変だった　今カレー食べてきた
結果だね　全体に良い傾向といわれた　松林も血小板少ないって　放射線科の先生も　いい傾向だって　鉄剤貰った　朝と夕だって　あなたから貰ったのと同じだ　あした渚ちゃんのコンサートある　行くでしょ　代官山　……　タクシー　教会の名前言えばわかるって　俺タクシーで聞いたらそう言ってた……　行けるでしょ……」
17：31　ＴＥＬ「チケットあるって」
五月二十九日（土）　コンサート（クラシックと感染症）　代官山

早く着いたので　しばらく渋谷駅で待っていたが　先に会場へ向かった　妹と
13：03　ＴＥＬ　「今どこ　渋谷駅へ今着いた　早いな　バスがあるから一緒にと考えたんだけど」「ごめん　先に来てしまった」
西脇さん　バスで来たと　歩いてくる　元気ない　妹「あれが西脇さん　うそっ　変わってしまった　違う人みたい」と（妹が西脇さんに会ったのは一月三十一日）
コンサート会場では　皆さんと元気そうに話をし
16：00ごろ　コンサート　終了
渚ちゃんには笑顔で話しかけて
教会の階段降りる時も「大丈夫か　気をつけろ」
道に出ると　腕は組んでくれたが「タクシー拾うのどっちから行けばいいんだ？」「こっち」と私「どっち向きだ」「こちら……」
西脇さん考えるのが面倒になっているよう（今までだったら　西脇さんリードだったが）
代官山から麹町へ　　　タクシー（２２５０円）
タクシーの中で
「ピアノの音　駄目だった」「左耳をふさぐとピアノの音になった　脳がやられている感じ
……このあたり青山か　　青山学院に通った事あってね……　心臓破りの坂……　ワンボックスカーたくさん通るから何かあったのかなぁ　……　要人なんかは　ワンボックスカー使うか

らな……」（今はワンボックスカー増えているのだが……　この間は　昔のタクシーの形がいい　とか言っていたのに　ワンボックスカーたくさん走っているの知っているはず　心ここにあらずという感じ時折やはりおかしい　ピアノの音がダメだったのが　大きな衝撃だったようプラス血痰多いとか痛みとかぼわーっと不安出ていたのでしょう）

17：00過ぎ「の」着　カレーライスとコーヒー「耳がやはりだめだ　歌えないかなあ……」（歌えなくなるのではとの不安大きそう）

話あれこれ

西脇さんの大好きなパンの耳のトースト　サービスあり（イチゴジャムとオレンジマーマレード交互にぬった　西脇さん特注トースト）　２４００円

18：00　**事務所へ**　藤山一郎と西脇さんのＣＤ聴く「藤山さんにそっくり」「藤山さんに真似するなと言われた　自然に力を入れずに歌え　歌に合わせればうまくいく　オケと歌　聴いていると　ずれて聞こえる　四分の一音くらいの違いだから難しい　半音なら　やさしいのだけれど　歌えないかなあ」「三日月娘とか長崎の鐘　歌は西脇さんの方が上手くなっている」

19：00　帰る（事務所出る）　西脇さんは「俺もう少し　事務所にいる」

私をタクシーに乗せるため　私の腕をギュッと握りしめ　ＯＩマンション前を横断し　タクシー拾い　タクシーに乗り込むまで　私の腕をしっかり握ったまま離さなかった「またね」

「ああ」
対面して話をした最後になった　　タクシー　２８９０円
西脇さん　今書いていて思う　耳聞こえにくい　音取りにくい　わかっていたけれど　今日のピアノの音が　めちゃくちゃに聴こえる　音がめちゃめちゃ　歌えないなあ　不安と恐怖に　襲われていたんだね　がんという不安と恐怖　かかえながら　ごめんね何もできなくて　泣いてしまった

五月三十日（日）
16：52　ＴＥＬする　「事務所　今小林一茶読んでいる　七割まで読んだかな　**いいね　途中泣けるところも　これが一茶だ　こんなのを書いてほしかった**　ここまで　自分をさらけ出して句にする　清貧の人　**一茶って俺だ　俺と同じだ　いや違う俺が一茶と同じなんだ**　俳句をやる人たちに一茶を知ってもらいたい　よく書けている　一茶と額田は飛びぬけていい　額田は好きな人が読めばいいけど　一茶はみんなに知ってほしいなあ　みんなに読んでもらいたいなぁ　なんとかしたいけど　……
作曲家の話に　古賀政男なんか　まあ記念館などもあるしいいか　服部良一も古関裕而よりいい歌たくさん残している　古関裕而は　マーチだな　ボニーは一茶に近いな　……

ｅｔｃ」　10分14秒話す
五月三十一日（月）
16：48　ＴＥＬする「事務所だけど　さすがにダウンだ　一茶だれか俳壇の人に読んでもらいたいね　新聞社とか　出版社とか　二冊売れた根来さんと武石さんそっちはどうだ　無理するな　ｅｔｃ」　4分3秒ほど話す
六月一日（火）
16：50　ＴＥＬする「きょうはうち　ワクチンの日まだ」
六月二日（水）
16：49　ＴＥＬする「事務所　元気な返事ができるようなことがない　まだ来ない　新宿区は　だめだ　ｅｔｃ」
六月三日（木）
16：53　ＴＥＬ「ごめんごめんトイレ行ってた　うち　ごろごろしている　血痰は同じこれからもう一度ごろんとしたい　ｅｔｃ」
六月四日（金）
16：50　ＴＥＬする「うちでごろごろ　あした合同リハーサルの予定だったけど　ベイビーブー二人　コロナだ　あとの三人は陰性だったよう　ボニーだけで練習だ　コロナワクチン　なにも言ってこない　ｅｔｃ」

六月五日（土）
16：51　ＴＥＬする　「今終わった二人帰った　鹿島がいる　ワクチンまだなにも言ってこない　鹿島は十六日だって　草笛さん用に作曲した曲　火野正平さんのマネージャーにまで　いっているけどまだ　今は横向き寝られるよ　どっちでも　ｅｔｃ」
六月六日（日）
16：51　ＴＥＬする　「きょうは事務所　何だ　ｅｔｃ」
六月七日（月）
16：51　ＴＥＬする　「事務所　きのうある人のうちで　食事してビール飲んだ　二缶美味しかったけど　うちへ帰ってテレビみていて立とうとしたらふらついておかしくなった　テレビ見て寝ようと服ぬいだらまたきた　血痰も飲むと増える　鉄剤飲むと　便通いい　ｅｔｃ」
六月八日（火）
16：48　ＴＥＬする　「今病院」　（耳鼻科）
17：02　ＴＥＬ　「病院出た　少しいいかなって　今度は手術も考えてますって　ＣＴした俺背中打ってるからな　電車でひっくり返って　今から事務所へ行く　きょうは3時ごろ行って今終わった　あまり待たなかった　ｅｔｃ」　5分55秒話す
六月九日（水）
16：52　ＴＥＬする　「事務所だよ　根来さん二回目行ってきた　何ともないって元気だよ

こっちはなんにも来ない（ワクチン）　ｅｔｃ」　５分10秒話す
六月十日（木）
16：54　ＴＥＬする　「うちでくたばっている」
六月十一日（金）
「いろいろ世話ありがとう　二十五日ワクチン取れた　次回はその時決めるって　きのうからくたばっている　起きるの嫌だった　**朝食パン　飲み込めない**　コーヒーで飲み込んだ抗がん剤のせいだ　栄養剤なんだそれ　そういうことあったな　よく覚えているな　ｅｔｃ」　10分７秒話す
六月十二日（土）
16：56　ＴＥＬする　「ごめんごめん　聞こえなかった　今鹿島帰った　何やらごちゃごちゃ話してた　なにか鳴ってるなとは思ったけど　鹿島ふらついて歩きにくいよう　きょうは大丈夫　俺の特製トースト食べられた　咽喉科は行っていない　ワクチンは午後４時半区役所の分所　家から近いよ
そっちは遠いの？　ゆっくり行け　ｅｔｃ」　８分24秒話す
十三日（日）には「うちにいる　ダウンだ　きのう練習したからな　ｅｔｃ」
十四日（月）も「きょうはうちで　ダウン　きのうは日曜だから事務所行かない　がまんがまん　ｅｔｃ」

六月十五日（火）
16：28　ＴＥＬする　「何だ　事務所にいるよ」
16：31　ＴＥＬする「着信履歴は入ってないよ　長内さんにもかからない」
16：49　ＴＥＬする「歩きにくい……」（私に対し）「嫌になるな　嫌になったらおしまいだ　前だけ見ていけ　歩くとき目線は60度　マラソン選手も　目線は5～6ｍ先だ　ヨガはだめ　太極拳はいい　歩行は足上げる
膝を曲げて歩く　日本舞踊の歩き方　腰に力がつく　ｅｔｃ」　15分29秒話す
六月十六日（水）
16：50　ＴＥＬする「うちで休んでいる　汗がでるのはいい事かも　ｅｔｃ」
六月十七日（木）
16：49　ＴＥＬする「久しぶりに事務所に出た　じっと座っていても『はあはあ』言う
何ともなくないよ　アルテリーベで何か　ボニー四回連続でディナーショー考えている
8時までだけど　アルコール大丈夫みたいだから　古賀政男と服部良一　と古関裕而　を一部にして　アルテリーベ相談に行ってくる　ｅｔｃ」　9分46秒話す
六月十八日（金）
16：49　ＴＥＬする「事務所にいる　あしたはベイビーブーと合同リハーサルだ　二十一日は歌詞協会　二十二日は？　二十三日は合唱　耳の医者に七月まで飲むなと言われている」

六月十九日（土）

18：00　ＴＥＬ「今終わってベイビーブーと帰っている」

19：01　ＴＥＬ「今事務所に着いた　駄目だね　ピアノの音は聞こえる　かすかでもうまくいくけど　ベイビーブーとやり始めると　うわーんとなって聞こえなくて下がる　ｅｔｃ」　途中で由紀から電話入り中断　6分45秒話す

19：19　ＴＥＬする「詩吟習おうと思う　謡曲はダメだったけど　詩吟にいっぱい一茶が出てくる　俳句も詩吟になるんだ　ｅｔｃ」　6分22秒話す

六月二十日（日）

16：50　ＴＥＬする「きょうはおうちで　お休みです　そっちは？　ｅｔｃ」

六月二十一日（月）

18：36　ＴＥＬ「今会議終わって事務所に帰り着いた　耳やっぱり駄目だ　右もおかしい　ちょっと待って切りかえてみる　何とか聞こえている　膜張ってあるから（左）　これがダメなら手術だって　暑さまったく感じない　あしたは児童健全育成会議　ｅｔｃ」

5分54秒話す

六月二十二日（火）

18：24　ＴＥＬ「もう事務所　会議は終わった　ボニーが解散なんてニュースが流れたって」「鹿島さんにも電話した　今グーグル不具合中だけどね」「まあ当たってるか　俺歌えな

いからな　吉田に頑張ってもらう」「吉田さんの声西脇さんに似ているものね」「そんなとこだ　すごいよ　一茶あそこまで書くんだから　**一茶って俺に似ている**　etc」　8分30秒話す

六月二十三日（水）　野田へ行った

17：51　TEL「俺も今帰った　事務所　みんな元気だった　清水さんに送ってもらった　etc」　5分18秒話す

六月二十四日（木）

時間？　M　血小板減少あり10万位治療薬キイトルーダ（ベムブロリズマブ）治療薬その他へ書いて　転んで肩痛い　一茶のチラシ来た

16：48　TELする「事務所　メールありがとう　俺が転んだ時と同じだ　俺も肩打った首今もまだ痛いかな

ワクチン行ってきます　etc」　6分30秒話す

17：00　TELする「打つ時　腕まげないで　だらっとおろして」「わかったありがとう」

六月二十五日（金）

18：34　TELする「きょうは　もう　うち　注射してきた　今何ともない」

六月二十六日（土）

17：00　TELする「どうした　練習終わった　歌はもうだめ　やっぱりうわーんとなる

耳は七月はじめ　ワクチンは何ともない　女房は腕が上がらなくて痛いと言っている　カロナール飲めって渡した　俺は痛くもかゆくもない　打ったのもわからなかった　血小板少ない　肺がんの話きちんとした　主治医に打っていいと言われましたか　と聞かれたので　是非打ってくださいと言われましたと言ったら　どうぞどうぞ　30分経過みてお帰りくださいだった　二十九日　詩吟入門する　ｅｔｃ」　8分18秒話す

六月二十七日（日）

16：51　ＴＥＬ「いやにあっさり切ったな　うち　ドアの外にいた　何ともない　今女房に補聴器借りてつけている　よく聞こえる　詩吟は青山　ｅｔｃ」

六月二十八日（月）

16：51　ＴＥＬする「事務所　女房の古い補聴器よく聞こえる　買うか　高いからなそっちはきょうどうだった　俺は元気だぞ　ｅｔｃ」　3分57秒話す

六月二十九日（火）

16：53　ＴＥＬ「**詩吟入門**してきた　30分だけど　できた　漢詩好きだし

頼山陽とか　今覚えていないな　上手いと褒められた　なにかやっていらっしゃいましたかと聞かれたから　琵琶を子どものころと　答えた

さっき熱っぽくて37度5分あった　はなみずがすごい

ＰＣＲどこで受けられるかな　ワクチンかな　相談どこですればいい？　相談センターの電

話番号教える　症状は何もない　ｅｔｃ」　８分23秒話す
17：28　ＴＥＬ「お風邪かもしれませんと言われた　今はなみず止まった　ぞくっとはする（薬探しして）カロナール　今持ってないよう　ｅｔｃ」　８分３秒話す（詩吟などで　動いたためか）
18：20　ＴＥＬ「熱下がってきた　今36度７分　ｅｔｃ」
六月三十日（水）
16：51　ＴＥＬする「こっちも同じだ　仕事ない　アルテリーベ四回やる　５時開場　すぐ食事　七月二十五日　八月三日　八月十五日　八月二十二日　言ったよ」「聞いていない日付は」「言ったよ　熱はない36度２分」
「タクシー予約　８００円もする」「安いよ　金沢は田舎なんだ　２５００円なら高いと言え　ｅｔｃ」　８分57秒話す
七月一日（木）
16：51　ＴＥＬする「うちにいる　すごい両足重い　あしたは事務所行く　チケット置いてあるから」
七月二日（金）
17：28　ＴＥＬ「電話遅いから　どうしてかなと思って　どうだった　きのういちにち休

んだからか　きょうは重い　コーヒー飲んで帰る　おとつい下痢した　ワカ末飲んで下痢は止まったけれど　腹重い　食欲ない　食べてるけど　あした行けるかな　ｅｔｃ」　４分30秒話す

19：10　ＴＥＬ「今うちへ帰ってきた　コーヒーは飲んできた（息切れしている）ｅｔｃ」　2分14秒話す

七月三日（土）

18：07　ＴＥＬする「今練習終わってバスの中　声枯れた　朝　がらがら押して羽田へ行き　ここまで来た　がらがらのおかげで歩けた　ｅｔｃ」　2分5秒話す

七月四日（日）　宮崎でコンサート

21：13　ＴＥＬ「今から電車に乗る　ｅｔｃ」

21：48　ＴＥＬ「今電車降りた　東中野駅　タクシーで帰る　歌えた　鹿島何も言わなかった　まだやれそう　今の補聴器でいい　ｅｔｃ」

★お土産買わない西脇さんが　宮崎で〝の〟の仲間に　お酒買って帰った　西脇さんと一緒に飲もうと　置いてあったけれど　訃報聞いて　皆さんで献杯偲んでくださったそう★

七月五日（月）
16：45　ＴＥＬする　「事務所にいるよ　出てくるのやっとだった」「ワクチンでくたばってる」「鬼のかく乱だな」「『満天の花』本になったよ　東京新聞に出ていた」「気づかなかったな　新聞探してみる　あしたは耳鼻科1時からだ　ｅｔｃ」　5分13秒話す
17：05　ＴＥＬする　「ファックスで（満天の花の記事）送った　ｅｔｃ」　1分50秒話す
七月六日（火）
17：21　ＴＥＬする　「ごめんごめん気づかなかった　うちでダウンしている　ｅｔｃ」
七日（水）には
16：47　ＴＥＬする　「事務所まで歩くのやっとだ　**もうだめだな**　食欲ない　きのうもご飯半分残した　九日だ（東邦は）耳鼻科は十二日手術するかもしれん　だからワクチン優先だ　働けいいことだ　ｅｔｃ」　5分33秒話す
八日（木）
16：50　ＴＥＬする　「身体が重くて歩けない　息が上がる　爪の色は赤いよ　白くないアルテリーベ　どうするか　連絡とれない　（アルテリーベの人）まだ来ていないみたいあしたは11時から　そのまえに血液検査など　ｅｔｃ」　3分37秒話す
七月九日（金）　東邦の日
17：33　ＴＥＬする　「ごめん病院なので切ってた　今病院（出川医院）出たところ　が

んの数値は上がってきている　症状はやはり貧血だって　待ち時間が長かった　抗がん剤してきた　出川医院今月で閉じるんだって　だからこれからは東邦の飯田先生のところへ通う便利　これから事務所へ行く　ｅｔｃ」　4分37秒話す

七月十日（土）

17：59　ＴＥＬ「また電話おかしかった　うちにいる　あしたは事務所に出る　宛名書きしなきゃ　ｅｔｃ」　1分41秒話す

七月十一日（日）

「うちで　どてっとしてる　行っても宛名書くくらいだし　いっぱい薬貰ってきた　ｅｔｃ」

七月十二日（月）

17：50　ＴＥＬする「あれ　定期便　そうかあしたかあさってか　働け　ヒトの役に立つ　足のことは　忘れろ　と言っても無理だろうけど　身体重い　アルテリーベ　全部キャンセル　一か月ずれる　むこうがダメだって　ｅｔｃ」　6分36秒話す

七月十三日（火）　耳の病院へ行った

18：27　ＴＥＬする「俺も今病院終わったところ　喫茶店の前（病院）待たされた　一番最後疲れた　来月手術するって　ｅｔｃ」

七月十四日（水）

17：59　ＴＥＬ（私タクシーの中）「フーフー言っている　爪はピンク　あかんべーは根来さんに診てもらったけど　わからないって　耳鼻科　良くなってきてはいるけれど十六日手術するって　聞こえるようになるって　東邦は二十日　ｅｔｃ」　4分30秒話す

18：45　ＴＥＬする「今食事に出た　中華に入った　そばが伸びる　ｅｔｃ」　1分24秒話す

七月十五日（木）

16：50　ＴＥＬする「うちにいる　あしたワクチンだから　おとなしくしている　ｅｔｃ」

七月十六日（金）

18：46　ＴＥＬする「ワクチンうってきた　貧血で動けない　足がだめ　タクシーで行ってタクシーで帰ってきた　もうだめかな　今のところ何ともない　うちでテレビみている　ｅｔｃ」

十七日（土）「くたばっている　死にそうだ　熱は少しある　ｅｔｃ」

十八日（日）「まだ死んでる　きのうよりひどい　ｅｔｃ」

十九日（月）「貧血で　喋るのも嫌　ｅｔｃ」「長内さんから電話あった　ｅｔｃ」

七月二十日（火）

18：17　ＴＥＬする「**もうだめだ**　電話に出るのに起きて二度もふらついた　起き上がると目の前が緑色になる　薬は全部やめた　ｅｔｃ」

18：40　ＴＥＬする「喋るのも面倒　出川先生が七月いっぱいはやっている　ｅｔｃ」

二十一日（水）「うちにいる　起きているよ　ご飯欲しくない　果物のゼリーとか　今娘に栄養ドリンク買いに行ってもらった　ｅｔｃ」

七月二十二日（木）

16：51　ＴＥＬする　「遠いところから走ってきたら息切れする」「遠いところってどこ？」「台所　だいぶ良くなってきた　ありがとよ　ｅｔｃ」

17：33　ＴＥＬ　「どうした」「電話してないよ」

七月二十三日（金）

16：49　ＴＥＬする　「ドボンとしている　起きているけどね　ｅｔｃ」

七月二十四日（土）

16：52　ＴＥＬする　「だめだ　**起き上がると頭がふわっとなる**　今栄養剤飲んだ　暑いとか感じないから　ｅｔｃ」

七月二十五日（日）

16：49　ＴＥＬする　「**胸が痛い　オプソ飲んでもいいかな**」「いいんじゃない　またあした松林先生に電話したら」「うん　そうする　ｅｔｃ」（結局　オプソ飲まなかったよう）

七月二十六日（月）

12：25　鹿島さんよりＴＥＬ　ＣＤ作った　重なりがあると思うけど　ｅｔｃ　17分49秒話す

16：53　鹿島さんへＴＥＬ　「ＣＤ着きました　爪色の雨　久しぶりに聴いた」「いいでしょ五十年代　六十年代のもの　西脇の声　絶品だろう　性格も良かった」「西脇さんもうダメみたい」「いつかこうなる　よくもったよ　仕方ない　アルテリーベも西脇が断ったんだと思う　ｅｔｃ」

16：48　ＴＥＬする　「寝てる　トイレは一人で行ける　飲み込めない　あした病院行かない台風来る　面倒くさい　どうでもいい　水飲んでる　どれが栄養剤かわからない　ｅｔｃ」

二十七日（火）には　「元気ない　寝ている　病院行く元気ない　あしたＰＣＲ検査行くかな「コロナじゃないよ」　そうか　疲れる　喋るのも疲れる　ｅｔｃ」　３分44秒話す

七月二十八日（水）

16：50　ＴＥＬする　「同じだよ　少しは歩いている　寝ていてもだるい　起きるのもひどい　ｅｔｃ」　２分45秒話す

七月二十九日（木）には「寝ている」の一言のみ

七月三十日（金）

18：26　ＴＥＬ　「**駄目だ　病院へ今から行く　歩けない**　土曜日だろう　ｅｔｃ」

18：35　ＴＥＬ　「あしただった　**かみさんついて来てくれなかったら頼む……**（電話切る力もないよう）（喀血かなり多く貧血すすんだか　抗がん剤の副作用　ワクチンの悪さがプラスかｅｔｃ）」

七月三十一日（土）

本日　入院されたよう　連絡はなし　私退院後初めて声を聞かなかった日

メールは　数回入れる

八月二日（月）

13：38　西脇さんより不在着信あり　私仕事中で気付かず

15：16　ＴＥＬ出ず　メール入れた　５時30分まで仕事と

16：13　ＴＥＬする　呼び出しに無言返事あり　11秒でこちらで切った

17：44　ＴＥＬ「……　やっと通じたー（嬉しそう）今アイスクリーム食べた　……　いいよわかっている」「大事なものない？」「うん　何も大事なもんなんかない　もうじきくたばるから　くたばる者に　大事なもんなんかない　……」　１分30秒　私タクシーの中で喋る

八月三日（火）

16：50　ＴＥＬする「どう」「だるいだるい　もうだるい　……　そっちはどうだｅｔｃ」

49秒話す　つらそう　輸血などしてもらったのか

「そっちはどうだ」の声はいつもの張りのある声だった　これが最後の声かな

八月四日（水）　メールは入れる　電話つながらず

五日（木）　電話つながらず　鹿島さん・西脇さんの奥さんと話す

六日（金）　連絡はとれず　携帯は本人もち　娘さんから「輸血で　Ｈｂ５から９まで上がった」とＴＥＬあり

七日（土）　連絡なし　メールいろいろ入れる

いつか言われましたね「先に逝くから　ゆっくり来い　待っているから　慌てて来るな」

「あなたは　身内だよ　とても大切な人だから身内だよ」

娘も「西脇さんはお母さんにとって大切な人　わかっているよって」

八月八日（日）

朝メール　昼電話しメッセージ入れた

16：38　ＴＥＬあり「今電話に気づいた　全然電話気づかなかった　良くならない　だるいもうじき逝く」「メール入れている」「俺が先に逝くんだから意味ないよ　電話なんて気づかない　一茶終わってからゆっくり来い」「病院替わることいろいろやっているみたい」「うん何かやっているみたい　わかっている　でも**行くところある**」「どこへ行くの」「**文字の中文字の中から見ているからな　いつも見ているからな**　ｅｔｃ」　２分10秒話す

18：44　ＴＥＬあり「あっやっとかかった　順番がめちゃくちゃになっていた　……がやったんだ」「そんなことないよ」「いや順番なんだ　きちんとしてあったんだから」「ゆっくり眠って」「いや寝すぎなんだ　ｅｔｃ」　１分33秒話す

20：43　ＴＥＬあり「どうした　今電話あった　またある誰だ　いいや　面倒くさい　大

丈夫じゃねえよ　根来さん　電話わかる今面倒　病気のことはあなたに頼んだからな」「松林先生に頼んでよ」「松林先生に頼んであるよ」「先生から何も言ってこないよ」「また言ううんそろそろ寝る　etc」　2分34秒話す

八月九日（月）

14：04　TELあり　「事務所出ない」「はたびだよ」「あ　そうか　etc」　2分30秒話す

16：33　TELあり　「眠い　今輸血と抗がん剤している　点滴？　よくわからん　毎日抗がん剤しているよ（？？？　点滴（輸液のみ）と抗がん剤の区別ついていないよう　いつも抗がん剤を点滴でいれていたから）　etc」　2分35秒話す

八月十日（火）

「俺にだけ泣け　他人に泣くな」　俺　いなくなったら　どうするの

「バカやろ　ひとりで耐えろ　俺もそうだから」か

18：45　TELあり　「きょう耳鼻科行ったここの　飲み込めない　えんか」「違う　嚥下えんげ」（手下のこと　てか　と読むものね）「そうか嚥下　えんげか　夕めしは食べたよ　水分も危うい　心配しなくていいよ　もう　連絡がチカチカ入っていた　携帯使えないよ（ま遊んで）そうする（今日声元気　輸血の影響か）　etc」　2分41秒話す

＊　＊　＊

八月十一日（水）

18：46　TELあり「夕めし飲み込めた　半分くらい食べた　咽喉科も原因わからないって　頭行ってるかもな　いいよ　先生も輸血しなきゃって考えていたみたい　いいよ　行くところはある　文字の中にいる　そっちの書いた一茶の中にいる　だから書いてもらったんだよう　一茶はよかったな　笑わせたり泣かせたり　一茶って俺と同じだ　いや違う俺が一茶と同じか　芭蕉なんか五千句くらい　一茶は二万五千だろ　句の形式にとらわれないところがいい　堺の商人みたいだ　一茶は本当によく書けている　いいよ　俺が書けって言った人　いいだろう　本当に　いいだろう

俺の書評　出版社と同じだろう……　額田と一茶は抜群だ……」

「西脇さんに　褒めてもらえればそれでいいよ」

「いつも文字の中にいるからな　文字の中で見ているからな……そうだあなたの書いた一茶の文字の中に俺はいるからな　俺に逢いたかったら　あなたの書いた一茶を読め……ゆっくり来いよ　またあっちで一茶の話をしよう」

「また電話ちょうだい　夕食後でいいよ」

「わかったよ　そっちも気をつけろ　そっちも気をつけるんだぞ　本当に気をつけろ」

etc　6分24秒話す　久しぶりの西脇調だった　これが最後の会話になった

（松林先生によると　このあとから誤嚥性肺炎増悪（八月十日十一日食べたものね　仕方ない）
高熱出したり　平熱になったり　意識も上下したよう　でも苦しそうではありませんでしたよ
意識のしっかりしている時もありました）

八月十二日（木）　十三日（金）
中城先生の電話に午後4時ごろ出たよう　「今病院出たところ」とか　おそらく　意識障害の状態か
八月十四日（土）
昼過ぎ娘さんに電話　「昨日父には会えず　ＩＶＨするとか話ありました」
八月十五日（日）
しばらく　メール入れていたが
娘が「西脇さんはお母さんにとって大切な人　わかっているよ　電話通じないなら　手紙書きなよ」って

八月二十日（金）
留守電へ　きょう松林先生から電話もらった　いろいろ話した　頑張るの？　どうするの？
やっぱり私は生きていてほしい　私も生きるから

寂しくないですか　看護師さんと話している？
西脇さんの娘さんからＴＥＬあり「転院なし　状態悪い　肺内出血　喀血」
八月二十三日～
西脇さんへ手紙　始める　三十日まで　毎日　一回三～四行の手紙

ヤマトタケル　篠笛
「長崎の花」「ニコライの鐘」の西脇さんの好きなフレーズ
うしろから大寒小寒夜寒かな　露の世は得心ながらさりながら
働け！　言われた通り働いている　若い女の子に「先生格好いい」って
追伸１　アルテリーべの　西脇久夫の芸術聴きたかったね

思い出はララバイ
向島夕立荘に出てくる「酉の市」は淋しいけど　花園神社はにぎやかだったね　隅田川の川べり通って通っている
思い出す隅田川の川のぼり　吾妻橋まで（乗船券まだ持っている）富岡八幡宮　根津神社
早稲田大学　都電　神田明神　そしてシャーウッド　ちいさなちいさな水たまり　山田久延彦の古事記

熟田津に　船乗りせむと月待てば　潮もかなひぬ　今は漕ぎ出でな
イソベ（磯部俶）先生「長崎の雨」「長崎の花」　コンケン先生の数学　ハッポウヤ先生のお
坊ちゃま　志賀先生の三年五組

八月二十九日には
岩倉実相院　紅葉の下の　立ち姿　　かなり寒かったのにネ
八月三十日に投函予定で書いたが
夜中書き直し投函　**ボニージャックス　西脇久夫　歌いきったね**　に変更
（間に合わなかった）

八月二十七日（金）
松林先生に電話
手紙　読んでもらって欲しい「最期まで　見事な人生だったよ　あらためて尊敬するよ」っ
て託した
八月二十八日（土）
松林先生に手紙出す
玉田さんへ　ＴＥＬ「西脇にとっても　ボニーにとっても　こんな形になってから　きちん

と応援してくれた　力になったよ　　西脇は最後にいい人にめぐり逢えたと思っている　理解してくれる　頼りになる　彼を支えてくれたと思っている　本当に彼がうらやましい　いい人に巡り逢えて　彼感謝していると思うよ　本当に」等言ってもらい　嬉しかったよ西脇さんいい人たちだよ

八月二十九日（日）
きょうは午後から寂しくて寂しくて　いても立ってもいられず　吉岡さんにＴＥＬ
八月三十日（月）
松林先生から連絡
8時50分　永眠されました　死亡確認しましたと　お手紙少し読まれたようですよと
泣けなかった　おかしな気分　昨日のあの異様な寂しさは西脇さん一応この世でのお別れに来てくれたのかな

次朗で飲んだのが　生ビール飲みの最後だったね
五月二十九日「の」でカレー食べて　コーヒー飲んで　事務所で話して
19：00　帰ることに　西脇さんは「俺もう少し事務所にいる」　この日は　私の腕をぐいっと握り　ＯＩマンション前から道路横断　タクシーに乗り込むまで　私の腕放さなかった　「ま

たね」「ああ」 最後の対面会話
何か二人の世界ゆっくり書くね
「雪の降る街を」最近歌わなかったね シャーウッドから電話もらった時 「東京雪だ シャーウッドの窓から見ている 雪の降る街を ガンガン歌ったよ」って 言ってたね 嬉しかった
このころはよく歌っていたものね
西脇さん いつか言ってたね 『雪の降る街を』を聴いて 感激 こんな曲作りたいと思った
そして『こぶしの花』を書いた

西脇さんへ
あなたも紫式部と同じ算用にたけていて 清少納言のように言葉を大切にしていた 詩の一句一句を大切に読みとり歌う 時にはより適切な言葉に修正 偉大な歌い手 作詞家 訳詞家（かえで チェルミシーナ 面影など）作曲家 編曲家 そして詩人
人の心の底の寂しさを とらえ表現する 詩人＆歌い手でした
歴史 読んだ本 世の出来事 漢字ｅｔｃ 常に鋭い洞察力 推理力 記憶力 すごい企画力
空間認識力 すごさ書ききれない 深い深い人

西脇さん　素晴らしい生き方教えてくださってありがとう
文字の中で逢えるかな　心の中には西脇さんいつもいます
時折西脇さん助けてって叫んでいるんだからね　助けてよ
これからも支えて歩いてよ

西脇さんへ　ありがとう
いつかはみんな消えるのだから　恨んだ人も　親しくしていた人も
人生は一瞬の夢　その中で出逢えてよかった
たくさんのお喋りありがとう
書かせてくれてありがとう
生ビール教えてくれてありがとう

最終章　西脇久夫の世界　～生ビールの向こう　思い出がよみがえる～

(一) 西脇久夫の世界　ヤマトタケル

平成二十四年十一月十一日　DDB後の楽屋に
ファンの方からボニーさんへと　係の人が　一冊の本を持ってきた
『ちいさなちいさな水たまり』
タイトルは　子供っぽい　なんて思ったが　作者は先に『見果てぬ夢』を刊行した人　名前女
だが男だ　と思った奴　今度は何を書いてきたか
十三日　まあ読むか　ページ開いて　唖然　すげぇこれ　やっぱり男だ
読み終えて　すぐ返事書いた　書かずにはいられなかった

ちいさなちいさな水たまり　今日読みました　宇宙の創生から地球そうしてホモサピエンスまで何と壮大なスケールでしょう。一三七億年の歩みを考えてみたら我々の営みなど

は？　と思います。でもこんな世界でもいゝものですね　音楽はいつ頃からあったのでしょう

ボニージャックス　西脇久夫

地球規模　宇宙規模の歴史が描かれている　俺の構想したヤマトタケルと同じ　構想がそこにあった　彼女は「オラトリオ　ヤマトタケル」なんて知らないのだが　彼女に言った
「古事記を読んで　ぜひ　読んで」「山田久延彦の古事記を」
彼女　ハァ？　ポカーン
今　考えると　生ビールお喋りの火蓋が切られた瞬間

その本は
平成元年に　オラトリオ　ヤマトタケル　企画構成し　実現できた思い出をよみがえらせた
あの時のこと　苦労　喜び等々を　鮮やかによみがえらせてくれた
幼いころから感じていた　神社の鳥居をくぐると　空気が変わる　なぜ？
そんな神社で眺めていた　蟻地獄　これがウスバカゲロウになる？　不思議
幼いころ親しんだ本『海彦山彦　ヤマトタケル　一寸法師　カチカチ山　桃太郎　孫悟空　孝

女白菊……』などの話の中で
ヤマトタケルの　勇気のある雄々しい生涯に　孝女白菊の美しさに　憧れた
やがて　ヤマトタケルが　古事記に出てくる英雄と知る
そして　いつしか古事記という世界にのめりこんでいった
宇宙創世の歴史　地球が誕生し　次々と姿を現す星々　その壮大な時の流れを　非常に美しく
描き出している　日本独自の神話　古事記
これをそのまま音楽にできたら　なんてことも考えるように
そのまま月日は　流れ……

ボニージャックスを結成し　音楽を仕事とし始めて……
音楽に携わる者が　役に立つには　……　何かできないか
ボニージャックスは　結成当時より　アマチュア合唱団との共演を積極的にやっている　そ
の合唱団と何かできないか
いつのころからか　それは「第九のような　いや第九を超える　日本人の手による日本人の
ための合唱曲をつくりたいなあ」という夢になっていた
「日本人一人一人が心の底から共感しつつ歌える合唱曲」
しかも「壮大なスケールとストーリーを持ち　日本の音楽文化の財産として誇れる作品」

「いつまでも歌い継がれる曲」
一番の夢は「多くのアマチュア合唱団と共感を分かち合いつつ共演すること」

そんなころ　そう
昭和五十五、六年ごろか　山田久延彦の古事記に出会った　俺の第六感　これだ　やはり古事記だ
山田久延彦は数学者だ　終わりの方は数式が並んでいる　神々が地球外からからやってきた距離と時間を　表現している数式　壮大な宇宙の創造と地球　と人の誕生を表す数式が　並んでいる　　浮き浮きした
古事記には　宇宙創世から始まる壮大な物語がある
でも　音楽にするには　メロディで表せても　詩・物とか言葉
歌詞になるところは？　古事記を再び読み込んで読み込んで
やはり　ヤマトタケルだ
「倭(やまと)は国のまほろば　たたなづく青垣　山隠(やまこも)れる　倭しうるわし」と思国歌(くにしのびうた)を詠み　白鳥になり空の彼方に翔び去る　ヤマトタケル
このヤマトタケルを語った部分は　いつ読んでも心を揺さぶられる
古事記の著者は　素晴らしい抒情性で　人間の偉大さと愚かさを　この悲劇の英雄で語り得て

いる　そう
ヤマトタケルのくだりには　人間の愛憎や苦悩　体制と人間の対立など　私たちが生きていく上での永遠のテーマが　人間味あふれる要素が　たくさん含まれている
ヤマトタケルは幼いころからのあこがれの人
ヤマトタケルで　やりたい
でも　ヤマトタケルの姿を借りて表現しようとするものは　単に彼一個人の生涯ではなく　もっとスケールの大きい　地球規模　宇宙規模の歴史
この神話を音楽に描き得るには　具体的にそれをどう描くか　描き得たら……その興奮は……眠れない夜を幾度過ごしたことか
『オラトリオ』という形で　宇宙創造の壮大さ　細やかな人間の情念を語る物語古事記を描く
みんなで歌い　踊り　共感し　共鳴し
〝共鳴体〟をどんどん増やしていくような形をとって
オリジナルの曲で　コーラスも観客もなまじっかの数ではなく　演奏は二つのオーケストラによる競演
かなり具体的に　この構想を持って　なかにし礼さんにぶっつけた　なかにし礼さんは　面白い企画だ　ぜひやろう　即賛同してくれた　……　夢は二人の中で　とめどもなく膨らみどんどん　具体的になっていく　作曲は三枝成彰氏に頼もう

次にぶっつける相手は　仲間ボニージャックス
ボニージャックスの結成30周年の記念イベントの企画会議の最中　「我々は歌い手　ヒットソング作りやいろいろな歌をレコードとして残していく作業は当たり前　でも　何か夢みたいなことをやりたいなあ」と言い出し
「なあ　実は古事記をテーマにベートーヴェンの第九のような形式でオラトリオを作ってみたいんだが……」と恐る恐る提案してみた「それをボニージャックスの結成30周年記念で大コーラスをバックにしてさ　僕がヤマトタケルで君が熊襲タケル……一人ずつになってソロを受け持ってやるっていうのはどうだい？」
「冗談じゃないよ　我々はコーラスだよ　ソロで30周年を迎えるなんて嫌だよ」
「大がかりすぎるよ」
「なにっ　ヤマトタケルが主人公だ？　戦争を体験した人はきっと嫌がるぜ」
あんのじょうたちまちにして反対の声が上がった　三対一　しかし　多数決かならずしも正ならず　いまに見ておれ
数日後の会議室でまたカンカンガクガクの議論が始まった「オラトリオならさ　阿倍仲麻呂をテーマにした方がいいよ　彼はやはり時代のかくれた文化的な英雄だから地味なボニージャックスに似合うよ」
「いや　人間誕生というテーマはどうだい　結婚して妊娠して子供が生まれるまでの母親の心

を語るのはどうだ……」
四人というのは数が悪いなぁ　こういうときは　つくづくそう思う
「実はもうヤマトタケルに決めてしまって作家のなかにし礼氏に依頼してしまったよ」　……
「あっそう　それならそれでいいよ」
あっさりＯＫが出た　何だそれなら　始めから議論なんかするなよ　まったく
さあ　それから　俺の東奔西走が始まった　作曲は三枝成彰氏
会場は国技館
コーラスは五千人　オーケストラ二つ　舞踏団二つ　和楽器集団　渦巻く照明
特別出演　市川猿之助丈が白鳥になり宙乗り……と事は一気に進むことに

昭和六十三年
四月
東京電力　ボニージャックスの企画案を検討
「アマチュア合唱団の活動支援　その力添えをいただき新しい文化を想像する」という趣旨に
賛同　　実現へ向けての取り組みが始まる
五月

東京電力が「ＴＥＰＣＯ・一万人コンサート」として主催を決定　一万人コンサートの前段としてアマチュア合唱団との共演による「ＴＥＰＣＯふれあいツアーコンサート」の開催も決まる「ふれあいツアーコンサート」を関東各地で展開し　そこで交流の生まれた合唱団に「一万人コンサート」参加を呼びかける　という骨子がまとまる

六月

東京電力内に運営事務局開設　以降　実施に向けての具体的作業が急ピッチで進む　俺西脇久夫　総プロデュースの立場から　なかにし礼氏に作・構成・総演出を　三枝成彰氏に作曲・音楽監督を正式依頼

七月

なかにし礼氏　壮大な台本を完成　作品は音楽のジャンルを超えた構成となっていた　二つのオーケストラと五千人のコーラスが「ヤマト」「荒ぶる神」側に分かれてせめぎあうスケールの大きさが周囲を圧倒する

『オラトリオという形式を選んだのは、老若男女、さまざまな日本人よる大合唱によって歌われた「言霊（ことだま）」が渦を巻き、竜巻の如き炎（ほむら）となって燃え上がることを願ったからです』（なかにし氏、初演プログラムより）

十月

茨城県日立市を皮切りに「ＴＥＰＣＯふれあいツアーコンサート」始まる　初回のツアーは平

成元年一月まで関東九カ所で開催　ここで出演した合唱団を中心に「オラトリオ　ヤマトタケル」を歌う大合唱団が形作られていく

平成元年

二月

三枝成彰氏　オーケストレーションを完成　五線紙は全90段　スコアの総重量20kg　演奏時間は2時間を超える作品に仕上がった

『ヤマトタケルが悩み、苦しみ、戦いながら生を積み重ねたように、私もまた一つひとつの音を積み重ねました。人間の悲しさや性（さが）をメロディアスな曲想で表現することに努めました』

（三枝氏、初演プログラムより）

なかにし礼氏　サブタイトルを「愛と平和への出発（たびだち）」とする　愛と平和こそ人類永遠のテーマ

この作品に携わるすべての人々の願いが　サブタイトルとして浮き彫りにされた

三月に入り

各地でアマチュア合唱団の練習会が行われる　「ヤマトタケル」がそのメロディーを響かせはじめる

三月二十三日
都内のホテルにて「オラトリオ　ヤマトタケル　～愛と平和への出発（たびだち）」完成の記者発表
四月十三日
六本木のスタジオにてソリストのリハーサル（本読み）が行われる　オーケストラと舞踏のリハーサルは　郊外のホールを借り切って四月十五日から連日三日間行われた
四月二十四日
国技館で設営始まる　巨大な舞台　大規模な音響・照明装置など　搬入だけでも毎日延べ三百人が三日間を要した

四月二十八日　10時30分
総合リハーサル開始　ソリスト　指揮　合唱指揮　オーケストラ　各楽器演奏者　舞踏　音響照明……　そして関東各地から集まった合唱団が一つになり　まだ　誰も経験したことのない大曲に挑む
同日
平成元年四月二十八日　15時
初演の幕が上がる

華麗に彩られる照明の　大ステージに　響き渡る
ボニージャックスとオペラ歌手たちの歌声　五千人の大コーラス
二つの交響楽団　和楽器群　二つの舞踏団の舞踊　演技が始まる

おそらく最初は誰も　こんな巨大なことが実際にできるとは思っていなかっただろう　俺自身ですら　企画書を書いて出す時に　このアイディアと規模のままでは　とてもOKは出ないだろうと思っていたのだから
だから当日は本当のところ　企画・発想をした俺がいちばんドキドキしていたと思う　五千人のコーラスは集まり　二つのオーケストラが揃い　照明　音響　舞台と準備はできても　実際に歌わないとそれも五千人のコーラスがオーケストラと合わせて歌えなければ作品にはならない　実際問題として　五千人の合唱団を集めて練習できる場所はないから　ほとんどぶっつけ本番でいくしかなかった　俺も一人の歌い手として舞台に立っていたので　あるところからは「もうまかせた」という気持ちになっていた
俺自身　舞台の上では特別緊張もしないで　いつものステージと変わりなかったけれど　共演者がたくさんいたことで　感動の大きさは違った　なにか巨大なものが動いていく実感があった
ステージの上でも　同じことが起こっていた　俺が立って歌っている前で　モダンダンスの

小池幸子舞踏団と　舞踏の磨赤児・大駱駝艦が一緒に踊っている　それを後ろから見ていて
「あっ　この二つの集団は〝共感〟してるな」
踊りのタイプも全く違うし　いままで共演したこともない二つのグループが
イメージをひとつにして　しっかり合致して踊っている　「踊りでも同じだな」
共感はみな同じ
そして
『愛と平和への出発（たびだち）』の大コーラスに乗り　猿之助さんのヤマトタケルの白鳥が　空に舞い翔びたつ　歌声は響く
オーケストラの　最後の音が鳴り終わったときは　ただ　涙　涙　やり終えた　成功した
ありがとう　ありがとう　共感ありがとう
コンサート終了後数日して　合唱団の方から　こんなお手紙を頂戴した
「拝啓ヤマトタケル様。私はこのコンサートに出演させていただいた主婦です。最終章を歌い終わったとき涙がこぼれてとまりませんでした。見ると私の回りの人も皆涙していました。私たちは本当にこんな大きな曲を歌ったのです。私はこのコンサートのことを一生忘れません。そして貴方様のことを一生忘れません。」

プロデュースというのは楽しいなあ　夢が実現するんだものなあ

(二) 俺の人生最期　冬一番

去夏風　来秋風

暑い夏風　去っていく

秋の風
最高にちかい　青い空
草むらに　忘れずに咲く　彼岸花
中天　上弦の月

秋の風
すじ雲流れる　青い空
草むらで　忘れず合唱　秋の虫
中天　まん丸い月

冬一番

強い北風　寒い朝
空は晴れたり　曇ったり
極めつけ
たたきつける
横殴りの　あられ
今　冬が　やってきた

強い北風　寒い朝
雪　止むこと忘れ　降り続く
極めつけ
たたきつける　横殴りの　吹雪
今　冬が　居座った

今　俺の人生終わり　冬が居座った

でも楽しもう　生ビール飲みながら

（三）生ビールの向こう　思い出がよみがえる

琥珀色の生ビール　大好きなハーフ＆ハーフ
その向こう
聞こえてくる　四季の音
みえてくる　四季の色
聞こえてくる　みえてくる
昔々が　大切な思い出が
あっという間の人生が

【不思議な世界】

居眠りしながら聞いた　旧約聖書　般若心経
選ばれた人って何だろう
神・仏って何だろう

不思議　いっぱい　いっぱい
一人　考え　過ごした時間

鳥居をくぐると感じる　変わる空気　不思議
その空気の変わる　神社で
一人　眺めていた　蟻地獄
これが　あのウスバカゲロウになるの
不思議　感じながら
一人　神社で過ごした時間

【星とおしゃべり】

少年とよばれたころ

満天の星
大屋根の上で

あたたかさ残る　瓦の上
希望や喜び　時に泣き言
星にくるまれ　おしゃべりした
暑い夏の夜

布団をかぶって　瓦の上
希望や喜び　ときに泣き言
星にくるまれ　おしゃべりした
寒い冬の夜

泣きながらのぼる　瓦の上
宇宙を感じ　ちっぽけだな
落ちたぐらいで　泣くなんて
私立不合格の日

今も
満天の星　大屋根の上に

【希望凧に乗せて】

あれは　思い出　少年の
心はずむ　ひと時

大きな　ぶんぶん四角凧
抱えて登る　大屋根の上
少年の世界　大屋根の上

瓦を踏みしめ　走る走る
凧は　ぶんぶん声上げて
空へ　揚がる
一生懸命付けた
三本の　長い長い脚　なびかせて

息　弾ませる　少年の
手に伝わるのは　凧の声

長い脚　ありがとう　泳ぎやすいよありがとう

ぶんぶん声は　彼方に消えて
凧は　泳ぐ　大空を
冬の青空　北風の中を

息　弾ませて　見上げる少年の
凧と脚に　託した希望
大空に　舞う
冬の青空　北風の中を舞う
手元の糸のかなた　ぶんぶんぶん　舞う希望

大屋根も　思い出す
少年の脚の強い力　弾む息
凧を揚げる　少年の笑顔を
冬の青い空　北風の中
思い出す　凧と希望を　揚げていた少年を

今も舞う
少年の希望　大空に
冬の青空　北風の中を

【大屋根と少年】

昔　昔　ある少年は
嬉しかったとき　悔しかったとき
悲しいとき　寂しいとき
大屋根と
星を眺めて　話をした

「あのね　大きくなったらね」
希望と夢を
大屋根に
星を眺めて　話をした

ある日　大屋根に
大きな高い波　押し寄せる
負けるものか
大屋根は　踏ん張った

押し寄せる　水の壁　少年が浮かぶ
「負けるな　負けるな　負けないで」
叫んでいる

負けなかったさ　流されなかったさ
昔　昔　のように
星を眺めて　話がしたい　少年と
ただ　それだけさ　それだけで頑張った

星空の下　静かに波打つ海を
時にはあれ荒ぶ　海を

少年は
夢と希望を乗せて　走っている
懸命に
そして　それは
大屋根の夢と希望

【麦わら帽子】

麦わら帽子が　走っている
暑い陽射しの　真ん中を
蝉の声　追いかけながら
麦わら帽子が　やってきた
暑い夏が　連れてきた

麦わら帽子が　笑っている
タモの中には　オニヤンマ
蝶々を　追いかけながら

麦わら帽子が　手をふって
暑い夏に　こんにちは

蝉の鳴き声　いつしか消えて
空はとっても　高くなり
蝶々トンボ　追いかけた
麦わら帽子よ　さようなら
来年の夏　会えるかな

麦わら帽子の　少年に
来年の夏　会えるかな
長いようで　短かった夏休み
あっという間の　ことでした

【マイナス六度】

マイナス六度の　その朝は
少年の心　おどらせる
凍った池が　待っている
少年のすべり　待っている

マイナス六度の　その朝は
凍った池に　跳む声
心跳ませ　少年は
すべる　池の面　ひたすらに

マイナス六度の　その朝は
凍った池は　知っていた
ひたすらすべる　その心
少年の心　その夢を

【四年三組集合】

昭和二〇年　ある小学校　四年三組だった人たちへ

戦争中　小学生は　田植え仕事
「四年三組　集合！　今日は　佐藤さんちの田んぼだぞ」
「わっ！　しめた　授業ないぞ　どろんこ遊びだ」
「いやだなあ　田んぼなんて　どろんこなんて　だって俺お坊ちゃま」

田んぼの前　四年三組　五〇人　一列横隊
苗の束　持って　泥の中へ
お坊ちゃま　恐る恐る　足を入れる　ゴボッ
あっ　ゲンゴロウ　いっぱいいる　ゲンゴロウだ
一直線に張られた　紐　ほとんど無視
ゲンゴロウ　捕まえに夢中　泥も何もかも忘れ

ビリだったけれど　田植えはした
田植えは　戦中　稲刈り戦後

【三年五組　集合】

塩竈市立第三中学　志賀先生に捧ぐ

仕事が終わり
琥珀色の　生ビール　その向こう
懐かしい　声が響く

「四限目社会　三年五組　弁当とシャベル持って　集合」

四限目社会の日
五限六限　数学英語は　お休みだ
弁当と小さなシャベルと刷毛持って　歩く
少年少女　ふるさと探し　探検隊

歓声が響く　海に山に
大小の土器　顔を出すとき

少年少女の　ふるさと東北は
少年少女の　ふるさと縄文が
海に山に　眠っている

少年少女の　ふるさと縄文に
生きた人々　その暮らし
海に山に　眠っている

少年は　砂土に　呼びかける
出てきて　出てきて　縄文の人
話をしようよ　話をしよう

大きな土器が　顔を出す
きれいな網目模様　そのままに
少年の心　はちきれそう
大きな歓声　海に山に響く

仕事が終わって
琥珀色の　生ビール　その向こう
懐かしさが　よみがえる
「三年五組　弁当持って　集合」
あの美しい土器たち　今どこに

終わりに

令和になり　また　何か大きなことやりたいな
ガキ友に　そんな話したが
実行に移そうとしたとき　それはつぶされ　俺ももうくたばった
ガキ友に「できなかったごめんな　見てほしかったが」
「いいよ
『オラトリオ　ヤマトタケル』何度も　ＤＶＤで観劇し　感激したから　これやって　もうい
つ死んでもいいと思ったんでしょ」と言ってくれた
そうだね
ヤマトタケルは　いろんなレベルで　いろんな形のコミュニケーションのあやがうまく絡み
合って　大きなステージがうまくいった
そして　そこに日本人のアニミズムを見た気がする　日本人には何も信じるものがないとか
神様なんかなんとも思ってないとか言うけれど　そんなことはない　『古事記』を読んでいて

もそれは感じていた　それぞれがいろんな神様を信じている　それが川の神様だったり　海の神様だったり　山の神様だったり　人によって神様が違うというだけ

オラトリオとは　宗教を題材に合唱やオーケストラによって演奏するものを指すが　『ヤマトタケル』の場合は　それぞれが自分の神様を持って集まってその神様に向かって歌っているような気がした　神様は一人ではないけれど　神様を思う心は一つ　歌っている人も　演奏している人も　踊っている人もたぶん同じで　日本人はそういうことが自然にできる民族なんだとステージの上で身をもって体験した

思えば

作家のなかにし礼さんと　オラトリオ制作の話がまとまり　夢が一歩現実に近づき　作曲家の三枝茂彰氏も加わってくれた　そしてこの企画を協力　支援してくださったのは「東京電力」　この夢に夢を与えて下さったのは一緒に歌ってくださる五千人のアマチュア合唱団の皆さん

いつの間にか夢がもう夢ではなくなった　ソリストとして参加下さった深緑夏代さん　島田裕子さん　特別出演下さった市川猿之助丈は空を翔び　雄々しくも寂しい白鳥の舞を見せて下さった　すばらしいポスターデザインをして下さった横尾忠則さん　衣装デザインのコシノ・ジュンコさん　監修してくださった梅原猛先生　指揮の提俊作さん　大友直人さん　合唱団を懸命に指導して下さった日本合唱指揮者協会の先生方　そして数え切れないくらいの大勢の

方々のご協力を得て　オラトリオ「ヤマトタケル――愛と平和への出発（たびだち）――」は　現実のものとなって動いた
感謝　感謝　感謝!!　　皆さんに感謝　感謝　感謝

西脇さん言っていました
令和元年　大阪で行われた「この間の『オラトリオ　ヤマトタケル』観て三枝が褒めてくれた　この歳になって褒められた」「西脇さんのテノール　ヤマトタケルの情感　改めて　すごい素晴らしいと感じた」と　嬉しそうに　生ビール飲みながら　可愛い笑顔で　言っていた
三枝さん　ありがとう　褒めてくださって　ありがとう
いつまで生きられるのか　不安真っ只中だったから

　ガキ友へ
一杯にしたもののない人生だったけれど
歌手だけでもなし　作曲家でもなし　編曲家でもなし
ヤマトタケルにまで　手を出した
俺の三井入社の時の論文　ガキ友に読ませたいが　……
でもでも　まあまあかな　　俺のやったことは

『オラトリオ　ヤマトタケル』『綾の会』のプロデュース
『多くの歌唱』『車椅子のお喋り』『作曲　編曲　訳詩』
『磯部俶先生への恩返し　歌碑建設』等々
そして
合唱は楽しかったよ　美しいハーモニーで心が触れ合うんだもの
プロデュースというのは楽しかったよ　夢が実現するんだもの

人生の終わり　冬が居座っちゃったけれど
生ビール飲みながら　楽しかった思い出の中に遊び
俺は俺を見つけた　一茶の中に俺を見つけた
ガキ友の書いた一茶は　俺そのものだった
ありがとう　俺を見つけてくれて

あとがき

西脇さんとの　たくさんのお喋りの中から
「ひとつひとつ始まって　終わるんだけれど　終わったんだな　何だったんかなって　いろいろ感じるね……」
「いいと思ってやったつもりが　悪い方にとられることよくあるな」
寂しそうにつぶやいたり

「俺　もういいんだ　いつ死んでも　いいんだ　ヤマトタケル　やれたから」
そして
令和二年　大阪での劇団四季のヤマトタケル公演のあと「この年になって褒められた　三枝に褒められた　昔の　西脇さんのヤマトタケルとてもいい……　情感が素晴らしいって」　少年の笑顔で嬉しそうに
令和二年　いつだったかな「俺は　ボニーのためだけにやってきたけど　一人のショー　一度だけやりたい　藤山一郎特集で」　事務所で藤山一郎歌っていたね　長崎シリーズ（長崎の雨

長崎の鐘　長崎の花（歌は越路吹雪さんだが）　ニコライの鐘　など　繰り返し繰り返し　西
脇さん長崎の花に大好きなフレーズがある（本文）　実現はしなかった　残念　寂しいね

「きょう何していた？　コメントされた　やっぱり癌だって」淡々と……
「ポチッと赤いもの痰に混じる」
やがて
「血痰　多い　だんだんすごくなる」「ガバっと血痰出た」「先生どこか切れているんでしょ
だって　それぐらい俺にだってわかる」
「もうじきくたばる」「断末魔の痛みだった」など　言いながらも
「七月八月　一週間ごとにアルテリーべでコンサートやる」と
（コロナで先に中止になったけれど）
「生きるだけ生きる　それしかないだろう」

耳が聞こえなくなった時は　やけ酒飲みました　生ビール　ギネスで
令和二年の秋に「放射線の若いのに言われた　余命が見えます」
「俺の生きている間に　一茶仕上げろよ」
『斜め読み小林一茶』は七月刊行するから「七月までのばしてって言ってね」と言っていたが

令和三年には「桜の散るころまでだって　七月までのばしてくれって言ったよ」
　　刊行された『斜め読み小林一茶』読めたね
そして
二〇二一年八月十一日（水）18時46分電話あり（最後の会話になりました　抜粋）
「夕めし　飲み込めた　半分くらい食べた……行くところはある　文字の中だから書いても
らったんだよ　一茶はよかったな　笑わせたり　泣かせたり　一茶は本当によく書けている
一茶は俺だ　俺と同じだ　いや俺が一茶と同じか……　俺が書けって言った人　いいだろう
本当にいいだろう　俺の書評　出版社と同じだろう……　額田と一茶は抜群だ　いつも文
字の中にいるからな　文字の中で見ているからな……そうだ　あなたの書いた一茶の文字の中
に俺はいる　俺に逢いたかったら一茶を読め……あなたの書いた一茶を読め　ゆっくり来
いよ　またあっちで一茶の話をしよう」
最後に「そっちも気をつけろ　そっちも気をつけるんだぞ　本当に気をつけろ」（私がよく転
ぶから）三回繰り返して　電話は切れた　いつもの西脇調でのお喋り　6分24秒
そして　ボニージャックス西脇久夫は生ききりました
ボニージャックス西脇久夫は　生ききった　歌いきった　本当に生ききった　……

「ガキ友に勝るものはない」
「70％の本音喋ったからね　これだけ本音喋った人いないからね　ありがとう」
とも言ってくれた　こちらこそありがとう　私が歩けなくなった時　毎日電話くれて　叱って
くれ　励ましてくれ　ありがとう

あらためて　西脇さんへ
見事に歌いきり　生ききったね
紫式部と同じ算用にたけ　清少納言のように言葉を大切にしていた　詩の一句一句を大切に読
みとり歌う　曲をつける　時にはより適切な言葉に修正し　偉大な歌い手　作詩家　訳詩家
（かえで　チェルミシーナ　面影など）作曲家　編曲家　プロデューサー　そして詩人
人の心の底の寂しさを　とらえ表現する　詩人だったね　深い深い大きな詩人

その人生　ボニージャックスのためのものでした
まさに　ボニージャックス西脇久夫

藤田　恭子

参考資料

★TEPCOふれあいツアーコンサート
TEPCO・一万人のコンサート　オラトリオ　ヤマトタケル
—愛と平和への出発(たびだち)—
THE ALBUM
平成二年　四月　東京電力

★TEPCO一万人のコンサート4th　オラトリオ　ヤマトタケル
—愛と平和への出発(たびだち)—
平成三年　東京電力

★TEPCO・一万人のコンサート7th　オラトリオ　ヤマトタケル
—愛と平和への出発(たびだち)—
平成七年四月　東京電力株式会社
TEPCO一万人のコンサート事務局

★TEPCO一万人のコンサート10th　オラトリオ　ヤマトタケル
—愛と平和への出発(たびだち)—

★道程　耳順の記　平成十年四月二十六日　東京電力株式会社　宮城県塩釜高等学校

★昭和二十九年三月（第六回）卒業　三年一組　有志

★夢つむぎコンサート　XIV　XV　詩集

★THE BONNY JACKS　創刊号　1982年5月

★西脇久夫　原稿

★塩釜高校　6回生　座談会　あれから50年

★『一茶句集　現代語訳付き』小林一茶／玉城司・訳（角川書店　令和2年3月4版）

著者プロフィール

藤田 恭子（ふじた きょうこ）

1947年、福井県生まれ。
1971年、金沢大学医学部卒業。

■著書

詩集『見果てぬ夢』（2011年） 詩集『宇宙の中のヒト』（2015年）『斜め読み古事記』（2016年） 詩集『ちいさな水たまり』（2018年） 詩集『オウムアムア』（2019年）『斜め読み額田王』（2020年）『斜め読み小野小町』（2021年）『斜め読み小林一茶』（2021年） 以上 文芸社

さわ きょうこ著として：

詩集『大きなあたたかな手』（2008年） 詩集『ふうわり ふわり ぼたんゆき』（2008年） 詩集『白い葉うらがそよぐとき』（2008年） 詩集『ある少年の詩』（2009年） 詩集『ちいさなちいさな水たまり』（2012年） 以上 文芸社

生ビールの向こう 思い出がよみがえる

2024年6月15日 初版第1刷発行

著 者 藤田 恭子
発行者 瓜谷 綱延
発行所 株式会社文芸社
〒160-0022 東京都新宿区新宿1－10－1
電話 03-5369-3060（代表）
03-5369-2299（販売）

印刷所 株式会社晃陽社

ISBN978-4-286-25283-4